Paul Emanuel Müller
Märchen zeigen Wege:
Leben, Tod und Wiedergeburt

Märchen zeigen Wege

authentische Märchentexte
psychologische Deutungen
meditative und sensitive Übungen
weiterführende Literatur

Paul Emanuel Müller

MÄRCHEN ZEIGEN WEGE

Leben, Tod und Wiedergeburt

Psychologische Deutungen und meditative Übungen

Ariston Verlag

Die Deutsche Bibliothek – CIP-Einheitsaufnahme

MÜLLER, PAUL EMANUEL:
Märchen zeigen Wege – Leben, Tod und Wiedergeburt:
Psychologische Deutungen und meditative Übungen /
Paul Emanuel Müller. – Erstaufl. –
Kreuzlingen; München: Ariston Verlag, 1996
ISBN 3-7205-1911-2

Gestaltung des Schutzumschlages:
Studio Höpfner-Thoma, GraphicDesign BDG, München,
Umschlagmotiv: Paul Emanuel Müller (Acrylgemälde)

Satz: Tau Type, Bad Sauerbrunn, Burgenland
Druck und Bindung: Wiener Verlag, Himberg bei Wien

Erstauflage: Februar 1996
Printed in Austria 1996

ISBN 3-7205-1911-2

Inhalt

Anmerkungen und Literatur

Spiegel der Seele

Zur Einführung

Die Sprache der Träume

Die Seele träumt immer. So habe ich es gelesen. Und ich möchte es glauben. Träume nämlich sind Mitteilungen der Seele. Sie spricht kaum in Worten. Worte werden vom Verstand formuliert und in Sätze eingebaut. Die Bilder der Träume sind unmittelbar. Sie steigen aus unserem Innern auf und gliedern sich zu Geschichten aneinander. Träume sind Bildergeschichten der Seele. In den Träumen antwortet sie, fragt sie, erzählt sie.

Solange sich Kinder nicht kontrollieren und solange sie auch nicht abbilden wollen, was sie sehen, malen sie solche inneren Bilder. Auch Melodien können so in uns entstehen – und Tänze und Gebärden. Dann teilen auch sie manches mit, was in uns wohnt und geschieht.

Wir dürfen es auch anders sagen: Es gibt Bilder, die malen, was unsere Augen außen sehen, und es gibt Bilder, die malen, was unsere Augen sehen, wenn sie nach innen schauen, in die eigenen Tiefenbereiche hinein. Diese letzteren sind dann eigentliche Spiegel der Seele. Sie haben magische Kraft. Sie sind unausweichlich. Gewiß, Träume können wir überhören, vergessen, auslöschen. Wir können unser Bewußtsein so trainieren, daß es den Träumen »aus dem Weg geht«, sie übersieht, überhört. Aber warum sollen wir uns fürchten vor dem eigenen Herzen? Ist es nicht wichtiger als fast alles andere? Unser Geborenwerden, unser persönliches Leben müssen ja vor allem anderen unsere Seele meinen, ihre Einmaligkeit.

Auch mit Worten lassen sich Bilder gestalten. Und auch diese Bilder können die Außen- und die Innenwelt darstellen. Wenn wir innere, in Worten gestaltete Bilder aneinanderreihen, ergeben sich seltsame, wunderbare Geschichten: *Märchen*. Auch Märchen sind »Spiegel der Seele«.

Wenn wir außen Geschautes abmalen, läßt es sich leicht überprüfen, sagt man. Wir fragen, inwieweit das Bild dem entspricht, was die Sinne wahrgenommen haben. Wenn wir dagegen innen Wahrgenommenes wiedergeben, dann ist das Beurteilen weit schwieriger. – Aber warum müssen wir überhaupt urteilen? Wahrscheinlich stimmt es ohnehin nicht, was da formuliert ist.

Die Wissenschafter erzählen von Molekülen, Atomen, Elektronen, Positronen, Protonen, Neutronen. Jedes Proton besteht aus drei Quarks, ein Neutron dagegen aus zwei. Nicht alle Quarks haben die gleiche Ladung; aber alle sind durch Gluonen miteinander verbunden. Es gibt außerdem ein quarkähnliches Teilchen, das Top oder Truth heißt. Beim Zusammenprall von Elektronen und Positronen entsteht, je nach der kinetischen Energie, mit der das geschieht, ein Z°-Boson oder ein Photon.

Ich nehme an, daß die meisten Leserinnen und Leser das alles ebenso wie ich höchstens der Spur nach verstehen. Es geht hier bloß darum, daß Worte und Bilder, welche »außen« Wahrgenommenes wiedergeben, ebenso Ergebnis von kaum feststellbaren Gegebenheiten und Vorgängen sind, wie Traum- und Märchenbilder, in welchen sich Inhalte und Ereignisse der Seele unmittelbar mitteilen.

Die Sprache der Märchen

Verständnisschwierigkeiten ergeben sich immer dann, wenn zwei zwar dieselben Worte brauchen, aber etwas anderes darunter verstehen. Träume und Märchen brauchen dieselben Bilder, wenn sie Vorgänge und Inhalte der Seele sichtbar machen, wie die Winzigteilchen, die Urphänomene, von denen die Wissenschafter sprechen, wenn sie unseren Sinnen wahrnehmbar werden, Sinn erhalten.

Wenn meine Großmutter eine Suppe kochte, bestätigte sie sich als große Zauberfrau. Sie verwandelte Holz in Flammen und Hit-

ze. Nachher war kein Holz mehr, nur ein Häufchen Asche. Aber
ich hatte Flammen gesehen, Wärme gespürt und schließlich eine
gute Suppe erhalten. Diesen Vorgang, der ja in ähnlicher Art fast
so alt ist wie die Menschheit, hat sich die Seele gemerkt. Sie
braucht das Bild des Feuers, wenn sie zeigt, wie Abgelebtes in einen Prozeß überführt wird, der mit Verbrennen, mit Hitze werden und Flamme und Licht verwandt ist – auch damit, daß
schließlich Neues und Nährendes, Heilendes entsteht. So konnte
Feuer Sinnbild, Symbol, dafür werden, daß abgelebte, verbrauch-
te seelische Inhalte unter Schmerzen geopfert werden und dadurch neues, heilendes, bereicherndes Gut entsteht.

Ich sitze an einem See. Ich schaue in das helle Wiegenspiel der
Wellen hinaus, sehe die schwankenden Spiegelbilder. Später will
ich in die Tiefe hinabschauen. Ich erkenne einige Fische und Al-
gen. Tieferes entzieht sich mir. Ich nehme noch gestaltloses Grün
wahr, dann Braunes vielleicht und schließlich nur noch Dunkelheit. Wenn ich in mich selbst hineinschaue, ist das ähnlich. So
wird das ruhende Wasser im Brunnen, im Teich, im See, im Meer
Symbol jenes inneren Bereiches, der sich mir entzieht, des mir
nicht Bewußten, des Unbewußten und des Unterbewußtseins.

Manchmal will die Seele, daß ich mir verborgene Bereiche be-
wußtmache. Dann mahnt sie mich, Fischer zu werden und innere Schätze aus der eigenen Seelentiefe ins Licht des Bewußtseins
zu heben. Das Neue Testament malt dafür das schöne Bild vom
»wunderbaren Fischzug«.

Vielleicht muß ich aber sogar selbst hinabtauchen und entdecken, was in mir ist. Den Mädchen im Märchen von »Frau
Holle« ist es so gegangen. Sie sind in den Brunnen hinabgestiegen und haben eine wunderbare Blumenwiese gefunden. Das ist
nur scheinbar unlogisch, daß auf dem Brunnengrund, unten im
Wasser, eine Wiese sein soll. Wir müssen aber nur konsequent
überlegen, dann zeigt sich die Ordnung dieser Bilderfolge. Die
Brunnentiefe ist, wie wir erfahren haben, Bild des Unbewußten.
Ist es nicht wunderbar, daß das Märchen sagt, die mir leider ver-

borgenen Bereiche meiner Seele seien mit der reichen Schönheit einer Blumenwiese vergleichbar? Das Abenteuer der Brunnenfahrt, der Erkundung der eigenen Tiefe, muß sich lohnen, sagt das Märchen.

Nicht selten kann es notwendig sein, daß ein ganzes Volk auf eine neue Bewußtseinsstufe geführt wird. Das Alte Testament zeichnet dafür ein gewaltiges Bild: Moses Fahrt durch das Rote Meer.

Märchenbilder nachvollziehen

Das hier vorliegende Buch ebnet das Verständnis für die Bildersprache, die Seelensprache, der Märchen. Das geschieht am Beispiel von vier sehr alten, also auch ursprünglichen Märchen, welche Leben, Tod und Wiedergeburt zum Thema haben. Oft wird es dabei notwendig sein, zu einzelnen Märchenbildern Entsprechungen in anderen Märchen zu suchen, damit sie verstehbar werden. Eigentlich ist das nichts anderes als »Übersetzungsarbeit«. Wir erfahren dabei, was die Seele mit Leben und Tod und mit Wiedergeburt meint.

Aber es geht immer auch noch um anderes als um verstandesmäßiges Erkennen. Der zweite Teil des Buches bietet deshalb Übungen an, durch welche die Märchenbilder unmittelbar nachvollziehbar werden. Wir eignen sie uns mit unseren wachen Sinnen, sensitiv also, und geistig-meditativ so intensiv an, daß sie schließlich in uns selbst leben. Das macht uns reich.

In unzähligen Märchenkursen habe ich diese Übungen erprobt. Immer durfte ich erfahren, daß auch jene wenigen Kursteilnehmerinnen und Kursteilnehmer, die anfangs skeptisch reagierten, bald mit Eifer und schließlich mit Freude dabeiwaren. Alle diese Übungen stärken uns das Bewußtsein von uns selbst und machen uns deshalb froh. In diesem Sinne verändern sie tatsächlich unser Leben.

Es gibt meines Wissens noch kein Buch, das Leserin und Leser durch leicht vollziehbare Übungsanleitungen zu aktiv Tätigen, zutiefst Beteiligten macht, wie das durch den ausführlichen Übungsteil dieses hier vorliegenden Werkes geschieht.

Erneuerung

*In rhythmischen Zyklen
unterwegs sein*

Alt bist du, jung wirst du werden

Es war einmal ein alter König, der hatte zwei Frauen, viele Söhne und Enkel. Eines Tages stritten die Söhne darum, wer einmal Nachfolger des Vaters werden solle und wem damit das Erbe zufallen würde. Und sie konnten sich nicht einigen. Da gingen die Burschen zu ihren Müttern, die einen zur älteren Frau des Königs, die andern zur jüngeren. Und die Frauen konnten sich auch nicht einigen, und sie fingen zu streiten an.

Der König hörte sie vor der Hütte zanken, und er ging hinaus und fragte: »Was soll das, daß ihr, die ihr sonst immer in Frieden miteinander gelebt habt, nun auf einmal zu streiten anfangt?«

Und die ältere Frau sagte: »Wir können uns nicht darüber einigen, ob einer meiner Söhne oder einer von ihren Söhnen dich einmal beerben soll. Ich habe ihr gesagt, daß ich deine erste Frau bin und daß ich dir länger gedient habe. Auch sind meine Söhne älter und haben schon länger für dich gearbeitet als ihre Söhne.« – »Und ich«, so sagte die jüngere Frau, »habe ihr entgegnet, daß ich zwar noch nicht so lange bei dir bin, daß du aber heute mit mir mehr Vergnügen hast als mit ihr. Und meine Söhne werden noch für dich arbeiten, wenn die ihren schon alt und zur Arbeit nicht mehr zu gebrauchen sind.«

Der König dachte eine Weile nach, und dann sagte er: »Ich will niemandem von euch recht geben. Aber ich werde in den Wald gehen, den weisen Mann suchen und ihn fragen. Wenn ich die Antwort kenne, werde ich sie euch sagen. Streitet jetzt nicht mehr, sondern vertragt euch, denn ich kann keinen Unfrieden im Hause brauchen.«

Am nächsten Tag ließ er sich Speisen einpacken. Die Frauen

füllten ihm einen Korb mit Maiskuchen, mit Früchten und Met, und der König nahm den Korb auf seine Schulter und ging damit in den Wald.

Als er den ganzen Tag gewandert war, kam er am Abend zu einem riesigen Baum, der unten eine Höhle hatte. Da sagte sich der Alte: »Hier will ich über Nacht bleiben, den Eingang aber mit meinem Spieß versperren.«

Und er machte sich in der Höhle ein Lager aus Blättern und legte sich hinein. Als er gerade dabei war, einzuschlafen, hörte er eine Stimme: »König, bist du ein guter Mensch, so gibst du mir etwas zu essen; bist du ein schlechter Mensch, so gibst du mir nichts. Bist du ein guter Mensch, so werde ich dir etwas prophezeien; bist du ein schlechter Mensch, so werde ich schweigen.«

Da sagte der König: »Aber ja. Ich habe noch immer Hungrigen eine Speise gegeben, wenn sie mich darum gebeten haben. Du sollst einen Maiskuchen haben, eine Frucht und einen Schluck Met. Aber wo bist du, ich kann dich nicht sehen?« – »Ich sitze hier auf dem Baum. Schiebe mir nur das Essen heraus! Ich werde es mir dann schon holen.«

Da packte der König einiges Essen zusammen, legte es mit der Flasche voll Met in den Korb und schob diesen durch die Öffnung der Höhle. Da sah er einen Schatten herbeihuschen, und da es schon dunkel war, wußte er nicht: Ist es ein Vogel oder ein Affe? Und deshalb sagte er: »Baumtier!« – »Ja?« – »Kann ich hier sicher schlafen, oder gibt es Raubtiere?« – »Es gibt sie im Wald, aber hier in meinem Baum bist du in Sicherheit, denn die Raubtiere fürchten mich und wagen sich nicht her.« – »Baumtier!« – »Ja?« – »Was wirst du mir prophezeien?« – »Guter Mensch, warte, bis ich gegessen habe! Dann werde ich es dir sagen.«

Der König hörte das Tier draußen fressen und aus der Flasche trinken, und er dachte: ›Das muß ein großer, großer Affe sein.‹ Und endlich hörte er die Stimme: »Nun bin ich fertig. So höre denn: ›Alt bist du, jung wirst du werden.‹« – »Das ist aber eine seltsame Prophezeiung.« – »Sie ist aber trotzdem wahr.« – »Und wie soll das zugehen?« – »Das wirst du schon sehen. Gehe morgen, bis du wieder so einen großen Baum findest. Dort lebt ein Bruder von mir. Gib ihm zu essen und zu trinken, und er wird dir weiterhelfen. Und nun schlafe ohne Furcht!«

Am nächsten Tag packte der König seine Sachen wieder in den Korb, nahm seinen Spieß in die Hand und wanderte weiter. Und am Abend sah er wieder einen großen Baum, der glich dem andern Baum so sehr, daß er schon fürchtete, er sei vielleicht den ganzen Tag im Kreise herumgelaufen. Er ging um den Baum herum und sah ihn sich von allen Seiten an. Aber er konnte kein Tier darauf sitzen sehen.

Da kroch er in die Höhle hinein, machte sich ein Lager, und da er schon wußte, daß ein Tier kommen würde, richtete er für es einen Maiskuchen, eine Frucht und die Metflasche her und stellte alles mit dem Korb vor die Öffnung der Höhle. Als es dunkel geworden war, hörte er ein Tier den Baum herunterkommen, und dann tauchte ein Schatten vor der Öffnung der Höhle auf. »Guten Abend, guter Mensch!« sagte eine Stimme. »Ich sehe, daß du bei meinem Bruder warst. Was hat er dir denn prophezeit?« – »Baumtier, er hat zu mir gesagt: ›Alt bist du, jung wirst du werden.‹« – »Aha«, sagte die Stimme, »den Spruch kenne ich. Nun laß mich in Ruhe essen und trinken, denn dabei kann ich am besten nachdenken. Hernach werde ich dir einen Rat geben.« – »Guten Appetit, Waldtier!« sagte der König.

Er hörte eine Weile nur das Schmatzen des Tieres, das er nicht erkennen konnte. Und endlich war es fertig und sagte: »Guter Mensch, hör meinen Spruch:

> ›Diene dem weisen Mann.
> Er lehrt dich, was er kann!‹

Und wenn du in der Richtung weitergehst, in der du bisher gewandert bist, dann wirst du morgen zu einem See kommen, auf dem See aber ist eine Insel, und auf der Insel lebt der weise

Mann. Und nun schlafe ruhig! Hier bei mir wird dir nichts Schäd-
liches zustoßen.«

Am nächsten Morgen packte der König wieder seinen Korb,
nahm seinen Spieß in die Hand und wanderte weiter. Er lief fast
den ganzen Tag über, und es war schon fast Abend, als er zu einem See kam, der war so groß, daß man das andere Ufer nicht
mehr sehen konnte. Und ganz weit weg konnte man eine Insel
erkennen.

Da setzte sich der alte König hin und dachte sich: ›Bis zu der
Insel komme ich nie. So weit kann ich nicht schwimmen, und
ich habe keine Axt, um mir ein Floß zu bauen.‹

Aber wie er da so saß und nachdachte, da kam ein junges
Mädchen mit einem Baumboot gefahren. Das sagte: »Großväter-
chen, da bist du ja. Die beiden Baumbrüder haben meinem Vater
schon erzählt, daß du kommen würdest. Und mein Vater hat
mich geschickt, um dich hier abzuholen.«

Da stieg der alte König in das Boot, und das Mädchen ruderte
ihn zu jener Insel hinüber. Und auf der Insel war eine große Hütte,
und vor der Hütte saß ein alter Neger mit langem, weißem Haar.

»Friede!« sagte der König. »Dir auch Frieden!« entgegnete der
weise Mann. »Du suchst meinen Rat. Gut, ich werde ihn dir geben. Aber erst wollen wir essen und schlafen.«

Nachdem sie gegessen und getrunken hatten, legten sie sich in
ihre Matten. Und mitten in der Nacht, der alte König wußte
nicht, ob er träume oder wache, hörte er eine Stimme: »Alt seid
ihr, jung sollt ihr werden.« Und eine andere Stimme antwortete:
»Nimmst du den, nimm ich jenen. Heute ist die rechte Nacht für
den Anfang, morgen ist die rechte Nacht für den Schluß.«

Als der König am Morgen aufwachte, fühlte er sich viel fri-
scher und gesünder als sonst, und als er den weisen Mann bei
Licht betrachtete, da erschien er ihm gar nicht so alt.

Der weise Mann aber sagte: »Wenn du mir heute hilfst, dann
werde ich es dir morgen vergelten.« – »Ja, freilich helfe ich dir«,
erwiderte der König.

Da führte ihn der weise Mann zu einer Erdspalte, und er sagte: »Ich werde dich an ein Seil binden und dich dort hinablassen. Wenn du unten bist, so wirst du einen Gang sehen, in dem Pilze wachsen. Pflücke davon so viele, wie in deinen Korb hineingehen. Dann werde ich dich wieder heraufziehen. Beeile dich aber, denn dort unten wohnt eine Schlange, die nur alle hundert Jahre einmal einen Tag lang schläft. Und das ist gerade heute.« – »Ich werde mich beeilen«, versprach der König.

Der weise Mann band ihm das Seil um und ließ ihn in die Erdspalte hinunter. Unten war es ganz finster. Aber der König sah, daß da ein Gang war. Er löste sich vom Seil und ging in den Gang hinein. Und da waren viele Pilze, die leuchteten, aber es war nur ein schwaches Licht. Und der König pflückte, so schnell er konnte, bis der ganze Korb voll war. Dann kehrte er zum Seil zurück, band sich fest und ließ sich vom weisen Mann wieder hinaufziehen.

»Du hast deine Sache gut gemacht!« lobte der weise Mann den König. »Und nun komm zurück zu meiner Hütte.«

Als sie dort angekommen waren, mußte die Tochter des weisen Mannes die Pilze in einem Mörser zerstampfen, und aus dem Pulver machte sie einen Brei. Den Brei füllte sie in vier Töpfe und stellte sie in die Sonne, wo der Brei zu gären begann. Am Abend aber hieß der weise Mann den König sich ausziehen, und er selber zog sich auch aus. Und die Tochter des weisen Mannes rieb die beiden Alten mit dem Brei ein, bis sie ganz weiß davon waren. Und so legten sie sich in ihre Matten.

»Was geschieht denn mit den andern beiden Töpfen?« fragte der König. – »Die sind für die Baumbrüder«, antwortete der weise Mann. Dann schliefen sie ein. Mitten in der Nacht hörten sie eine Stimme: »Alt sind wir, jung sollen wir werden.« Und eine andere Stimme antwortete: »Nimmst du den, nimm ich jenen. Gestern war die rechte Nacht für den Anfang, heute ist die rechte Nacht für den Schluß.«

Als sie am nächsten Morgen aufwachten, waren der weise

Mann und der alte König so junge Männer, daß man sie für Brüder von der Tochter des weisen Mannes hätte halten können.

»Gestern hast du mir geholfen, heute kann ich dir helfen«, sagte der weise Mann. »Du hast gesehen: Der Brei von den Pilzen macht einen jung. Ich will dir meine Tochter zur Frau geben, wenn du mir versprichst, in hundert Jahren wieder hierherzukommen und mir zu helfen, die Pilze zu holen.« – »Das verspreche ich gern.« – »Nun wolltest du aber deinen Frauen sagen, wer einmal dein Nachfolger sein wird. Sage ihnen: ›Der Sohn, den meine dritte Frau gebären wird.‹« – »Und willst du ganz allein auf der Insel bleiben?« fragte der König den weisen Mann. »Sorge dich nicht um mich, denn ich bekomme öfters Besuch. Wenn du aber einen Rat brauchst, so gehe nur zu den Baumtieren, die werden dann bei mir Rat holen und ihn dir sagen. So ersparst du dir viel Weg.«

So kehrte der verjüngte König mit seiner jungen Frau nach Hause zurück, und seine beiden Frauen und seine Söhne hätten ihn fast nicht wiedererkannt. Und damit es keinen Streit gäbe, ließ er für sie alle Hütten bauen und die Herden aufteilen. Und er lebte zufrieden mit seiner neuen Frau, und die andern waren auch zufrieden – aber nicht ganz.

Fremde Heimat

Ein ursprünglich afrikanisches Märchen aus Brasilien – das liest sich leicht. Wir denken an den Amazonas dabei, vielleicht an üppigen Regenwald, an tiefgrünes Laub und bunte Tiere, schwatzende Vögel, lustige Affen, an wunderbare, hängende Orchideen – wie Gärten aus verletzlichem Himmelsstoff. Herrlich, diese Wasserfälle wie rauschendes Flimmerlicht! Vielleicht haben wir Abbildungen von bizarr geformten Bäumen und Büschen im Trockenwald im Gedächtnis oder von weitem, sehr weitem in Halbwüste übergehendem Grasland. Alles ist groß, fast unendlich. Palmen und Meer und Sonnenuntergang, riesige Städte, Hochbauten, Villen und Elendsviertel, Luxushotels.

Fast die Hälfte des südamerikanischen Kontinents gehört zu Brasilien. Ein reiches Land müßte das eigentlich sein. Wir hören von einer Fülle von Bodenschätzen: Eisen, Mangan, Bauxit, Gold, Edel- und Schmucksteinen, Kupfer, Blei, Zinn, Zink, Chrom, Nickel, Wolfram, Uran. Die Hälfte des auf der Erde geernteten Kaffees stammt aus Brasilien. Dazu kommen Baumwolle, Kakao, Tabak, Zuckerrohr, Bananen und eine beachtliche Rinderzucht.

Die Bevölkerungsstruktur des Landes ist vielfältig, denn mit der Entdeckung Brasiliens traten zur indianischen Urbevölkerung zuerst Europäer, dann Sklaven aus Afrika und später weitere Einwanderer aus verschiedenen Teilen Europas und aus Asien hinzu.

Ins Land kamen zunächst die Portugiesen. Am 22. April 1500 landete der portugiesische Seefahrer und Abenteurer PEDRO ALVARES CABRAL an der brasilianischen Küste, nicht weit vom heutigen Bahia entfernt. Herrisch nahm er die Region für Portugal in Besitz. Das konnte und durfte man offensichtlich. Zwar lebten damals eine Million Indianer in diesem Landgebiet – wie viele genau, ist allerdings unbekannt, vielleicht sind es auch mehr gewesen. – Heute dürften es noch zwischen hundert- und zweihunderttausend sein. Die Zahl von 185 000 habe ich letzthin gelesen. Aber genau weiß man das ja nicht. Es können auch weniger sein. – Die besitzergreifenden Einwanderer aus Portugal versuchten, die Indianer (jene jedenfalls, die man nicht bereits ermordet hatte) einzusetzen – in den Bergwerken und auf den Plantagen. Aber sie eigneten sich nicht so recht zur Sklaverei, krankheitsanfällig, wie sie waren, und nicht an Arbeit gewöhnt, wie man sagte. Heute leben sie in kleinen Gruppen im Amazonastiefland und in Mato Grosso, dem Grenzstaat gegen Bolivien und Paraguay zu. Dorthin war der Restbestand des einst so frohen, beweglichen Volkes geflüchtet, immer in Angst: die Frauen vor drohendem sexuellem Mißbrauch, die Männer vor Gewalttätigkeit und Zwangsarbeit.

Weil sich die Indianer nicht in die Pläne der Herrsch- und Machtsüchtigen einspannen ließen, auch in zu kleiner Zahl zur Verfügung standen, kaufte man Schwarze ein. Man konnte sie ersteigern, in Gruppen, Familien oder einzeln. Der Kaufpreis richtete sich wie bei anderen Waren nach Angebot und Nachfrage. Ende des 18. Jahrhunderts, also ungefähr zu der Zeit, da von Frankreich eine großartige Freiheitsbewegung ausging, die sich über weite Gebiete Europas ausdehnte, bestand die Hälfte der damals erfaßten Bevölkerung Brasiliens aus Schwarzen. Die Zahlen wechseln – je nach den Quellen. Man weiß das nicht so genau. Die Angaben schwanken zwischen drei und vier Millionen Sklaven, die seit Ende des 16. Jahrhunderts aus Afrika ins Land gebracht wurden – so wie man Tierherden verschifft hat. Die meisten kamen aus dem Sudan. In der ersten Hälfte des 19. Jahrhunderts wurden nochmals anderthalb Millionen schwarze Sklaven ins Land verschleppt, jetzt auch aus dem Kongo und aus Angola. Allein zwischen 1795 und 1811 wurden in Rio de Janeiro 162 225 Sklaven versteigert. Die meisten stammten aus Angola. Rio war damals der bedeutendste Importhafen für schwarze Sklaven-Waren. Der Preis soll damals recht hoch gewesen sein. Zwischen 1780 und 1820 verdreifachte sich der Kaufpreis für einen Sklaven. Die Nachfrage stieg. Die Hälfte aller Haushalte hatte einen oder mehrere Sklaven. Vor allem aber brauchte man sie nach wie vor im Bergbau und in den auf konzentrierten Exportanbau orientierten Plantagen. Brasiliens Wirtschaft beruhte damals fast ausschließlich auf der Arbeit der Unterjochten.

Das ungleiche Geschlechterverhältnis, auseinandergerissene Paare und Familien, schwere Arbeitsbedingungen, rücksichtsloser, oft sadistischer Mißbrauch der Frauen und andere unglückliche Lebensverhältnisse führten zu überdurchschnittlich vielen Fehlgeburten und überhoher Sterblichkeitsrate.

Im Jahre 1831 wurde der Sklavenhandel verboten, 1850 die Sklaverei eingeschränkt, 1871 hat man die Kinder von Sklaven für frei erklärt. Viele davon waren ohnehin von der weißen Herrschaft gezeugt worden. Endlich kam es dann 1888 – also erst vor etwa hundert Jahren – zum »Goldenen Gesetz«. Die Sklaverei wurde – ohne jede Entschädigung für die Sklavenhalter – abgeschafft.

Im Jahr 1961 hat ESTER FERREIRA VIANNA CALDERON in Rio de Janeiro die von ihr gesammelten »Lendas Brasilieiras« herausgegeben. Darunter befanden sich auch Märchen der Schwarzen – wie das Märchen *Alt bist du, jung wirst du werden*. Der Romanist FELIX KARLINGER nahm es neben anderen in seine schöne Sammlung von »Märchen aus Brasilien« auf. Er übertrug dieses Märchen ins Deutsche. Es ist eine ganz besondere Kostbarkeit.

Das Märchen erzählt von einem alten König. Wir erleben ihn als besonnenen, friedlichen Familienvorsteher, Ehemann von zwei Frauen und Vater verschiedener Söhne. Von Töchtern vernehmen wir nichts. Und es paßt zur Sitte, daß die Frauen ihren gemeinsamen Mann mit allem Wichtigen ausstatten, das er für seine weite Reise benötigt. Die Frau dient dem Mann und sorgt auch dafür, daß er »sein Vergnügen« hat, wie wir hören. Das Märchen malt eine weite Waldlandschaft, Riesenbäume mit hohlen Stämmen,

Baumtiere, die an Menschenaffen erinnern, eine Küste und eine ferne Insel, einfache Hütten. Das alles erinnert eher an Afrika als an Brasilien.

Vielleicht sind wir in Angola, im Kongo oder Sudan. Wir wissen es leider nicht. Wahrscheinlich dürfen wir aber das nach Ägypten orientierte Nilland des Sudan ausschließen. Orientalische Ausstattung, arabischer Heldenglanz und die Welt des Islam sind diesem Märchen fremd. Der einfache lineare Aufbau, der Verzicht auf jedes Heldentum, die selbstverständliche, geradezu kameradschaftliche Verbundenheit mit Tier und Baum lassen auf ein Märchen in der sehr alten Tradition eines Urvolkes schließen. Dazu gehört auch die Eingliederung der Märchenhandlung in die wirkliche Welt. Der Held bricht aus dem Alltag auf, tritt in die magische Welt des Märchens und des Traumes ein, tief und immer tiefer, und kehrt dann wieder in die gelebte Alltagswelt zurück.

Es ist fast ein Wunder, daß ein solches Urmärchen die Zeit der Sklaverei überdauern und fast unversehrt, wie es scheint, der modernen Welt übergeben werden konnte. Was für ein Heimweh, was für eine Sehnsucht und was für eine tiefe, unerschütterliche Gewißheit muß jene ausgezeichnet haben, die dieses Märchen weitertrugen!

Aufbruch

Er ist König, aber von einem Schloß hören wir nichts. Seine beiden Frauen sind seine Dienerinnen, die Söhne seine Arbeiter und die Enkel – so hoffen wir – seine Freude. Schon die Souveränität macht ihn zu einem König. Mit der gleichen selbstverständlichen Art, mit der er seine Anordnungen trifft, führen die Frauen sie aus. Er scheint in sich selbst zu ruhen.

Nichts deutet vorerst auf ein Märchen hin. Wir stehen einer Szene gegenüber, die sich jeden Tag so abspielen könnte – bis zum Streit um die Erbfolge. Die Frauen verletzen den alten König nicht. Jede hat überraschend klare Argumente. Und jede trägt sie ruhig und sachlich vor. Verletzen könnte höchstens der Gegenstand des Streites. Mütter und Söhne rechnen mit dem nahen Tod des Königs und wollen eine klare Regelung der Erbfolge. Da müßte es wohl auf der Linie dieses Mannes liegen, daß er die Gelegenheit ergreifen und ein Testament ausarbeiten würde. Überraschenderweise handelt er nicht so. Er will eine Autorität anrufen, die größer ist als er: den alten Weisen im Wald. Durch diese Wendung wird aus dem scheinbaren Tatsachenbericht ein Märchen.

Wir kennen diesen Alten aus unzähligen Märchen. Meist tritt er überraschend aus dem Dickicht hervor und wird dem zum Helfer, der ihm aufmerksam begegnet; wer ihn nicht ernst nimmt, wird bestraft (1). Der König ist kein jugendlicher Abenteurer. Der Weise im Wald ist für ihn Realität. Seinem Schiedsspruch sollen sich die beiden Frauen und die Söhne beugen.

Gern erinnere ich mich nicht an meine erste Schulzeit. Meiner Lehrerin habe ich es gleich vom ersten Tag an übelgenommen, daß ich das Paradies von Garten, Blumen, erzählender, singender Großmutter, gütiger Mutter, scherzender Tante, spielfreudigen Basen, Zwillingsbruder und sportlichem Vater verlassen mußte. Aber die Zeichenstunden, die behalte ich in guter Erinnerung. Immer wieder durften wir Wunderblumen und Wundervögel malen. Da war ich mit Eifer dabei und vergaß alles um mich herum. Da gab es nichts mehr als meine Blumen, meine Vögel und mich. Meine Blumen und Vögel wurden zu riesigen Gebilden. Je länger ich daran arbeitete, desto mehr wuchsen sie. Immer neue Federn und Blätter kamen hinzu, immer neue Farben. Oft mußte die Lehrerin noch ein zweites, ein drittes Blatt ansetzen. Könnte ich sie doch heute noch so malen, die Blumen, die es nicht gibt, die Vögel, die es nicht gibt!

Gab es sie tatsächlich nicht, damals? Doch, doch, es hat sie gegeben. In meinem Herzen lebten sie. Meine Wunderblumen und Wundervögel waren die Blumen und Vögel in meinem Herzen. Mit den Märchen ist das genauso. Die Geschichten leben im Herzen derer, die sie erfinden und die sie erzählen. Wenn wir genau und geduldig hinhören, leben sie auch in unserem Herzen.

So lebt der König, der alt geworden ist, in unserem Herzen. Und es sind die Frauen und Söhne in unserem Herzen, die sich um die Nachfolge streiten. Was sind das wohl für Frauen und Söhne in uns?

Jeder Mensch, dem ich in meinem Leben begegnet bin, hat an einer der Personen, die ich als Symbolbild in mir trage, gearbeitet (2). So ist meine Seele schon sehr früh zu einer Bühne geworden. Eigentlich müßte ich selbst der König sein, der auf meiner Bühne regiert.

Bin ich so souverän wie dieser König im Märchen, oder machen sich einzelne Personen in mir selbständig, so daß mir Gebiete meines Lebens entgleiten? Kommt es vor, daß es mir scheinen muß, ich hätte bestimmte Entschlüsse nicht selbst gefällt, sie seien nicht die meinen, obwohl sie mich betreffen und von mir stammen? Das sind dann Beschlüsse und Entscheidungen von Personen auf meiner inneren Bühne, über die ich keine Gewalt mehr habe.

Das Märchen zeichnet das sehr schön. Wir müssen die einzelnen Bilder nur aufmerksam genug betrachten. Die Hütte (das Haus, die Burg, das Schloß) ist ein Sinnbild für meinen Lebensbereich. Dieser entspricht dem Gebiet, in dem ich als »Seelenkönig« gebiete. Die Hütte (das Haus) ist Symbol für die Wohnung meiner Seele.

Die Söhne und die Frauen sind außerhalb dieser Seelenwohnung, während sie zanken, für den König nicht mehr unmittelbar erreichbar. Mein Kind, meine Tochter, mein Sohn in mir, das müssen Personenbilder sein für etwas, das in mir wird, erwachsen werden will. Vielleicht habe ich schon lange daran gearbeitet: an einer Beziehung, an einer Idee, einem Werkstück, an einem Teil von mir selbst. Mein inneres Kind, meine innere Tochter, mein innerer Sohn sind Sinnbilder für das, was in mir reift, in mir lebendig werden will. Es ist gut, wenn sich solche Bilder melden. Sie stehen für Erweiterungen, die meine Seele will. Sie dürfen mir nur nicht entgleiten, sonst bin ich nicht mehr König. Sonst kommt es zum Streit in mir, und der kann mich zerreißen. Wenn ich die Kontrolle über meine Beziehungen verliere, können sie stärker werden, als ich bin. Wenn ich aus angefangenen Arbeiten nicht etwas Ganzes gestalten kann, wird es bei Stückwerken bleiben, und ich werde bald ratlos sein, was ich denn wirklich beginnen soll. Wenn ich an meiner inneren Güte und an meiner inneren Festigkeit zugleich arbeite, wird das meine seelische Entwicklung sicherlich fördern – aber nur, solange ich König bleibe und mich nicht gerade dann von meiner Güte überrumpeln lasse, wenn ich fest bleiben müßte. – Das sind einfache Beispiele. Sie zeichnen Probleme, die uns Tag für Tag begegnen können. Gerade deshalb sind sie so wichtig. Mein Seelenkönig, die innere Autorität, die ich aufgebaut habe und immer neu und weiter ausbaue, muß manchmal vor das Haus hinaustreten und nach dem Rechten sehen.

Nicht nur meine eigenen Seelenkinder, auch die Personen in mir, die meine gegengeschlechtliche Seite manifestieren, haben die Neigung, sich zu verselbständigen. Als Mann trage ich vielleicht zwei besonders ausgeprägte Frauenbilder in mir. Das eine zeigt mir eine junge und tüchtige Frau. Sie verkörpert schöne, erotische Spiele und Erfüllungen. Die andere innere Frau ist älter, ruhiger, zuverlässiger im Ansturm des Lebens, Ratgeberin in Bereichen des Gefühls und der Intuition. Entsprechend könnte es mit zwei bestimmten Männerbildern in der Seele der Frau sein. Nicht immer fällt es leicht, die gegengeschlechtlichen Bilder der Seele zu harmonisieren. Oft erfordert es viel Arbeit, wenn es darum geht, König oder Königin zu bleiben.

Diese Arbeit bleibt uns auch dann nicht erspart, wenn wir alt werden. Gerade für ältere Menschen ist es wichtig, die innere Autorität neu wachsen, noch einmal reifen zu lassen. Wenn wir Enkel haben, ist es höchste Zeit dazu, gleichsam »die letzte Möglichkeit«.

In ungezählten Märchen müssen junge und auch ältere Menschen durch Wälder gehen (3). Die Märchen sind alte, oft uralte Geschichten aus Zeiten, da Straßen und Wege selten waren. Die meisten Wege verloren sich bald, wenn man Siedlung, Dorf oder Stadt verlassen hatte. Wälder wurden schnell zu weglosem Dickicht. Die Wälder in meinem Herzen entsprechen den unbegangenen Bereichen meiner Seele. Auch der alte König in unserem Märchen hat sich selbst noch nicht ganz kennengelernt. Er weiß, daß das immer wieder neue Abenteuer des eigenen Herzens noch auf ihn wartet (4). Das bedeutet, daß auf uns sogar im höheren Alter Neuland und Forschungsaufgaben warten. Der Weg nach innen ist nie zu Ende. Aber wenn ich ihn dann nicht wage, kann es einmal zu spät dazu sein.

Der König in unserem Märchen nimmt sie wahr, weil er weiß, worum es geht. Im eigenen Seelenbereich handelt es sich nicht – und nie – darum, die Königswürde abzutreten. Es gibt keine fremde Autorität und keine Ideologie, der wir uns übergeben müßten. Wir haben auch jetzt nur den weisen Mann im Dickicht der eigenen Seele. Zu ihm müssen wir uns aufmachen. Mit ihm müssen wir uns beraten – heute wie gestern, morgen wie heute.

Wenn die Kinder schon heimlich darüber diskutieren sollten, wer Haus und Garten und Bilder und Bücher und Schmuck erben soll; wenn sie bereits überlegen, was sie damit anfangen könnten – so ist es wesentlich, Königin oder König, souverän zu bleiben. Gemeint ist die Autorität in der eigenen Tiefe, in unserer Mitte. Wir wollen uns diesen Menschen in uns vorstellen, zu dem wir unterwegs sind. Er übersteigt uns. Immer wird er uns übersteigen. Das ist gut so. Mit ihm müssen wir uns beraten. Dann können wir es, wie das Märchen es will, »anderen sagen«.

Das ist es, was die anderen brauchen: die Stimme des Menschen in uns, der auf uns wartet, der will, daß wir ihm gleichen. Er trägt unseren Namen. Er ruft uns bei unserem Namen – noch immer, wie am ersten Tag, auch jetzt noch, mit sechzig, mit siebzig Jahren. Das ist noch immer, das ist jetzt erst recht das, worauf es ankommt. Das Märchen ermutigt uns dazu – selbst wenn wir nicht so souverän wie ein König sein sollten.

Alle Personen auf der Seelenbühne der Märchenerzählerin oder des Märchenerzählers wollen das auch. Gerade die beiden Frauen, gerade die gegengeschlechtlichen Aspekte der Seele rüsten den abschiednehmenden König für die Reise aus. Sie wollen auch das andere von diesem König, das noch nicht Gelebte. Das ist außen ebenso. Der Mensch, der mich liebt, muß ja mein Unterwegssein ebenfalls lieben. Er liebt mich so, wie ich bin. Aber durch das Bild, das er von mir wahrnimmt, nimmt er zugleich das andere wahr: das Urbild in mir, den Menschen, der auf mich wartet, zu dem ich unterwegs bin. Das ist der vielleicht wesentlichste Aspekt der Liebe, daß jeder die Partnerin, den Partner zu dem Menschen hin begleitet, zu dem sie, zu dem er unterwegs ist.

Der König geht allein. Auch in der tiefsten Partnerschaft wird es Wegstrecken geben, die allein bestanden sein müssen – allein, aber doch geheimnisvoll in der Geborgenheit des anderen. Das meint wohl das Bild, daß der König den Korb, den die Frauen gefüllt haben, auf die Schultern nimmt. Ich gehe allein, das kann sein, das muß jetzt vielleicht sein; aber ich lebe auch von deiner Kraft und deiner Liebe.

Der große Baum

In meiner Heimat erzählten ältere Leute gern Geschichten. Eine ist mir besonders lieb geworden. Ich gebe sie so weiter, wie ich sie von meiner gelähmten, immer erzählbereiten Großmutter Amalia gehört habe.

Als ADAM alt wurde und müde und seine Kinder nun die härtesten Arbeiten ausführen konnten, weilte er gern auf der Höhe des Berges Kalvaria. Dort war die Luft mild. Er genoß die Aussicht auf die Täler ringsum. Er freute sich an allem, was er zusammen mit seiner Frau geschaffen hatte. Ein kleines Paradies war das ja sicher auch. Mühselig zwar hatten sie das alles erreicht. Aber schön war es, selbst wenn es Tag für Tag neue Arbeit erforderte. Und da er nicht gern Abschied nahm von seinen Kindern und Enkeln und von alledem, was unter seinen Händen gewachsen war, rief er SET, seinen liebsten Sohn.

»Eile ins Paradies!« sagte er zu ihm. »Sprich mit dem Engel am Tor und bitte ihn, daß du in den Garten eintreten dürfest. Brich eine Frucht vom Baum in der Mitte. Bring sie mir. Ich will sie essen. Dann muß ich nicht sterben.«

Weil Set seinen Vater sehr liebte, machte er sich auf und suchte das Paradies. Er kam auch richtig zum Tor. Doch der Engel ließ ihn nicht in den Garten. Auch die begehrte Frucht durfte er ihm nicht geben. Er hatte aber doch Erbarmen mit dem jungen, schönen Menschen und seinem Schicksal. Deshalb ließ er sich schließlich erweichen und schenkte ihm drei Kerne aus einer Frucht vom Baum in der Mitte des Paradieses.

Dankbar eilte Set zu seinem Vater zurück. Der aber hatte sich inzwischen mit dem Tod ausgesöhnt. Er lag auf der Erde und bereitete sich darauf vor zu sterben. Dem Sohn blieb nur noch wenig zu tun. Er steckte Adam die drei Samen in den Mund, schaufelte ein Grab und beerdigte seinen Vater.

Kurze Zeit später wuchsen drei kleine Pflänzchen aus dem Grab. Sie standen so dicht, daß sich die Wurzeln miteinander verflochten und auch die Kronen unter dem Himmel zu einer einzigen wurden. Der Baum wuchs und wurde alt. Bald wußte niemand mehr, wie er hierher gekommen war und warum er eine so merkwürdige Gestalt hatte.

Für Gott sind Millionen Jahre wie für uns eine Stunde. Einmal rief er einen Vogel der Erde und befahl ihm: »Fliege in mein Paradies. Brich den schönsten Zweig vom herrlichen Baum in der Mitte und leg ihn mir hier in die Hand!«

Als das geschehen war, reichte er den Zweig seinem liebsten Engel. »Trag ihn in die Stadt Nazareth. Dort wohnt eine junge Frau, die Maria heißt. Gib ihr diesen Zweig aus dem Paradies. Er verheißt ewiges Leben. Sag ihr, sie werde einen Sohn gebären. Sie soll ihm den Namen Jesus geben. Er wird König werden. Und sein Reich wird kein Ende finden.«

Dreißig Jahre später erhielt ein Zimmermann in Jerusalem von seinem Herrn den Auftrag, ein großes Kreuz zu fertigen. Deshalb schickte er seine beiden Knechte zum Berg Kalvaria. Dorther sollten sie das Holz schaffen, aus dem sich ein Kreuz herstellen ließe. Und die Knechte fanden den Baum mit den drei verwachsenen Stämmen. »Der ist gerade recht«, meinten sie. »Er ist alt und wird zu nichts mehr taugen. Aber sein Holz ist noch gut.«

Aus diesem Holz also entstand das Kreuz, das JESUS selbst auf den Berg Kalvaria trug. Über Adams Grab wurde es aufgerichtet. Jesus hing daran. Und er ist an dem Kreuz gestorben und auferstanden am dritten Tag nach seinem Tod.

Die volkstümliche Legende ist in verschiedenen Varianten überliefert. Bilder, Kerzenträger und Kelchgriffe sind oft nach Motiven dieser Legende geschaffen. Der Baum ist ein Ursymbol. Es repräsentiert die Vergänglichkeit des Lebens, neue Geburt und wieder neues Leben. Das Baumsymbol hebt das Widersprüchliche auf. Es sagt, das Individuelle stirbt, aber das Leben lebt – immer. Leben, das ist dieser Kreis aus Sterben, Geborenwerden, Leben, Sterben …

Alle frühen Religionen kennen den heiligen Baum. Schwarzer
Hirsch, der Ahne der Oglala-Sioux-Indianer, hatte von seinen
sechs Großvätern die vier Weltpunkte erhalten und war so zum
großen Häuptling geworden. Umschart von seinen in vier Farben
leuchtenden Pferdegruppen, bestieg er den hohen Felsen in der
Mitte der Welt. Von dort überschaute er den ganzen Erdkreis
und den heiligen Ring des Volkes. Er stieß seinen roten Stab in
die Erde. Bald begann dieser zu sprießen und zu wachsen. Der
Stab entfaltete sich zum raschelnden Baum, voll von singenden
Vögeln. Und die Menschen wohnten unter seinen Zweigen.

Die Omaha-Indianer fällen einen Baumwollbaum, entlauben
ihn und richten ihn in der Mitte des Lagers auf. Zwei Männer
bemalen ihn mit roten und schwarzen Ringen. Das sind die Sym-
bolfarben für Tag und Nacht, Himmel und Erde, Donner und
Tod.

Für uns in christlicher Tradition Verwurzelte ist der Baumritus
der Chortis-Indianer besonders interessant. Sie zimmern ein höl-
zernes Kreuz und schmücken es mit Laub und Früchten – ähnlich wie in manchen Gegenden des römisch-katholischen Raums
Knaben Tännchen entnadeln und mit Blättern, Früchten und
Bändern schmücken und dann am Palmsonntag in die Kirche
tragen. Die Chortis nennen ihren Baum »gesegneten Pfahl«,
»Pfahl der Gnade« oder auch »Baum des Kreuzes«. Er bewirkt
Regenfälle, fördert das vegetative Leben und sorgt für Fruchtbarkeit der Erde und der Frauen.

Der Lichtbaum der Irokesen erinnert an den christlichen Weihnachtsbaum. Er leuchtet den Urbildern aller Wesen. Ongwe heißen
sie und wohnen auf der von uns abgekehrten Fläche des Himmelsgewölbes. Auf der unteren Welt erscheint dieser Lichtbaum in der
Mitte der Erdoberfläche als Ulme oder als Kiefer. Wenn Lichtbaum
und Weltbaum gemeinsam dargestellt werden, symbolisieren sie die
Wiederkehr des Ongwe-Landes auf der unteren Welt, die Vereini-
gung des Göttlichen und Menschlichen (5).

Auch im Buddhismus hat das Baumsymbol zentrale Bedeutung: Sieben Jahre lang hatte SIDDHARTHA GAUTAMA vergeblich nach Lehrern gesucht, die ihm helfen sollten, sein Erlebnis von Krankheit, Hinfälligkeit und Vergänglichkeit zu bewältigen. Eines Nachts aber, als er erschöpft unter einem Feigenbaum lag, fand er die Erleuchtung, die ihn vom Gedanken der ewigen Abfolge von Tod und Wiedergeburt erlöste und zum Buddha, dem Erleuchteten, werden ließ. Sieben Jahre lang hatte Buddha den Baum, unter dem ihm seine Erleuchtung widerfuhr, betrachtet und sich über die Befreiung von irdischen Fesseln gefreut. Er wußte jetzt: Wer frei ist von jedem Begehren, der ist frei vom Leiden; und wer erkennt, daß jenseits dieser Welt nichts ist, der kann in diesem Nichts, das »Nirwana« heißt, völlige Ruhe und Seligkeit finden.

Der Platz, wo der Bobaum steht, ist der »wahre Ort«. Hier haben alle gewesenen Buddhas, werden alle zukünftigen Buddhas ihre Weihe erhalten. Als Tathagata, der historische Buddha, im Begriff war, die Erleuchtung zu erlangen, und er nacheinander zu den vier Ecken dieses Platzes schritt, bebte und rollte die Erde. Aber als er wieder in die Mitte kam, war alles still. Wenn das Wahre Gesetz jedoch ausstirbt, werden Erde und Staub diesen Ort bedecken. Immer, wenn ein Buddha ins Nirwana eingeht, verdorren und fallen die Blätter am Bobaum; aber bereits im nächsten Augenblick erneuern sie sich wieder.

BUDDHA (Siddhartha Gautama) starb um 480 vor Christus. Der Ort der Erleuchtung ist bei Bodh Gaya. Eine reiche Tempelanlage zeichnet die heilige Stätte aus.

Ich weiß, daß ich hing
auf dem windigen Baum
durch neun ganze Nächte,
gespießt vom Speer
ein Opfer für Odin:
ich gab mich mir selbst
auf jenem Baum,

dessen Wurzeln
unbekannt für alle.
Sie gaben mir
weder Speise noch Trank;
ich ergriff die Runen,
schreiend ergriff ich sie
und fiel dann herab.

So hält der Dichter der älteren »Edda« im 13. Jahrhundert die uralte mündliche Überlieferung über den Baumtod Odins fest. Der
Gott selber opferte sich an der germanischen Weltesche Yggdrasil. Und er selbst warf auch den Speer, von dem er verwundet
wurde. Der von Zwergen geschmiedete Speer bestimmte den
Ausgang eines Kampfes, je nach dem Weg, den er über das
Schlachtfeld nahm. Die Runen, die der Gott aufgenommen hatte, enthielten die magischen Kenntnisse, jenes verborgene Wissen, das man nur vom Tod selbst erfahren konnte (6).

Das Bild des jungen Gottes, der an einem Baum das höchste
Opfer duldet, von einem Speer durchbohrt wird und im Todes-
kampf laut aufschreit, findet sich in vielen Kulturkreisen. Erst
durch den Tod wird jenes Wissen geschenkt, das Wiedergeburt
ermöglicht. Das Opfer am Baum ist Erfüllung. Ähnliche Vorstellungen finden sich im Schamanismus und in Zauberkulten, in
denen der Eingeweihte bei seiner Suche nach Wissen schreckli-
che, selbstzugefügte Qualen zu erdulden hat. Auch die Parallele
zur Passion Christi ist offensichtlich.

Das Grab des ersten Menschen ist Wurzelbereich für Lebensbaum und Kreuz – für das individuelle Leben, das durch den Tod
zur Auferstehung schreitet. Der Baum durchstrebt alle Bereiche
des Lebens, von den Wurzeln in den Himmel hinaus. Der waagrechte Balken des Kreuzes und die Baumkrone repräsentieren das
Himmelsgewölbe mit seinen Sternen, mit Sonne und Mond.
Aber die Lebensachse, welche der Stamm symbolisiert, durchbricht dieses Gewölbe, so wie der Baum mit seinen Wurzeln die

Erde durchbricht. Der Baum ist mit dem Ursprung des Lebens, der Lebensquelle, und mit den entferntesten Räumen des Geistes verbunden. Ein geeigneteres Meditationsbild läßt sich wohl kaum denken.

Die Brüder GRIMM überliefern ein kurzes, volkstümliches Märchen, welches diese Bilder auf kleinem Raum vereint. Das Märchen *Der Mond* versetzt die Leser in jene Zeit, in der die Nächte noch ganz dunkel waren. Auf seiner Wanderschaft gelangt dann aber ein Bursche in ein Land, wo das anders ist. Himmel und Erde sind getrennt. Im Geäst einer Eiche hängt eine leuchtende Kugel, welche die Nacht erhellen kann: der Mond. Der Bursche stiehlt ihn und bringt ihn nach Hause. Dort wird er nun auch in eine Eiche gehängt und erhellt die Nacht. Vier Zwerge putzen den Mond regelmäßig und versorgen ihn mit dem notwendigen Öl, damit er leuchten kann. Nach ihrem Tod erhält jeder Zwerg ein Viertel des Mondes ins Grab – das wachsende, das helle volle, das abnehmende und das dunkle Viertel (7).

Wieder repräsentiert die Krone – wie beim Weihnachtsbaum, wie beim Lichtbaum der Irokesen – das Himmelsgewölbe. Der Stamm verbindet Erde und Himmel und reicht über sie hinaus. Die Nähe des Mondes aber erinnert an die zyklischen Rhythmen der Zeit, die ja auch im Welken und Grünen des Laubes, im Blühen und im Reifen der Früchte sichtbar werden.

Aus Pommern und der Insel Rügen ist das Märchen *Die Prinzessin auf dem Baum* überliefert (8). Ein Schweinehirt sieht zum ersten Mal einen Baum, so groß und mächtig, wie er ihn bis jetzt noch nie angetroffen hat. Er klettert hinauf und weiter und immer weiter. Schließlich gelangt er in ein Dorf. Aber er klettert weiter und findet ein Schloß und eine junge Frau. Ganz ähnlich ergeht es einer Fee im sibirischen Chanten-Märchen *Die Suche der Mos-Frau,* das wir im nächsten Kapitel kennenlernen. Da findet die Mos-Frau (die Fee) den kostbaren Pelz, der ihr gestohlen wurde, auf dem Balken eines Baumhauses. Wir haben erfahren, daß das Haus den Bereich des persönlichen Lebens, die Wohnung der Seele, symbolisiert. In den beiden Märchen werden Lebensbaum und Lebenshaus identisch. In diesem Haus findet der Schweinehirt seine weibliche Seelenseite und die Mos-Frau ihr Kleid, ihre Individualität.

Die Bilder des gekreuzigten Christus und des hängenden Odin vereinen das Bild der im eigenen Leben integrierten Individualität mit dem Bild des Kreuzes. Dieses zeigt, wie die senkrechte Lebensachse alle Bewußtseinsebenen durchdringt, vom vegetativen Ursprung bis zum geistigen Ziel, und wie der waagrechte Balken den Horizont des Lebens beschreibt, den wir abschreiten, auf dem wir uns bewähren. Zugleich wird individuell sich erfüllendes Leben im Rhythmus des kosmischen Lebens und des Lebens überhaupt erfahren.

Das GRIMM-Märchen *Marienkind* mischt christliche Legendenbilder mit archetypischen Urbildern (9). Nachdem das Marienkind Größe, Glut und Feuer des Göttlichen erfahren hat, stürzt es auf die Erde zurück. Das gewaltige Erlebnis hat die junge Frau verwirrt. Sie braucht jetzt Einkehr ins Eigene. Sie wohnt in einem hohlen Baum und geht so in den Baumprozeß hinein, in sein Wachstum, in seine Lebenszyklen, in seine Weite. Ganzwerdung kann kaum eindrücklicher gezeigt werden als mit dem Bild des Menschen, der in den Baum hineingeht. Das Bild zeigt, wie der ganz gewordene Mensch sich in das noch größere Ganze integriert und mit den Zyklen und endlosen Kreisläufen der Schöpfung eins wird.

Im Dickicht des Herzens findet der König im afrikanisch-brasilianischen Märchen seinen Baum, sein Leben also, das mit dem kosmischen Lebensganzen »atmet«. Mit ihm hält er Zwiesprache. Wir müssen wissen, daß frühen Menschen das Tier mehr, größer, umfassender sein kann als der Mensch. Die Stimme des großen Baumtiers ist die Stimme seines eigenen Lebens und zugleich Stimme des größeren Lebens, des Lebensflusses. Die Lehre, die er vernimmt, entspricht auch genau diesem Lebensfluß mit seinem Wellenreigen: »Alt bist du, jung wirst du werden.« (10)

»Ist das Baumtier ein Vogel oder ein Affe?« So fragt sich der König. Symbolisch verbindet der Vogel Himmel und Erde, das lichtvoll Geistige mit dem Vegetativen, das Göttliche mit dem Menschlichen. Er bringt den Menschen die Botschaft der Götter und kündet den Göttern Schmerzen, Lust, Gedanken und Taten der Menschen. Als solcher Vermittler wurde er auch Symbol des Friedens. Ein Vogel verkündete NOAH, daß sich die Wasserflut geglättet habe und Gott mit den Menschen versöhnt sei.

Der Affe ist ein anderes Urtier. Er wohnt in Bäumen, birgt sich in deren Laub, turnt von Ast zu Ast. Sein Gebiet ist die Krone des Lebensbaums. Ihm scheint sie zu gehören. Ebenso kennt er den Stamm. Mit unnachahmlicher Leichtigkeit strebt er daran hinauf und hinab. Auch das Wurzelreich gehört ihm. In eleganten Bogen springt er – halb fliegend – über die Erde. So wird der Affe universelles Symbol für unsere Fähigkeit, die verschiedenen Bereiche des Lebensbaums, die verschiedenen Lebensbereiche der Seele miteinander zu verbinden.

Die Germanen konnten den Affen nicht kennen. Mit dem Eichhörnchen schufen sie ein anderes, symbolisch entsprechendes Tierbild. Unablässig klettert es von den Wurzeln zur Krone, von der Krone zu den Wurzeln der Weltesche, welche den Lebensbaum des Gottes Odin repräsentiert. Der Krone erzählt es, was bei den Wurzeln, den Wurzeln, was in der Krone geschieht.

Die Wurzeln des Lebensbaums symbolisieren unseren Anfang. Sie veranschaulichen, wie wir uns in den Bereich eingewurzelt haben, in den hinein wir geboren wurden: in Familie, Sprache, Religion, den politisch-sozialen Zustand, geschichtlichen Stand, Stand der Zivilisation, geographischen Ort. Sind meine Wurzeln tief und weit in dieses mir durch die Geburt zugeteilte Gelände eingedrungen, oder sind sie kurz und schmal? Möchte ich lieber Wanderschuhe haben als Wurzeln?

Die Wurzeln symbolisieren auch das, was ich durch die Geburt miterhalten habe: meine Gestalt, meine Eigenart, meine Anlagen – das Vererbte und das ganz Persönliche.

Der Stamm repräsentiert meine Lebenskraft und die Art, wie ich mich in meinem Leben verwirkliche. Ist er breit und wuchtig, mein Stamm? Antworte ich mit meiner unbeugsamen Kraft auf das Leben? Oder ist mein Stamm schlank und biegsam? Antworte ich dem Leben, indem ich mich in seine Rhythmen einschwinge?

Meine Krone symbolisiert das, was ich aus meinem Leben gemacht habe und wie ich es weiterhin gestalte, sie versinnbildlicht das in Freiheit aus mir Werdende. Meine symbolischen Äste und Zweige und meine Blätter stehen für meine Arme, die in den Himmel greifen und darin »bauen«(11).

Jeder Mensch hat sein eigenes Baumbild, sein eigenes Lebensbild. Der Baum des Königs im Märchen ist groß geworden, hoch und weit. Ein alter Baum mit hohlem Stamm. Ein starkes Baumtier lebt darin. Es nimmt das ganze Leben zusammen und weiß die Formel dafür: Alt bist du – jung wirst du werden. Dein Leben ist Prozeß, dauerndes Altern, dauerndes Erneuern. Alles ist dieser Prozeß: Wurzel, Stamm und Krone des Lebens. Ist das Baumtier doch ein Vogel, der die Botschaft der Götter bringt?

Das Baumtier weiß noch anderes. Es sagt: »Hier in meinem Baum bist du in Sicherheit.« Die beiden Sätze gehören zusammen. In deinem Lebensbaum bist du in Sicherheit. Das ist die schlichte alte Weisheit des Sklaven auf der brasilianischen Plantage. Er hat sie von seinen Vätern im großen afrikanischen Wald geerbt. Das Leben bedeutet alt sein und jung werden, ist Tod und Geburt. Und dieser Prozeß schützt dich.

So ausgerüstet, wird der König weitergehen und dem weisen Mann dienen. Das Baumtier, der Baumaffe, der zugleich Baumvogel ist, kennt den Weg.

Das andere Land

Das Märchen arbeitet mit einfachen Bildern. Es meidet alles Ablenkende. Diese Konzentration ermöglicht Vergleiche, ja ruft geradezu nach Vergleichen mit entsprechenden Bildern anderer Kulturräume und anderer Zeiten. So verbindet das sicherlich absichtslos entstandene Märchen seine Bilder mit dem ursprünglichsten Symbolgut. Das letzte Kapitel zeigt das eindrücklich. Ursymbole müssen »unverwüstlich« sein. Wir erhoffen das auch noch für unsere Zeit, die uns mit einer unverdaubaren Flut von Bildern überschwemmt, alte Symbole in den Dienst der Propaganda stellt und selbst in sogenannten »Kindersendungen« der Fernsehanstalten Märchenhandlungen und Märchenbilder verfälscht – versüßlicht oder sogar brutalisiert. Der Reichtum an inneren Bildern stärkt die Seele. Menschen, die für diese Bilder offen bleiben, können sie anderen vermitteln. So werden sie dann zu Schlüsseln des Lebens.

Das antike Heliopolis war das erste religiöse Zentrum Unterägyptens. Seine Priester überlieferten ihr Verständnis von der Entstehung der Schöpfung mit der folgenden »Bildergeschichte«: Am Anfang war das ganze Universum ein unendlicher Ozean, gewissermaßen ein grenzenloses Ei ohne Schale. In einem langen Prozeß bildete sich daraus ein erster Hügel. Daraus entstand dann die Schöpfung. An der Stelle, wo sich der erste Schöpfungshügel emporwölbte, liegt Heliopolis mit seinen wunderbaren Tempelanlagen.

Das uranfängliche Wasser vereint alle Möglichkeiten. Es entspricht dem ungeformten, undifferenzierten All-Eins. Es wurde zur Urquelle des Lebens. Was aus ihm aufsteigt, erhält Gestalt, grenzt sich gegen anderes ab. Gemäß frühgeschichtlicher indischer Bilderwelt schwimmt Amanta, eine endlose Schlange, auf dem Urwasser. Gelassen und schön ruht der Gott Wischnu auf dem Bett, das die Schlange bildet. Er träumt die Schöpfung. Urwasser und Schlange symbolisieren das Zeitlose, Wischnus Traum repräsentiert die Zeit.

In der Spätantike verwechselten Schriftsteller den Gott Kronos mit Chronos, der Personifikation der Zeit. Andere sahen in Kronos eine blindwütende tyrannische Gottheit. Nach wieder anderen Berichten aber war Kronos ein so gütiger Herrscher, daß seine Regierungszeit einem goldenen Zeitalter gleichkam. Zum Lohn wurde er nach seiner Absetzung Herrscher über die Insel der Seligen im westlichen Ozean.

Blickt unser König im Märchen auf die Insel der Seligen oder auf die Insel des Schöpfungsanfangs hinaus? Der Gang der Märchenhandlung zeigt, daß sie für beides steht. Ein junges Mädchen rudert ihn hinüber. Schon im Hinduismus wird der Tod hier und da als Mädchen dargestellt. Im Märchen erscheint es als Seelenführerin.

Märchengeschehen ist inneres Geschehen. Der alte König erfährt den Urbereich seiner eigenen Seele, den Ort, wo das Ungestaltete nach Gestaltung und Leben ruft. Mit diesem Bild rührt das afrikanisch-brasilianische Sklavenmärchen an ein Mysterium, das selten aufklingt, kaum in Gesprächen umkreist wird.

Wenn Schöpfungsmythen diskutiert werden, nimmt man in der Regel an, es seien unbeholfene, primitive Erklärungsversuche für die Entstehung der Welt. Der phantasiebegabte, schöpferische Mensch geht aber – ohne es zu wissen – gerade umgekehrt vor. Seine Umwelt liefert ihm die Bilder, mit denen er sich selbst und andere Strukturen und Vorgänge der Seele sichtbar macht. Das ergibt eine schwierige Sprache. Die ersten Schriften waren Bilderschriften. Die ersten Berichte sind in Bilder gekleidete Seelenporträts. Sie sind unbewußt entstanden, von Menschen erfunden worden, die in der Regel weder schreiben noch lesen konnten – wie kindliche Spielereien.

Wenn wir die skizzierten Schöpfungsmythen in dieser Art verstehen, steht das Urwasser für das Ungeformte in der Seele des

Menschen, für jenen Urgrund auch, mit dem jedes Leben geheimnisvoll verbunden sein muß. Es ist der Quellbereich, aus dem die Seele ihre Bilder formt, so daß sie ins Bewußtsein treten können. In einem dauernden Prozeß bildet die Seele aus innerem Chaos Leben. Mit jedem Atemzug erschafft sie Leben und schenkt es der Vergänglichkeit. Das ist die unablässige Schöpfungsarbeit, die wir leisten. Wir dürfen sie nicht delegieren, solange wir aktiv sein können, – nicht an Institutionen, nicht an heimliche und offene Demagogen aller Art. Mein individuelles Leben bildet zusammen mit allem Leben eine Schöpfergemeinschaft in dieser Welt und im Kosmos. Das ist unser schöpferischer Anteil am Leben.

Die Seele hilft uns dabei. Sie hält uns ein junges Mädchen bereit, das uns auf die Insel des Vergehens und Entstehens rudert. Das muß ein Bild für eine weibliche, schöne, anmutig wirkende, unbeirrte, sichere Kraft in uns sein. Sie nimmt uns in den Prozeß von Leben, Tod und Wiedergeburt hinein.

Mit welchen Bildern des Schreckens hat man uns den Vorgang von Sterben und Tod belastet! Sie entfernen uns vom Leben, diese Bilder. Sie lassen uns zu Verzweifelten werden, quälen uns mit Verpflichtungen zu nicht Leistbarem. Das brasilianische Sklavenmärchen und die Schöpfungsmythen früher Völker nehmen uns dagegen in das Leben hinein und stärken unser Vertrauen in das, was mit »Leben« gemeint ist. Der Tod wird als Aspekt des Lebens verstanden. So wie Entstehen-Vergehen-Entstehen mit jedem Atemzug geleistet wird, wenn wir wirklich lebendig sind, so leistet das Leben mit uns diesen Kreis von Leben, Tod und Wiedergeburt.

Das junge Mädchen rudert ein Baumboot. Wir brauchen jetzt keine Erklärung mehr für dieses Bild. Das vorhergehende Kapitel hat sie bereits geleistet. Der Lebensbaum des Königs fährt über das Urwasser. Er ist Fahrgast. Er wird gerudert. Drüben steht die große Hütte. Auch dieses Symbol ist uns jetzt bekannt. Wichtig ist, daß die Hütte offensichtlich größer ist als die, in der er bis jetzt wohnte. Der Mann, der vor dieser Hütte wartet, kann kein anderer sein als der, von dem wir gesprochen haben: der Mensch, der den König zu seiner Geburt gerufen und Tag für Tag weiter gerufen hat – der Mensch, der seinen Namen trägt. Der König begegnet auf dieser Insel seinem eigenen Bild, seinem Urbild und Sehnsuchtsbild. Er ist angekommen. Bei sich selbst ist er angekommen.

Die Speise der Götter

Aus Pilzen bereitet Diana den Göttern ein leckeres Mahl. Sie werden unsterblich davon. Diana ist die römische Göttin der Jagd. Pilze sind magische »Früchte«. Das, was für andere Früchte die Pflanze ist, ist bei den Pilzen ein fadenartiges Gespinst. Mit Wurzeln und absterbenden oder abgestorbenen Organismen geht es eine Gemeinschaft ein. Viele Pilzarten breiten sich in konzentrischen Kreisen aus diesem Wurzelgespinst aus. »Hexenringe« nennt sie der Volksmund. Die Hexen würden darin tanzen, behaupten die Sagen.

Ihrem Fadengespinst verdanken die Pilze ihr schnelles Wachstum. In einer Nacht können sie in gedrängten Massen aus dem Boden heraufsprießen. Besonders schnell wächst der Steinpilz. In manchen Gegenden nennen ihn die Leute auch »Herrenpilz«. Manchmal geschehe es, heißt es, daß ein Herrenpilz gewaltig anwachse, bis schließlich ein schöner Knabe daraus trete und einsamen Waldgängern seltsame, nicht beantwortbare Fragen stelle.

Besonders berühmt-berüchtigt ist der Fliegenpilz. Vorausgesetzt, man hält die Dosierung entsprechend gering, führt der Genuß des Fliegenpilzes nicht zur tödlichen Vergiftung. Aber er macht »trunken«. Daher wurde und wird er als Rauschmittel verwendet. Die Phasen der »Pilztrunkenheit« sind merkwürdig und vielleicht auch faszinierend. Zunächst wird man schläfrig. Während einer Stunde dämmert man passiv dahin. Dann beginnt der Körper zu zittern. Die verschiedenen Muskeln werden seltsam erregt. Man tanzt, man lacht. Wutanfälle setzen ein, mit Heulen und Schimpfen. Sie gehen in Halluzinationen über. Nie gesehene Bilder tauchen auf, nie gehörte Geräusche scheinen den Körper anzufüllen. Die Formen verändern sich. Die Umrisse werden verdoppelt. Dann wird man blaß und bewegungslos. Erst nach ein paar Stunden erwacht man. Von den vorhergehenden Zuständen weiß man kaum mehr etwas.

Die sibirischen Schamanen benutzen den Fliegenpilz, um sich in Trance zu versetzen und mit Elementen und Geistern in Verbindung zu kommen. Die Orotschen – ein tungusisches Volk, das im Südosten Sibiriens am Tatarischen Sund lebt – berichten, daß die Seele im Mond als Fliegenpilz aufersteht und so verwandelt wieder zur Welt kommt. Der Geist des Fliegenpilzes zeigt sich als Frau. Sie tritt aus Baumstämmen und Wurzeln hervor, mit weit ausgestreckten Armen, aufgelösten Haaren und ernsten Augen. Wer die Milch aus ihren nackten Brüsten gesogen hat, erhält zehnfache Kräfte.

Die »Rigweda« ist die älteste religiöse Schrift der Inder, ein wunderbares, episches Lied. Ausführlich preist es auch den Somatrank, der aus dem Fliegenpilz hergestellt worden sein muß. Er wird als Lebenselixier und Unsterblichkeitstrunk für Götter und Menschen dargestellt. Wer ihn trinkt, erhält hellseherische Gaben, steigert die Energie und sinkt in einen heiligen Rausch, der Himmel und Erde vereint (12).

In unserem Märchen wachsen die verjüngenden Pilze in einer tiefen Erdspalte. Wie das Mädchen im Märchen von *Frau Holle* in den Brunnen hinabsteigt und dann auf eine Zauberwiese gelangt (13), so läßt sich der König an einem Seil in die eigene Seelentiefe hinab. Das Seil wird vom weisen Alten gehalten. Wir wissen jetzt, was er symbolisiert. Auf seiner Brunnenfahrt entdeckt das Mädchen die eigene Seelentiefe, ihre Schönheit und ihren Reichtum.

Der König dringt in noch verborgenere Bereiche vor. Durch einen Gang erreicht er die verjüngenden Pilze, von denen ein geheimnisvoll bleiches Licht ausgeht, so wie die weißen Häutchen des Fliegenpilzes in der Nacht schimmern können.

Alle Modelle, die wir uns von der Seele zurechtlegen, sind unzulängliche Hilfskonstruktionen und können jeweils nur einen oder doch nur wenige Aspekte verdeutlichen. Trotzdem will ich hier ausnahmsweise ein Modell skizzieren, um damit dem Märchenbild näherzukommen: Wir können den uns nicht bekannten Seelenteil als tiefen Brunnenschacht malen oder als schmale Erdspalte. Nahe beim Bewußtsein wäre das Vergessene eingelagert. Dann kämen das Verdrängte und anschließend das Bildergut, das sich aus all den Begegnungen entwickelt hat, die wir nicht wach wahrgenommen haben. In noch tieferen Bereichen müßte das verborgene Urwissen »liegen«, der chaotische Urbereich, von dem wir bereits gesprochen haben. Er ist geheimnisvoll mit der Urquelle verbunden, aus der alles Leben genährt wird. Vielleicht zeigt das Märchenbild vom unterirdischen Gang, daß der König zu dieser Urquelle unterwegs ist.

Eine solche Geographie der Seele besteht nicht. Alle Bereiche durchdringen einander, sind in ständigem Austausch und Fluß. Aber das Modell und das Märchenbild können doch helfen, den Weg nachzuvollziehen, den der alte König gehen muß, wenn er das, was wir symbolisch als Lebensquelle darstellen, wahrnehmen will. Daß dieser letzte noch gerade ahnbare »Ort« von einer Schlange bewacht wird, kann uns nicht erstaunen. So wie ich meinen verletzlichen Leib mit Kleidern, meine noch verletzlichere Seele mit meinem Körper schütze, so muß auch das Geheimste in mir geschützt werden. Meine Seele muß ein »Organ« haben, das jenen Ort schützt, aus dem heraus ich lebe. Auch meine »Lebensquelle« hat ihre Geborgenheit.

Das Märchen verwendet allerdings nicht das Bild des aus tiefem Grund hervorquellenden Wassers. Es malt das Bild der Pilze. Nach dem, was wir zu Beginn des Kapitels ausgeführt haben, können wir dieses Bild nachvollziehen. Wurzeln und Abgelebtes verhelfen den Pilzen zu ihrem Wachstum. Pilze ermöglichen Einheit mit dem Göttlichen. Aus dunkler Verborgenheit können sie Gestalt erhalten und in großer Zahl gleichsam über Nacht aus dem Boden schießen. – Ein reiches Symbolbild!

Alle hundert Jahre schläft die Schlange und ermöglicht so, daß die Götterspeise gepflückt werden kann. Wenn wir die vier ersten Zahlen miteinander addieren (1+2+3+4), erhalten wir die Zahl Zehn. Sie symbolisiert Vollständigkeit, das Ganze der Schöpfung. Ursprünglich hat man mit den Fingern gezählt. Wenn man beim letzten Finger ankam, war man an der Grenze des noch Zählbaren. Man ging hinüber in das dem ordnenden Verstand nicht mehr Zugängliche. Hundert bedeutet ursprünglich die gesteigerte Zehn, höhere Vollkommenheit. Immer, wenn ich meine bisher letzte Grenze überschreite, schläft der Drache in mir, meine Urnahrung erschließt sich mir.

Das Mädchen gehorcht einem uralten Ritus. Haben die alten Inder nach diesem Verfahren ihren Somatrank zubereitet? Die Pilze gären. Im Alkohol sind Wasser und Feuer symbolisch vereint. Der Gegensatz ist aufgehoben. Das ist wie im chaotischen Urbereich, im All-Eins, das keine Gegensätze kennt. Aus ihm wird die neue Gestalt, das neue Leben. Wenn das Mädchen die beiden Alten mit gegorenem Pilzschleim bestreicht, sind sie von diesem All-Einen umschlossen – vorembryonal. Wiedergeburt wird vollziehbar.

Mir ist kaum ein Märchen bekannt, das so weit in Unsagbares vordringt. Es geschieht mit ganz einfachen Bildern. Kein hochentwickeltes literarisches Werk vermag das. Das leistet nur die schlichte, absichtslos entstandene Urgeschichte.

Heimkehr

In den letzten Abschnitten des Märchens werden die entscheidenden Personen nochmals unvergeßlich charakterisiert. Wieder erkennen wir den weisen Alten als Symbolperson für das, was der König ist: für sein Ganzes, für alles, was seine Seele umfaßt. Wir tragen ein Abbild von dem in uns, zu dem wir auf dem Weg sind. Zugleich ist es auch das Bild, das wir letztlich sind. Das Symbolbild des weisen Mannes, der weisen Frau ist das Symbolbild meines menschlichen Seins, zu dem ich unterwegs bin, das in mir auf mich wartet. Es ist das wichtigste Symbol, entscheidend für mein Leben. Letztlich unausweichlich ist es in meine Seele gelegt.

Die Tochter erscheint als weibliches Urbild in der Seele des Mannes. Es wartet darauf, daß er es erkenne, es wahrnehme und in sich einbeziehe. Erst wenn das geleistet ist, ist er wirklich ganz. Der letzte Schritt zum Vollständigsein ist das Wahrnehmen des gegengeschlechtlichen Bildes in der eigenen Tiefe. Erst wenn ich es sehe, spüre, rieche, erst wenn es mir geradezu körperlich faßbar wird, kann ich es als Aspekt meines Wesens wahrnehmen und in mein Leben einbeziehen.

Ich bin ganz, wenn ich mein eigenes, persönliches Urbild und das gegengeschlechtliche Urbild in mir lebe, beides. So absolut, wie das mit den paar Sätzen gesagt wird, ist das keinem Menschen möglich. Aber wenn er sich auf dem Weg dazu erfährt, wird das Leben reiches und immer reicheres Abenteuer. Die Frage nach dem Sinn wird müßig. Das Leben selbst wird Sinn, dieses Unterwegssein. Was ich auf dem Weg zu mir schaffe, das folgt mir nach und legt Zeugnis von mir ab.

Wenn ich mich mit meinen weiblichen und meinen männlichen Anlagen in mir eine, werde ich schöpferisch. Ich schaffe Gültiges: gültige Worte, gültige Gebärden, gültige Arbeiten – Beiträge zum eigenen Lebensprozeß und zum Prozeß der Schöpfung. Das symbolische Kind, von dem das Märchen spricht, folgt mir in diesem Sinn nach. Es legt Zeugnis von mir ab.

Ganz folgerichtig läßt das Märchen den weisen Mann auf der Insel zurückbleiben. Wir wissen, es ist die »Schöpfungsinsel«, Ort des in dieser Wirklichkeit höchstens denkbaren Ineinanders von Ende und Beginn. Frühe Bilder und Geschichten stellen dieses Ineinander gern auch in der Gestalt einer geflügelten Schlange dar, die mit ihrem Leib einen Kreis formt und sich selber in den Schwanz beißt. »Uroboros« oder »Ouroboros« heißt dieses erfundene Tier. Es frißt sich auf und zeugt sich im selben Atemzug neu. Die Schöpfung lebt aus diesem Ineinander von Zeugen, Gebären, Leben und Sterben – immer wieder, immer zur selben Zeit. Der weise Mann lebt auf dieser »Ouroboros-Insel« in der Seele des Königs – in meiner Seele. Ich schaffe auch mein eigenes Ur- und Ziel- und Sehnsuchtsbild immer wieder neu. Der König im Märchen, der sein wahres Bild gefunden hat, wird erneut zu ihm auf dem Weg sein, weil auch dieses Bild dauernden Wandlungen unterworfen, der immer neu zu leistenden schöpferischen Arbeit einbezogen ist.

Das Märchen macht noch in einem zweiten Bild auf diesen Zusammenhang aufmerksam. Das Erscheinungsbild des Lebensbaums ist nie fertig, nie vollendet. Das »Baumtier« darin weiß um meine Prozesse, weiß, daß ich mein Ziel, zu dem ich unterwegs bin, immer wieder neu erarbeiten muß. Deshalb kann es mein treuester Berater sein. Der weise Mann, die weise Frau in mir symbolisiert das, zu dem ich unterwegs bin. Das Baumtier symbolisiert, was mit mir unterwegs ist. Beide müssen nah miteinander verwandt sein. Beide sind Bilder für nicht benennbare seelische Realitäten.

Eindrücklich ist auch, wie der König nun seinen Besitz den Söhnen und Frauen zuteilt. Jede Gestalt auf seiner Seelenbühne erhält ihre Aufgabe. Nur Menschen von hohem Reifegrad ist es möglich, Seelenteile selbständig und so arbeiten zu lassen, daß sie sich nicht abspalten, eigene Wege gehen und die Persönlichkeit

zersetzen. Es ist, als würde jeder Seelenteil zu einem Stern eines
Sternbilds. Die Seele ist ein ineinandergreifendes Miteinander
von nicht sichtbaren, nur in ihrem Wirken wahrnehmbaren »Organismen« eines weiten, großen Organismus, genährt vom Leben, hinausgreifend ins Leben, schöpferisch.

Die Aspekte der Königsseele sind – symbolisch – erwachsen
geworden. Ihre Selbständigkeit stellt sie offensichtlich zufrieden.
Allerdings nicht so ganz, wie der König es ist, hören wir. Vielleicht müßten auch die »Seelenteile«, die sich im Bild der »Söhne« und der »Frauen« wahrnehmen lassen, den Prozeß leben, den
der König gelebt hat und immer noch lebt. Das wird wohl
zukünftige Aufgabe sein. Das Weibliche und das Werdende in
der Seele des Königs, das nicht so intensiv an Sterben, Tod und
Wiedergeburt teilgenommen hat wie andere, wie die meisten, wie
sonst fast alle seelischen »Einzelorganismen« werden sich in den
nun kommenden »hundert Jahren« besonders bereitwillig und
tief in das Ouroboros-Wirken hineinbegeben müssen.

Der König lebt zufrieden mit seiner Frau. Wir erinnern uns
daran, wie diese Frau ihn über das Wasser zur Ouroboros-Insel
gerudert hat. Seine Seelenführerin wird Gefährtin. Der Tod –
hier in weiblicher, jugendlicher Gestalt – wird zum Freund, mit
dem zusammen ein neues Leben gewagt wird (14).

Der Übergang zum Lebensabschnitt, den wir »Alter« nennen,
flößt Angst ein. Bisherige Werte werden bedroht. Gleichzeitig
spüren wir die Notwendigkeit, neue Werte zu erarbeiten. Wir
fühlen uns zwar schwächer als bisher, wissen aber, daß wir erneut
schwierige Seelenarbeit leisten müssen. In dieser Krise wartet wieder – wie an allen bisher entscheidenden Lebensstationen – der
neue Mensch in uns. Mit den bekannten, bis jetzt bewährten
Mitteln ist er nicht zu erreichen. Noch einmal müssen wir uns in
das Dickicht des unerforschten eigenen Innern wagen. Wer jetzt
noch lebendig bleiben will, muß sich dem Tod stellen und mit
ihm zusammen den Übergang in eine andere Form des Daseins
wagen.

In vielen Gegenden war es Brauch, geschmiedete Grabkreuze mit einer Art stilisiertem Häuschen oder Tor zu versehen. Dieses Tor mußte sich nach Osten öffnen lassen, zum Sonnenaufgang hin, dorthin, wo neuer Morgen und neues Leben rufen (15). Als man den Sinn dieses Brauches nicht mehr verstehen konnte, hat man dieses stilisierte Haus oder Tor dazu benutzt, Namen, Geburts- und Todesjahr des Verstorbenen darauf zu schreiben. Würde es gelingen, solche Symbole und Symbolhandlungen ins Leben hineinzunehmen, so ergäbe sich daraus nicht billiger Scheintrost, sondern ein Hineinwachsen in uns abhanden gekommenes Urwissen.

Die Geburt trennt uns vom All-Eins und Immerjetzt. Vor der Geburt sind wir aufgehoben im Ungeschaffenen. Der Tod trennt uns vom Geschaffenen und damit ebenso von den Dimensionen des Ortes und der Zeit. In der Geburt gewinnen wir Gestalt. Geburt ermöglicht Erkennen im Gegenübersein. Im Tod gewinnen wir Einssein über der Zeit. Im Leben aber, das weiß das afrikanische, in Brasilien überlieferte Sklavenmärchen, sind wir in rhythmischen Zyklen unterwegs zu unserem Ganzsein. Dieses Unterwegssein, diese ständige Erneuerung muß auch dem Tod Sinn geben. Wir lernen ihn durch dieses Märchen als Erneuerungsprozeß verstehen. Mit dem Tod mündet bisheriges Leben in Wandlung ein.

Wandlung

*Vom eigenen Ganz-Sein
zum kosmischen Ganzen*

Die Suche der Mos-Frau

In einer einsamen Hütte lebte einst eine Mos-Frau. Eines Jahres, als schon der Frühling ins Land kam, brachte sie ihren schön bestickten und verzierten Pelz an die Sonne zum Trocknen.

»Mag er noch ein Weilchen trocknen!« dachte sie bei sich, danach ging sie ins Haus und versah ihre Arbeit. Als es Abend wird, geht sie hinaus, da sieht sie: Der Pelz ist weg! Sie schaut rechts umher, sie schaut links umher, aber ihren Pelz findet sie nicht. Es hat auch kein Wind geweht, wo ist er nur geblieben?! Hat ihn etwa ein Mensch weggenommen?! Weit und breit schaut sie umher, doch sie sieht niemanden. Da bricht sie in Tränen aus:

»Warum habe ich ihn nur hinausgehängt? Noch meine Mutter hat ihn genäht, es sind nun wohl fünfundzwanzig Jahre. Aber selbst dreißig Jahre lang wäre daran nichts zerrissen! Ob wohl ein vierfüßiges Erdentier ihn geraubt hat? Ob wohl ein gefiederter Himmelsvogel damit fortgeflogen ist? Wo finde ich ihn nur?« klagte sie vor sich hin. Dann legte sie sich nieder, doch sie konnte und konnte nicht einschlafen. In der Frühe stand sie rasch auf. Sie aß und trank, band sich ein Tuch um den Kopf und machte sich auf den Weg, wohin ihr Auge schaute.

Sie wanderte wohl eine lange Zeit, sie wanderte wohl eine kurze Zeit; schließlich spürt sie, wie ihr die Kräfte schwinden. Sie schaut sich um: Dort hinten steigt Rauch auf! Der Rauch kam ja aus einer Hütte! Drei ihrer Säulen sind in die Erde gesenkt, drei aber ragen gen Himmel. Die Mos-Frau geht zu der Hütte, sie wagt aber nicht einzutreten. Ob ein Mensch darin wohnt oder ein Teufel, wer weiß es! Sie lauscht. Nur das Knistern des Feuers ist von drinnen zu hören. Sie beginnt zu weinen. Da öffnete sich

die Tür, und eine Frau trat ihr aus der Hütte entgegen: »Wer bist
du?« fragte sie die Mos-Frau.

»Ich bin die Mos-Frau aus der einsamen Hütte!« antwortete
die Mos-Frau.

Da lief die Frau auf sie zu:

»Herrin, was hat dich hierher geführt?« fragte sie.

»Der Pelz, den meine Mutter genäht, ist verlorengegangen.«

»Wie ist er denn verlorengegangen?« fragte die Frau.

»Ich habe ihn zum Trocknen hinausgehängt, und er ist verschwunden. Ob ein vierfüßiges Erdentier ihn raubte, ob ein gefiederter Himmelsvogel damit fortflog, ich weiß es nicht. Nun
gehe ich, wohin mein Auge schaut, ihn zu suchen«, entgegnete
die Mos-Frau.

Die Frau aber küßte sie, führte sie ins Haus und gab ihr zu essen und zu trinken. Die Mos-Frau aß, aber soviel sie aß, so viel
weinte sie auch.

»Weine nicht, mit Weinen findest du ihn niemals wieder!« be-
sänftigte sie die Frau.

»Gewiß, niemals werde ich ihn wiederfinden«, wiederholte die
Mos-Frau.

»Warte nur, bis dein Schwager heimkommt, vielleicht hat er
ihn irgendwo gesehen!« tröstete die Frau, und sie hatte es kaum
ausgesprochen, so hörten sie schon, wie jemand kam. Der Mann
der Frau war gekommen. Er trat ein, sagte aber nichts.

»Merkst du denn nicht«, fuhr da die Frau ihren Mann an, »daß
jemand bei uns ist, den wir kennen?«

»Meine Augen sind noch blind vom Frühlingswind, aber nun
sehe ich schon: Die Mos-Frau aus der einsamen Hütte ist hier«,
sprach der Mann, dann fragte er die Mos-Frau: »Suchst du vielleicht irgend etwas? Fischend und jagend durchziehe ich das
Land, ich wandere auf weiten Wegen und auf nahen, aber ich
habe nichts gefunden.«

»Der Pelz, den meine Mutter genäht hat, ist verlorengegangen,
nun gehe ich, ihn zu suchen.«

»Hier treiben sich nur noch Teufel herum, aber keine Menschen«, sagte darauf der Mann.

»Dennoch, hast du nichts gesehen?« fragte die Mos-Frau aufs neue.

»Hätte man ihn dort entlanggetragen, wo sein Weg entlangführt, so hätte er ihn sicher gesehen!« antwortete die Frau an ihres Mannes Statt. Da ergriff auch der Mann das Wort:

»Frau, gib deiner Schwester ein Marder-Sommerfell! Im fernen Land, dort im einsamen Land, da wohnt ihre jüngere Schwester. Die weiß ihr vielleicht etwas zu sagen.« Damit legten sie sich nieder. In der Frühe standen sie auf. Der Mann war schon lange fortgegangen. Reif wie das Fell eines Eichkätzchens bedeckte sein Lager. Sogleich erhoben sich auch die beiden Frauen, sie begannen zu essen. Aber soviel die Mos-Frau ißt, so viel weint sie auch!

»Meinen Pelz will ich suchen! Auch wenn es mich das Leben kostet, will ich ihn wiederfinden!« so klagte sie ihrer Schwester. Darauf küßte die Schwester sie, und die Mos-Frau machte sich auf und ging ihres Weges.

Sie wanderte wohl eine kurze Zeit, sie wanderte wohl eine lange Zeit, vielleicht wanderte sie auch einige Wochen lang. Einmal aber schwanden ihr wieder die Kräfte.

»Wenn ich auch heute noch nicht sterbe, so sterbe ich doch gewiß morgen«, denkt sie bei sich. Da, als sie vorwärts schaut, erblickt sie wiederum eine Hütte. Drei Säulen sind in die Erde gesenkt, drei aber ragen gen Himmel. Sie geht zu der Hütte, aber vor Schwäche konnte sie die Tür nicht öffnen. Da tut sich plötzlich von innen die Tür auf, eine Frau tritt heraus, sie faßt die Mos-Frau bei der Hand und geleitet sie ins Haus.

»Herrin, liebe Schwester, mein Schwesterchen, was ist dir geschehen?« fragt sie.

»Die Augen sind mir geschwollen, auch sprechen kann ich nicht. Laß mich erst ein wenig zu mir kommen, gleich will ich alles erzählen«, entgegnet ihr die Mos-Frau. Da bereitet ihr die

Frau ein Lager und gibt ihr zu essen. Die Mos-Frau fiel sogleich in einen so tiefen Schlaf, daß sie erst erwachte, als der Schwager kam. Die Tür tut sich auf, und gleich einem zottigen Bär tritt jemand über die Schwelle. Ganz nah kommt er an sie heran, beschnuppert sie, beobachtet sie. Die Mos-Frau erschrak. »Ist denn ein Fremder gekommen oder was, daß du so herumschnüffelst«, fuhr da die Frau den Mann an. Nun schlug die Mos-Frau aufs neue die Augen auf. Nun, was sieht sie? Dort an einem Haken hängt das Bärenfell, und ein fürstlicher Held von selten schöner Gestalt steht vor ihr. Wahrhaftig, solch einen Mann sah sie noch nie! Jetzt hebt der Mann an und spricht:

»Mos-Frau aus der einsamen Hütte, was suchst du in diesem fernen Land, wohin sich nicht einmal ein Vogel verirrt?«

»Ich suche meinen Pelz, der mir von meiner Mutter geblieben ist«, antwortete die Mos-Frau.

»Dir ist doch nicht ein lieber Pelz verlorengegangen?«

»Ach doch! Hei, ich habe in diesem Pelz das ganze toremgeschaffene Land durchzogen, und er ist nicht einmal zerschlissen, nicht einmal gerissen. Hei, so ein Pelz war das! Und nun ist er verloren.«

»Weit fort ist dein Pelz«, sagt darauf der Schwager zur Mos-Frau. »Selbst ein Vogel könnte nicht dorthin gelangen, und gar eine schwache Frau wie du!«

»Ich will meinen Pelz wiederfinden, auch wenn es mich das Leben kostet!«

»Nun, wenn du klug bist, wird es dich vielleicht nicht die Seele kosten«, entgegnete der Schwager der Mos-Frau. Danach aßen sie und legten sich zur Ruhe. In der Frühe, als sie aufstehen, befiehlt der Mann sogleich seiner Frau:

»Frau, gib deiner Schwester einen Eichhörnchen-Sommerpelz!« Dann wendet er sich der Mos-Frau zu und fragt:

»Was hat dir dein älterer Schwager gegeben?«

»Er hat mir einen Marder-Sommerpelz gegeben«, antwortete die Mos-Frau.

»Dein älterer Schwager wußte wohl, was er dir geben mußte! Jetzt aber machst du dich auf den Weg. Unterwegs, am Lauf des Ob, auch an der Küste des Meeres wirst du bald vielen Menschen begegnen. Aber höre nicht auf sie, blicke sie gar nicht an! Wenn du sie schon hinter dir gelassen hast, wirst du auf eine Stadt treffen. Am Rande dieser Stadt steht ein Baum und auf dem Wipfel dieses Baumes ein Haus. Auf einem Balken unter dem Fenster dieses Hauses auf dem Baumwipfel, da ist dein Pelz. Wenn du in die Nähe des Baumes kommst, leg das Marderfell an, das dein älterer Schwager dir gegeben hat. Zu beiden Seiten des Baumes liegen Hunde in einer Reihe, aber fürchte dich nicht vor ihnen, sie bemerken dich nicht. Geh nur ruhig weiter. Dann klettere auf den Baum und nimm dir deinen Pelz. Bedecke dich mit dem Eichhorn-Sommerfell, aber daß du unterdes ja nicht denkst: ›Na, endlich habe ich meinen Pelz‹ – denn augenblicks werden dich die Hunde in Stücke reißen. Nun also geh, aber vergiß nicht, was ich gesagt habe!«

Die Mos-Frau machte sich auf den Weg. Sie wanderte wohl eine lange Zeit, sie wanderte wohl eine kurze Zeit, schließlich, als ihr Fuß schon müde wurde, erblickte sie auf einmal am Ufer des Ob Menschen, die fischten mit einem Zugnetz. Der eine sang, der andere lachte. Doch was hatte sie hier zu suchen, sie blieb nicht einmal stehen, sondern wanderte nur immer weiter.

Sie wanderte und wanderte, bis sie plötzlich etwas gleich einer Stadt vor sich erblickte. Vor der Stadt ist ein Baum, auf dem Baumwipfel aber, kaum sichtbar, ein Haus. Sie geht näher, legt den Marder-Sommerpelz an und beginnt hinaufzuklettern. Zu beiden Seiten des Baumes liegen Hunde in eiserne Ketten geschlagen. Kaum ein Fußbreit ist zwischen ihnen, kaum kann man hindurchgehen. Dennoch geht die Mos-Frau, sie nimmt ihren Pelz – keine Menschenseele ist zu sehen –, sie legt das Eichhorn-Sommerfell an, und als wäre sie selbst ein Sommer-Eichkätzchen, macht sie sich auf den Weg zurück. Wie sie am Fuße des Baumes anlangt, denkt sie bei sich: »Na, endlich! Ich habe meinen Pelz doch wiedergefunden!« Aber im selben Augenblick, als sie dies dachte, stürzten sich auch schon die Hunde auf sie und verschlangen sie auf der Stelle. Die Mos-Frau war tot, ihr Pelz blieb dort, aber ihre Seele wanderte weiter.

Die Seele wanderte. Sie kam zum Hause der jüngeren Schwester, die Tür schlug zu.

»Weh, sie ist tot!« sagte die Schwester und begann zu weinen. Die Seele wanderte weiter. Sie gelangte zum Haus der älteren Schwester, da schlug auch ihre Türe zu.

»Weh, sie ist tot, die von den Meinen in der Ferne war!« rief die ältere Schwester aus und begann zu weinen. Wieder aber wanderte die Seele weiter, in ihre eigene Hütte. Dort verkroch sie sich zwischen die vielen Wildfelle und die vielen Marderfelle. Aber vergebens kroch sie da hinein, sie konnte nicht auferstehen. So ging sie wieder aus dem Haus. Gerade begann die Erde, sich zu erneuern, es war Frühling, und die Seele der Mos-Frau kroch in die Erde hinein. Wo sie in die Erde gekrochen war, da begann alsbald eine rote Blume zu wachsen. Sie wuchs und wurde größer, da kam eine Bärin vorbei und fraß die rote Blume. Doch kaum war die Seele der Mos-Frau, das nämlich war die Blume, in die Bärin gelangt, so wurde die Bärin von ihr trächtig und gebar ein Kind. Danach gebar sie noch ein Kind, als drittes Kind aber brachte die Bärin eine Chanti-Jungfrau, die Mos-Frau aus der einsamen Hütte, zur Welt.

»Eine Chanti-Jungfrau, ein himmlisches Mädchen habe ich geboren!« schrie da die Bärin auf.

Die Zeit verging, und sie zog sie mit den anderen zusammen auf. Als das Mädchen herangewachsen war, zog es Birkenrinde ab und nähte daraus so reichverzierte Birkenrindengefäße, daß es eine Pracht war!

Wie sie so miteinander die Tage verbringen, hebt einmal die Bärenmutter an und spricht:

»Mein Chanti-Mädchen, mein himmlisches Mädchen, geh fort von hier, geh fort irgendwohin! Ich spüre, es werden Menschen kommen und uns töten.«

»Ich verlasse euch nicht!« entgegnete ihr das Mädchen. »Du bist eine Mutter, lieber sollen sie mich töten, und ihr bleibt am Leben!«

»Mein Chanti-Mädchen, mein vom Himmel gekommenes Mädchen, Gott Torem hat den Tag meines Todes bestimmt, du kannst mich davon nicht erlösen! Aber hernach, wenn du unter Chanti-Menschen kommst und sie beim Mahl mein Fleisch essen werden, dann verberge du, Chanti-Mädchen, mein himmlisches Mädchen, unsere Hände und Füße, unsere zirbelkieferzapfenschönen Nägel an einem stillen Platz am Ufer, damit unsere Seelen sie nach dem Tod wiederfinden. Wenn du auch weinst, vergiß es dennoch nicht!«

Wie sie so miteinander reden, hören sie plötzlich Menschen draußen hin und her gehen. Darauf fuhr die Bärenmutter fort:

»Chanti-Mädchen, mein himmlisches Mädchen, du wirst uns noch sehen! Sobald die Abenddämmerung anbricht, wirst du unsere Seelen in der Gestalt von sieben Sternen am Himmel sehen. Fragt man dich, so sage nur: ›Das ist das Haus der Bärin.‹ Die sieben Sterne werden wir sein.« In diesem Augenblick begann draußen das Volk, das Haus, die Tür des Hauses aufzubrechen.

»Mein kleines Mädchen, geh weiter zurück, damit sie nicht dir statt meiner ein Leid antun!« ruft die Bärenmutter dem Mädchen zu. Das Mädchen geht dennoch zur Tür und wirft ein verziertes Birkenrindengefäß vor das Haus. Als die Menschen das Birkenrindengefäß erblicken, heben sie an zu fragen:

»Wie kam nur dieses Birkenrindengefäß hierher?«

»Aus dem Innern des Hauses wurde es herausgeworfen!« sagt einer. Sie betrachten das Gefäß, sie erkennen es nicht. Solche Muster macht niemand bei ihnen.

»Noch nie sahen wir solche Gefäße aus Birkenrinde! Wie kamen sie da hinein? Es wohnt doch kein Mensch im Höhlenhaus?«

Da warf das Mädchen abermals ein Birkenrindengefäß hinaus. Die Menschen erstaunten:

»Wie geht das zu? Noch nie gab es Birkenrindengefäße in eines Bären Haus!«

Jetzt rief die Bärenmutter wieder ihrer Tochter zu:

»Mein kleines Mädchen, geh fort von hier!«

Aber auch diesmal hört das Mädchen nicht auf sie, sondern schleudert noch ein drittes Birkenrindengefäß zur Tür hinaus. Wieder riefen unter den Menschen einige:

»Wie anders kamen wohl Birkenrindengefäße hierher, es ist ein Mensch im Höhlenhaus!«

»Wie kann denn hier ein Mensch sein?!« rufen andere dazwischen. »Der Teufel haust hier, der Teufel, aber doch kein Mensch!«

Im Hause ruft wiederum die Bärenmutter:

»Mein kleines Mädchen, geh weiter zurück!«

Nun stecken die Menschen von oben einen Balken ins Haus. Durch die Höhlenöffnung will sich die Bärenmutter auf sie stürzen, doch das Mädchen hält sie zurück:

»Mütterchen, laß mich doch als erste hinausgehen!«

Die Bärenmutter hörte nicht auf sie. Der Tag ihres Todes ist gekommen, wie es Gott Torem bestimmt hat, sie muß sterben. Also trat sie aus der Höhle, die Menschen aber fielen über sie her und töteten sie.

Danach hoben die Menschen erneut an zu schreien:

»Es sind noch zwei kleine Brüder darin! Noch zwei Jungbären sind daringeblieben!«, und sie steckten ein krummes Balkenholz in die Höhle. Der ältere Jungbär packte es, doch das Mädchen rief ihm zu: »Bruder, laß mich doch gehen!«

»Schwesterchen, Chanti-Jungfrau, himmlisches Mädchen, nach uns werden sie auch dich hinauszerren, bleib nur hier!« entgegnete er dem Mädchen. Da zerrten die Menschen auch den jungen Bären hinaus, draußen aber töteten sie ihn. Nun begann das Mädchen den jüngsten Bruder anzuflehen:

»Bruder, ich bin eine Jungfrau, höre auf mich! Laß sie mich an deiner Statt hinauszerren!«

Doch der Junge ließ es nicht zu:

»Sollen sie mich doch zuerst hinauszerren! So sterbe ich früher, und meine zwei Augen brauchen es nicht mit anzusehen, wie sie dich quälen.«

Da zerrten die Menschen auch den zweiten Bruder hinaus und töteten ihn. Drinnen im Haus brach das Mädchen in Tränen aus. Die Menschen kommen näher, sie lauschen: Aus der Bärenhöhle dringt menschliches Weinen!

»Was kann das sein?!« fragen sie einander. Sie horchen genauer hin. Wirklich Menschenweinen! Sie wollen schon fortgehen, als das Mädchen die Stimme erhebt:

»Ihr habt die Meinen alle getötet! Warum tötet ihr nicht endlich auch mich?!«

»Ein Mensch! Man müßte ihn herausziehen! Aber wie nur?« so rufen sie durcheinander. Da faßt sich der jüngste Sohn des Stadtfürsten ein Herz, er geht in die Höhle und bringt das weinende Mädchen heraus. Was sehen sie: Mit fürstlichem Marderpelz, mit seidenem Tuch ist das Mädchen bekleidet! Da beginnen die Menschen untereinander zu flüstern:

»Die Feen-Frau, die Mos-Frau aus der einsamen Hütte, die hat der Sohn des Stadtfürsten aus der Höhle geholt!«

So redeten die Menschen. Der Bursche aber setzte das Mädchen auf seinen Schlitten, von links her, dorthin, wohin man seine Frau setzt, dann zog er die Zügel an, und sie fuhren los.

Kurze Zeit fuhr er mit ihr, lange Zeit fuhr er mit ihr, endlich kamen sie in die Fürstenstadt. In der Stadt erzählt man schon weit und breit:

»Die Feen-Frau, die Mos-Frau aus der einsamen Hütte, die hat der jüngste Sohn des Stadtfürsten-Alten zur Frau geholt!«

»Da hat er recht getan«, sagte darauf der Stadtfürsten-Alte, und sie führten das Mädchen ins Haus. Sie machten ihm einen Vorhang aus Seide und teilten ihm einen Frauenwinkel ab, und von nun an lebte das Mädchen bei ihnen.

Unterdes brachten die Männer auch seine Mutter und seine Brüder herbei. Mit lauten Freudenschreien versammelt sich das

Volk, und man beginnt die Bären zu häuten. Derweil spielt der
Spieler, es singt der Sänger, es zaubert der Zauberer, ein jeder tut
das Seine. Danach wird gegessen und getrunken, und die Tänzer
tanzen. Das Mädchen aber weint und weint hinter seinem Vorhang. So heftig weinte es, daß seine Augen schon ganz geschwollen waren. Dann, als der Tanz zu Ende war, beginnt das Mädchen
achtzugeben. Es beobachtet, wohin die Menschen die Nägel der
Bären verstreuen, die Zirbelzapfen-Nägel ihrer Hände und Füße,
dorthin geht es, liest sie alle zusammen und trägt sie hinaus in den
stillen Wald entlang des Ufers. Dort legt es sie nieder, mögen ihre
Seelen sie wiederfinden!

Als sie zurückgeht, hört sie plötzlich, wie ihre Bärenmutter, ihre Bärenbrüder auf sie zukommen. Sie hört, wie ihre Seelen miteinander reden:

»Ich habe die Chanti-Jungfrau, das himmlische Mädchen, geboren! Meine Fußnägel, meine Fingernägel darf man nicht mit
Füßen treten! Weh, der Chanti-Mann hat ihr gefallen, meinen
Befehl hat sie vielleicht schon vergessen!« Als sie näher kommen,
hört sie wiederum:

»Chanti-Jungfrau, himmlisches Mädchen, dein Weinen hat
uns hierhergeführt. Sieh, wir haben unsere Fußzapfen, sieh, wir
haben auch unsere Fingerzapfen gefunden. Schau, unsere Seelen
fliegen jetzt auf in den Himmel! Chanti-Jungfrau, mein himmlisches Mädchen, sieben Sterne werden am Himmel erscheinen.
Schau, der siebente Stern, das bin ich! Zu meiner Linken und zu
meiner Rechten meine zwei Kinder. Das Haus der Bärin – so
sollst du dieses Sternbild heißen, und alsbald, wenn deine Tränen
versiegt sind, sollst du es auch dem Volk sagen, denn es weiß davon noch nichts. Man wird dich bald fragen: ›Warum heißt dieses Sternbild Haus der Bärin?‹ Dann sollst du ihnen sagen: ›Sie
hat die Chanti-Jungfrau, das himmlische Mädchen, geboren. Die
Fee, die Mos-Jungfrau aus der einsamen Hütte, sie war ihre Tochter, darum heißt es Haus der Bärin!‹ Doch nun sollst du zurückgehen! Morgen wird man alsbald zu dir sprechen: ›Iß!‹ Aber du

sollst ihnen also antworten: ›Ich esse nicht vom Fleisch meiner
Mutter, ich kann das Fleisch meiner Bärenmutter nicht essen!
Und wenn ihr mich auch sieben Winter und sieben Sommer
nötigt, werde ich doch nicht einen Bissen essen! Wenn ich hier
nicht bleiben kann, nun, so wandere ich weiter, wohin meine Augen schauen.‹«

So tat das Mädchen. Es ging ins Haus zurück und sprach, wie
es seiner Mutter Worte ihm befohlen hatten.

Darob erschrak der Stadtfürsten-Alte. »Mein kleines Mädchen,
meine kleine Schwiegertochter, du bist doch nicht etwa gekommen, um wieder fortzugehen?! Irgendeine Speise, die dir erlaubt
ist, werden wir wohl auch hier finden!«

So blieb die Mos-Frau bei ihnen. Und seit sie zu ihnen gekommen ist, ist das Volk gesund und glücklich. Auf der Jagd läuft ihnen das Wild geradezu über den Weg, und zur Fischfangzeit folgt
einem guten Fang stets noch ein besserer. Alsbald gebar das
Mädchen ihnen auch ein Kind. Dieses Kind zieht sie auch heute
noch auf. Ich bin selbst schon bei ihnen gewesen!

Ein fremdes Land

Das Märchen *Die Suche der Mos-Frau* steht im ersten Band der »Sibirischen Märchen«, welche JANÒS GULYA herausgegeben und RUTH FUTAKY übersetzt hat, aber auch in anderen neueren Märchenausgaben (1).

Zwei Hinweise im Märchen selbst helfen uns, wenn wir dieses zauberhafte, poetische und sehr alte Märchen einigermaßen lokalisieren wollen. Wir hören von einer »Chanti-Jungfrau« und vom Lauf des Ob. Obwohl der Ob zu den größten Strömen der Erde gehört, ist er im Atlas nicht ganz leicht zu finden. Am schnellsten kommen wir zurecht, wenn wir das Karische Meer suchen. Es gehört zum Nördlichen Eismeer. Leicht finden wir dann den tief ins Festland eingeschnittenen Obischen Busen, in welchen der majestätische Strom mündet. Dem Strom entlang aufwärts und immer aufwärts folgend, gelangen wir schließlich in die Gebirgslandschaft des Altai. Gegen Südosten zu senkt sie sich in die Mongolei.

Wir befinden uns im sibirischen Tiefland. Die bekannteste und größte Stadt darin liegt am Ob. Es ist Nowosibirsk. Das ganze riesige Gebiet wird vom Ob entwässert. Anfangs durchzieht er ein wellig-hügeliges Plateau, wird dann aber schnell zu einem langsam strömenden, breiten Gewässer mit wechselnden Uferlinien, mit vielen sandigen Untiefen und Inseln. In seinem nördlichen Abschnitt teilt er sich in zwei Hauptarme, die sich wieder vereinigen.

Das westsibirische Tiefland ist von gewaltigen Sümpfen durchzogen. Unendlich dehnt sich gegen Süden zu die Waldsteppe mit vorwiegend Nadelholzbäumen aus. Das Märchen spricht gern von den Zirbelkiefern, die wir von unseren Gebirgswäldern her kennen.

Noch 1900 war Sibirien äußerst dünn besiedelt. Man zählte

durchschnittlich einen Bewohner je Quadratkilometer. Am Ob
entlang war das zum Teil etwas anders, da konnten es in manchen Gegenden durchschnittlich doch bis zu zehn Einwohner je
Quadratkilometer sein.

Am unteren Ob sind die Wogulen angesiedelt. Am dichtesten
wohnen sie an den Ostabhängen des Ural. Sie selbst nennen sich
»Mansen«. Vor dem Zweiten Weltkrieg zählte man etwa sechstau-
send Mansen. Sie lebten als Fischer, Jäger und Sammler. Einfache, kegelförmige Stangenzelte dienten ihnen als Wohnung. Im
Sommer deckten sie diese mit Birkenrinde, im Winter mit Ren-
tierfellen ein. Im Süden wohnen sie in Blockhütten, die nun
mehr und mehr auch in den Norden vordringen. Vereinzelt be-
trieben sie etwas Viehzucht und Ackerbau. Die im Norden ansäs-
sigen Wogulen hielten Rentiere. Das ist heute noch zum Teil so.
Trotz der Christianisierung blieben die Wogulen bis in unser
Jahrhundert hinein dem ältesten Brauchtum und uraltem Volksglauben verhaftet. Das zeigt sich ebenfalls in den Märchen.

Am mittleren und unteren Ob wohnen die Ostjaken. Das
Wort kommt von »Asjakh«, das heißt »Leute vom Ob«. Sie selbst
bezeichnen sich als »Chanten«. Das »Ch« wird je nach mundartli-
cher Färbung als »Kh« oder »H« ausgesprochen. Vor dem Zweiten Weltkrieg waren es ungefähr 23 000 Chanten. Im Osten und
Süden betreiben sie seit langer Zeit Ackerbau. Längs der Flüsse
leben sie hauptsächlich vom Fischfang. Im Norden sind es noma-
disierende Rentierzüchter. Wie die Mansen wohnen diese Noma-
den gleichfalls in Stangenzelten. Sie treiben auf einer ungefähr
kreisförmigen Grundlinie Stangen schräg in den Boden, so daß
sich kegelförmige Gebilde ergeben. Darüber legen sie im Sommer
Birkenrindenstücke, in den kälteren Jahreszeiten Rentierfelle. Das
wärmende Feuer wird in der Mitte des Zeltes angefacht. Der
Rauch treibt dann über die unbedeckte Firsthöhe hinaus. Im
Winter wohnen die nomadisierenden Chanten in eingetieften
Erdhütten. Heute setzt sich die Blockhütte mehr und mehr durch.

Im 17. und 18. Jahrhundert wurden die Leute am Ob gewaltsam missioniert. Heute zählen sie zu den orthodoxen Christen. Gemäß der Religionenkarte auch neuerer Atlanten gehören die Leute am mittleren, besonders aber am unteren Lauf des Ob noch immer zu Vertretern der Urreligionen. Es sind Stammesreligionen, die vom Schamanismus geprägt sind.

Schamanismus

Der Schamanismus ist keine Religion und will auch keine sein. Er ist nie als solche aufgetreten und hat auch nie Propaganda für sich gemacht. Der Schamanismus ist eine Form, das Leben zu bestehen. Seine Heimat ist Sibirien. Die Wortbildung kommt aus dem Sanskritisch-Tungusischen. »Schamanismus« heißt »in ekstatischer Verzückung Um-sich-Schlagen.«

Wir treffen den Schamanismus nicht nur bei asiatischen Völkern, wo er, durch Bodenfunde belegt, bereits in die Bronzezeit zurückreicht. Auch steinzeitliche Felsenbilder in Europa weisen auf Schamanismus. Auf prähistorischen Darstellungen in der Höhle Trois-Frères erkennen wir zum Beispiel eine menschliche Figur, ausgerüstet mit Hörnern und Hufen. Vielleicht ist es ein Jäger, der die Gestalt des Wildes angenommen hat. Vielleicht ist es ein Schamane, der Tiergeistern gegenübersteht. Eine prähistorische Höhlenmalerei in Lascaux zeigt einen Schamanen mit einer Vogelmaske. Der Vogel symbolisiert das Streben der Seele nach Wandlungen, nach neuen, reicheren Zuständen also und damit ebenso nach neuen »Wohnungen«, wie sie etwa durch das Tier, den Menschen oder Sterne symbolisiert werden. Besonders Schamaninnen trugen und tragen gerne Vogelmasken und reich mit langen Federn besetzte Vogelkostüme.

In Sibirien wird der Schamanismus noch heute geübt, aber ebenfalls von Indianern Nord- und Südamerikas, auf dem Malaiischen Archipel und in Australien. Manche Praktiken der Medizinmänner verschiedener afrikanischer Stämme sind mit dem Schamanismus verwandt.

Schamane kann man nicht werden. Zum Schamanen wird man berufen. Frau und Mann, beide, können Schamanin, Schamane sein. In verschiedenen Stämmen ist das »Amt« der Schamanin, des Schamanen erblich. Dann wird sie oder wird er von den Seelen verstorbener Vorgängerinnen oder Vorgänger berufen. Sonst wird sie oder er – oft gegen den eigenen Willen – durch Naturdämonen und Gottheiten zur Schamanin beziehungsweise zum Schamanen erwählt. Da man weiß, daß die Frau näher bei den Geistern lebt als der Mann, werden Schamaninnen besonders geliebt. Manche Schamanen tragen Frauenkleider.

Der Schamanismus ist nur bei Menschen denkbar, die sich in einer vielschichtigen Welt erleben. Die wahrnehmbare Welt ist für sie nur eine von verschiedenen Welten, die einander durchdringen. Alle diese Welten oder Weltenschichten werden gemäß den inneren Bildern der Schamanen vom Weltenbaum oder einer unendlichen Säule verbunden. Beide symbolisieren die Achse der Welt. Sie erstrebt die höchste geistige Sphäre und fußt im tiefsten vegetativen Bereich. So verstanden, entspricht der Weltenbaum oder die Ursäule symbolisch dem senkrechten Kreuzesbalken und gleichzeitig der Himmelsleiter, auf der in Jakobs Traum die Engel vom Himmel zur Erde, von der Erde zum Himmel stiegen. Es muß wohl die gleiche Leiter sein, auf der das Mädchen im Märchen *Marienkind* zum Himmel hinaufsteigen konnte (2). Die Ursäule erinnert an den göttlichen Strahl, der von den Augen Gottes – sie leuchten im Zentrum des Himmelsgewölbes – auf die Erde fällt, sie durchdringt und den ganzen Kosmos erschließt (3).

Die Schamanen malten das Bild dieser Ursäule gern auf die gespannten Felle ihrer Trommeln. Da sehen wir diesen Strahl, diese Säule oder diesen senkrechten Balken aus der Tiefe der Erde aufsteigen. Er durchdringt die Welt mit ihren Menschen und Tieren und erreicht den gestirnten Himmel. Der Horizont der Welt bildet dann gleichsam den waagrechten Kreuzesbalken (4).

Aus derselben inneren Symbolwelt muß auch das Bild der schon erwähnten Weltesche entstanden sein, wie es altnordische Dichter in der »Edda« überliefern (5). »Yggdrasil« heißt die Weltesche der Germanen. Daß sie einen Namen hat, zeigt, daß sie lebendig ist. Der Wipfel des Baumes berührt den Himmel, die Äste umarmen die Welt, die Wurzeln reichen in das Reich der Toten, der Riesen und der Menschen (6). Hinter allen diesen Darstellungen verbirgt sich das archetypische Symbol des kosmischen und auch des individuellen, persönlichen Lebensbaums.

Wenn wir das Bild als innerseelisches Symbol verstehen, durchdringen Weltenbaum und Ursäule, durchdringt die Achse der Welt wie auch der Lebensbaum die Bewußtseinsebenen des Menschen. Die Interpretation des Märchens wird das in Einzelheiten zeigen.

Verstorbene Schamaninnen und Schamanen werden gern in einen einfachen Brettersarg gelegt. Man trägt ihn in den Wald hinaus und läßt ihn auf dem Boden liegen. Rings um diesen Sarg herum werden dann Holzpfähle in den Boden gedrückt, welche oben mit einem stilisierten hölzernen Vogel geschmückt sind. Vögel sollen die Seele in den Himmel tragen, damit sie in den Sternen neue Wohnung finde.

Gemäß dem Schamanismus ist die Seele unsterblich. Weder Anfang noch Ende ist ihr gesetzt. Je nach ihrem gegenwärtigen Leben wohnt sie in einem bestimmten Weltenbereich, auf einer bestimmten Weltenebene. Heute müßten wir genauer von kosmischen Welten sprechen. In der Ekstase kann der Schamane Zugang zu den verschiedenen Welten erhalten. Diese Ekstase erreicht er durch rhythmische Trommelklänge, durch Tanzen, durch Narkotika – in Sibirien, wie schon erwähnt, hauptsächlich durch den Genuß des Fliegenpilzes –, durch Versenkung und Meditation und vor allem auch durch klimatische Bedingungen, die sich als »arktische Hysterie« auswirken.

Die Bereitschaft zur Vision wird durch besondere Kleidungsstücke unterstützt, durch ausladende Kopftrachten zum Beispiel und durch einen Mantel, welcher den Schamanen zum Vogel macht, zum Ren oder zum Bären. Nicht selten werden Platten auf den Mantel appliziert, welche einzelne Skeletteile des Menschen oder eines Tieres darstellen. Die Schamanen vertrauen auf tiergestaltige Hilfsgeister, vor allem auf Bär, Wolf, Hirsch und verschiedene Vögel. Diese Tierwesen helfen bei der Seelenreise des Schamanen. Sie schützen aber auch seinen Stamm.

Ziel der Ekstase ist die Seelenreise. In der Ekstase ist die Seele des Schamanen in den verschiedenen Bereichen der Seele unterwegs. Oft, besonders im Frühjahr, kämpfen unterschiedliche Seelenträger des Schamanen in seiner Ekstase miteinander.

Je nach Region und Stamm werden andere Formen des Schamanismus ausgewählt oder in den Vordergrund gestellt. Die hier skizzierte Übersicht versucht, die verschiedenen Erscheinungsformen zusammenzufassen. Das ist immer ein gefährliches Unterfangen. Wer die wichtigsten Grundbegriffe der Psychologie kennt, wird die Praktiken der Schamanen leicht auf innerseelische Vorgänge übertragen. Der Schamane erhält Zugang zu den Tiefenschichten seiner Seele und vielleicht auch zur Seele seines Stammes, zum Archetypischen. So kann er seelisches Leiden heilen und seelisches Reifen vorbereiten.

Gerne veranschaulichen wir – bewußt vereinfachend – die Bereiche der Seele in einer Säule. Von oben nach unten ergeben sich dann nach dem Durchschreiten eines nur ahnbaren Raumes das Ich, das Bewußtsein, das Unbewußte mit seinem Kern, seiner Mitte, und dann die Tiefe des Archetypischen, das sich gleichsam in zwei Hauptstränge teilt, die beide in der Weltseele, der kosmischen Urseele, verwurzelt sind: das »kollektive« oder gemeinsame Unbewußte und das mit der Schöpfungsgeschichte verbundene »historische« Unbewußte (7). Dieser Urbereich der Seele ist Heimat der Instinkte, des Vererbten. Auch er geht wieder in allenfalls noch Ahnbares über. Vielleicht schließt sich damit der Kreis, die Kugel, das Unendliche der Seele.

Wir sollten der Versuchung widerstehen und keine schematischen Darstellungen der Struktur der Seele zeichnen. Die Seele hat keine Geographie im Sinne dieses Wortes. Ihre Landschaft ist unbegrenzt. Was wir »Bereiche« nennen oder »Welten«, sind vergleichsweise Ausdrücke für etwas, das sich nicht bezeichnen läßt. Die Seele kennt kein Nacheinander und kein Nebeneinander. Sie ist unbegrenzte Einheit – kaum vorstellbar.

Sobald die Handlungen der Schamanin oder des Schamanen als Symbolhandlungen verstanden werden, welche sich auf das Leben der Seele beziehen, werden sie Quelle tiefer psychologischer Einsichten. Die Zeugnisse solcher Seelenreisen entsprechen immer wieder den Bildbegriffen, welche die Psychologie entwickelt und die sich – in anderer, nicht begrifflicher Gestalt – ebenso in unseren Träumen und in den Märchen finden. Je älter die Märchen sind, desto unmittelbarer und trotz des hohen Alters auch unverbrauchter sind ihre Bilder. Deshalb ist auch das sibirische Märchen von der Mos-Frau so faszinierend.

Bärenmythen – Bärenkult

Wo Wildnis ist, wo Bären wohnen, da werden die Bären verehrt – bald wie Menschen, bald wie Götter. Das war in der Antike so, das war in den Wäldern Asiens so, in den Städten und Klöstern des Mittelalters.

Zeus wurde von Bärinnen gesäugt. Sie wohnten in undurchdringbarem Gebirge. Immer wieder gaben sie dem jungen Gott ihre Milch. Der Bärinnenmilch verdankt er seine unüberwindbare Kraft.

Wer hat Kallisto gesehen? Die einen sagen, sie sei eine Nymphe, die anderen behaupten, sie sei tatsächlich die Tochter des Königs Lykaon gewesen. Artemis, der Göttin der Jagd, hat sie so sehr gefallen, daß sie die junge Frau in den Kreis ihrer Gefährtinnen aufnahm. In ihrem Dienst schwörte sie ewige Jungfräulichkeit. Doch als Zeus sie erblickte, wurde seine Liebe zu ihr so stark, daß er nicht auf sie verzichten wollte. Er verwandelte sich in Artemis und lockte die schöne junge Frau in seine Arme. Das duldete Artemis nicht. Erzürnt verwandelte sie Kallisto in eine Bärin. Ein paar Hirten fingen das Tier dann ein und schenkten es ihrem Vater Lykaon. Eines Tages drang die Bärin mit ihrem Bärensohn in den geheiligten Bezirk der Götter ein. Für diesen Frevel wollte Arkas sie töten. Noch rechtzeitig konnte Zeus ihm in die Arme fallen. Er verwandelte die Bärenmutter und ihren Bärensohn, den Zeus mit ihr gezeugt hatte, in Sterne: den Großen und den Kleinen Bären. Über diese Auszeichnung Kallistos empörte sich Zeus' Gattin Hera so sehr, daß sie den Ozean überredete, die Bären nicht an seinem Strom zu dulden. Deshalb müssen sie nun ruhelos um den Polarstern kreisen. – Diese Sage war weit verbreitet und wird in ganz verschiedenen Varianten überliefert.

Auch in den Märchen ist der Bär ein geheimnisvolles, verwandlungsfähiges Tier. Besonders reich an eindrücklichen Bildern ist das norwegische Märchen *Weißbär König Valemon* (8). Eine Prinzessin träumt von einem goldenen Kranz. Sie will ihn unbedingt besitzen. Tatsächlich stellt sich dann ein weißer Bär ein, der genau mit jenem Kranz spielt, von dem sie geträumt hat. Sie reitet mit dem Bären auf sein Schloß. Dort lebt sie mit ihm zusammen. Aber nur tagsüber ist er ein Bär, nachts ist er ein Mensch. Sie darf kein Licht entzünden, den Mann nicht sehen. Da sie – auf den Rat ihrer Mutter hin – das Gebot übertritt, entschwindet der Bär. Die Prinzessin muß nun eine weite, abenteuerliche Reise auf sich nehmen und viele Prüfungen bestehen, bis sie ihren Gatten finden und von seinem Bärendasein erlösen kann. Das norwegische Märchen gehört in den großen Kreis der Märchen vom Tierbräutigam und von der Tierbraut, wie sie etwa auch durch das bekannte Märchen vom *Froschkönig* (9) und das

poetische, von JEAN COCTEAU verfilmte, französische Märchen
La Belle et la Bête (10) repräsentiert werden.

Der russische Märchenschatz ist besonders reich an Bärenmärchen. Wer sich gern durch lustige Einfälle unterhalten läßt, liest
das *Märchen von der Tiermilch* (11). Hier kommen zwei Bären
vor. Der eine heißt Bär »Eisenfell«. Er frißt alles, was er erreichen
kann, und bringt dadurch sogar Iwan Zarewitsch, den Zaren-
sohn, in Gefahr. Nach kunterbunten Abenteuern wird dieser
endlich durch einen Löwen, einen Bären und einen Fuchs gerettet.

Nicht weniger amüsant ist das Märchen *Das Bärenohr* (12). Da
verwandelt ein Hase einen Bären in einen Menschen, damit er eine Frau heiraten kann. Im selben Märchen lesen wir auch von einem Jungen, der ein Bärenohr und ein Menschenohr hat. Der
Knabe wächst über die Maßen schnell und wird unheimlich
stark. Da er von zu Hause weggeschickt wird, geht er auf Wanderschaft. Er verbündet sich mit einem Faulenzer. Dieser trägt
immer eine Hacke mit sich, damit er die Berge, die er nicht übersteigen mag, zusammenhacken kann. Auch ein Mann, der sich
»Schlafmütze« nennt, wird zu seinem Freund. Dieser schleppt
ständig ein Haus auf seinem Buckel, damit er sich sofort in seine
Kammer und ins Bett legen kann, wenn er müde ist. Zusammen
erlösen sie eine Zarentochter aus der Gewalt eines Bergkönigs.
Das »Bärenohr« heiratet sie. Die beiden seltsamen Freunde aber
setzen ihre Wanderschaft fort.

Woran liegt es wohl, daß viele russische Bärenmärchen so hu-
morvoll erzählt werden? *Iwan der Bärensohn* berichtet von einer
Frau, welche sich im Wald verirrt, von einem Bären gerettet wird
und mit ihm lebt. Der Sohn aus dieser Verbindung ist bis zum
Gürtel ein Mensch, vom Gürtel an ein Bär. Als die Frau mit
ihrem Sohn endlich wieder nach Hause findet, nimmt der Bauer
beide freundlich auf. Dank seiner List besiegt der Bärensohn sogar ein Teufelchen und verhilft seiner Mutter und seinem Pflege-
vater zu großem Reichtum (13).

Immer wieder wird der Bär Symbol für neues Leben, sogar für Wiedergeburt. Das hängt wohl damit zusammen, daß die Bärin im Frühling nach dem Winterschlaf mit ihren neugeborenen Jungen aus der Höhle kommt. Dazu paßt auch, daß der Bär in der Antike mit der Göttin Artemis in Verbindung gebracht wird. Sie ist ja nicht nur Göttin der Jagd, sondern auch Mondgottheit, welche die zyklischen Lebensrhythmen verwirklicht. Bei der Ernte wurden Artemis Opfer dargebracht. Die Mädchen, die an den Riten der Artemis teilnahmen, wurden »Bärinnen« genannt. Sie trugen gelbe Kleider und ahmten die Bewegungen der Bärinnen nach.

In Sagen und Märchen bewachen Bärinnen und Bären die Zugänge zu Zauber- und Unterweltsschlössern. In russischen Märchen besitzen Bären oft Zaubergegenstände, etwa eine goldene Kugel, das Symbol für seelisches Ganzsein. Im Traum erscheint die wandernde Seele zuweilen in Bärengestalt. Auch im wertvollen Text-Bild-Band »Der Mensch und seine Symbole«, den der Schweizer Psychoanalytiker CARL GUSTAV JUNG zusammen mit Mitarbeiterinnen und Mitarbeitern geschaffen hat, werden solche Traumzeichnungen gezeigt. Da steht ein dunkles, fast schwarzes Bärenungeheuer einer blauen Jungfrau gegenüber. Der Hintergrund des Bären ist rot, der Hintergrund der Frau blau ausgemalt. Und die Frau trägt goldenes, langes Haar. Keuschheit und unbewußte Triebhaftigkeit treten voreinander hin und mahnen zu innerer Wandlung, neuem Gleichgewicht innerer Bilder. Auf einer anderen Darstellung reitet ein junger Mensch auf einem zottigen, bärenartigen Tier, das allerdings hauerartige Zähne zeigt, in dunkler Landschaft der runden, orangen Sonne und einer wunderbaren, zart hingehauchten blauen Blume, der neuen Wohnung einer gewandelten Seele, entgegen (14).

Bei den schwedischen Südlappen sitzt das Brautpaar auf einem Bärenfell. Die Brautleute werden »Bären« genannt. Bei manchen nordischen Völkern pflegte man beim Schwören auf einer Bärenhaut zu knien. Für die alten Lappen, Finnen und Schweden ist das Trinken von Bärenblut eine Kulthandlung. Wenn die Finnen einen Bären erlegt hatten, trennten sie dessen Kopf ab und hingen ihn an einen Baum. Darunter hielten sie ein Fest ab. Dabei erschienen ein Knabe und ein Mädchen als Brautpaar. Offensichtlich wird das Urtier geopfert und dadurch Fruchtbarkeit bewirkt. Wir erinnern uns, daß Mithras einen Stier geopfert hat und durch dieses Opfer die Erde mit all ihrem Reichtum und ihren Früchten hervorging (15).

Gemäß uraltem Volksglauben der Russen ist jeder Bär ein verwandelter Mensch. Der Schamane, der eine Tiermaske trägt und sich tanzend in Trance versetzt, meint ja auch nicht einfach, er stelle jetzt das betreffende Tier dar; er weiß, daß er jetzt dieses Tier ist. Er lebt seine Tiernatur und die Tiernatur seines Stammes. Dadurch hilft er inneren Kräften und Trieben zu ihrem Gleichgewicht. Für die Lappen ist der Bär ebenfalls ein heiliges Wild. In vielen Gegenden werden Bären als Bergmenschen und Gottheiten verehrt. So überrascht es nicht zu hören, daß in Sibirien in einer Höhle das Steinbild einer sitzenden Bärin gefunden wurde – wahrscheinlich eine uralte Kultstatue. Bei den asiatischen und slawischen Völkern ist der Bär eine Frau, bei den europäischen ein Mann.

Bärenklauen sind wichtige Grabbeigaben. Nach alter Vorstellung ist das Totenreich ein gläserner Berg oder ein Kristallpalast (16). Wenn es der Seele gelingt, ihn zu besteigen, erreicht sie den Himmel. Die scharfen Bärenklauen – nach anderen Überlieferungen auch die scharfen Luchsklauen – können Kristall und Glas ritzen und der Seele beim Klettern helfen. Der Mythos zeigt, wie schwierig die letzte von der menschlichen Seele verlangte Wandlung zu leisten ist. Sie muß symbolisch eine gläserne Pyramide besteigen, bis zur Spitze hinauf, um sich dem Kosmischen schenken zu können (17).

Christliche Heilige werden oft zusammen mit Bären genannt. So erbaute die heilige RICHARDIS bei Andlau über einer Bärenhöhle ein Kloster. Die Höhle selbst wurde in eine Kapelle umgewandelt. Dort sollen viele Beinleidende Heilung gefunden haben. Im Kloster selbst wurden in einem Zwinger Bären gehalten. Ein Bär und ein Adler wiesen dem heiligen GISLEN im Hennegau den Ort, wo er ein Kloster bauen sollte. Auch in diesem Kloster hielt man dann Bären. Die Sitte wurde bald von anderen Abteien übernommen. Schließlich wurde den Klöstern dies aber verboten.

Im Spätmittelalter ließ man in manchen Städten Bärenzwinger bauen. Am berühmtesten ist das Beispiel der Stadt Bern mit ihrem wohl weltbekannten – wenn auch nicht gerade tierfreundlichen – Bärengraben. Noch in unserem Jahrhundert konnte man in Bern Bärenbrot kaufen. Das der Gestalt eines Bären nachgeformte Brot verlieh jenen, die es aßen, Bärenkräfte. Der Brauch besteht leider nicht mehr. Die Berner Konditoreien bieten dafür mit Zuckerguß gefüllte Berner-Mutzen (Berner Bären) an. Ob der süße, wohlschmeckende Fladen allerdings noch immer Bärenkraft verleiht, das steht auf einem anderen Blatt.

Leider wurde die im Menschen tief verwurzelte Bärensymbolik schon früh mißbraucht. Bereits in römischer Zeit mußten Bären in Zirkusspielen auftreten. Seit dem neunten Jahrhundert führten Spielleute oft Bären mit sich herum. So wurde der Bär dem Lächerlichen preisgegeben. Die seit der frühen Menschheitsgeschichte überlieferte Symbolik konnte aber bis auf den heutigen Tag nicht zerstört werden.

Der wissenschaftliche Name für das Sternbild des Großen Bären ist seit der römischen Antike Ursa Major (»Größere Bärin«). Im Deutschen hören wir etwa auch die Bezeichnung »Großer Wagen« oder »Großer Himmelswagen«. Das Sternbild bewegt sich zusammen mit dem »Kleinen Wagen« oder der »Kleinen Bärin« (Ursa Minor) um den Polarstern, den symbolischen Schöpfungspol. Davon erzählt ja die antike Geschichte von Zeus und Kallisto ebenso.

Die Tränen der Mos-Frau

Nachdem wir uns mit der Geographie im Gebiet des Ob und der Kulturgeschichte der Ostjaken etwas vertraut gemacht haben, sind wir jetzt bereit, in das Märchen hineinzuschreiten, seine Bilder anzunehmen und uns ihren tiefen Symbolgehalt anzueignen. Wir verlassen uns dabei nicht einfach auf die Art, mit der wir die Märchenwelt unseres Kulturkreises erschließen, sondern versuchen immer wieder, die Sicht der Menschen in der Waldsteppe Sibiriens zu gewinnen. Es sind Menschen, die weniger als wir durch Zweckdenken entwurzelt sind und deshalb dem Wachstumsprozeß der Seele selbstverständlicher den dazu notwendigen Raum gewähren als wir. So erhalten wir, wenn wir uns diesem Märchen innig widmen, gute Gelegenheit, für das Hauptziel des Lebens aufmerksam zu werden: die Verwirklichung der individuellen Anlagen unserer Seele. Wir haben diese Anlagen mit unserer Geburt erhalten, und die Seele will, daß sie leben können. Diesen inneren Willen nennen wir »Transzendenz«.

RUTH FUTAKY, die das Märchen übersetzt hat, gibt uns die Bedeutung der Bezeichnung »Mos-Frau« an. Gemäß ihrem Empfinden ist es eine Fee. Diese Fee hat allerdings kaum etwas mit den Feen auf den Abbildungen in Kinderbüchern gemeinsam und auch nicht mit jenen, denen wir später vielleicht im Epos »Oberon« des frühklassischen deutschen Dichters CHRISTOPH MARTIN WIELAND begegnen. Er hat seinen »Oberon« 1780 verfaßt. In vierzehn »Gesängen« gestaltet er eine idealisierte Welt, in der sich märchenhafte Ritter und Feen anmutig bewegen. Wielands Feen tanzen und schweben über mondbeschienene Wiesen, immer auf dem Weg zu schönem Ausgleich von Sinnlichkeit und Vernunft.

In den frühen Märchen wird die Fee anders vorgestellt: als eine Frau, die in den verschiedenen »Welten« und zugleich den verschiedenen Bewußtseinsbereichen der Seele zu Hause ist. Das bringt sie in die Nähe der Schamaninnen und Schamanen. Die Fee unseres sibirischen Märchens ist mit ihrer Seele unterwegs. Das macht ihr Leben nicht leicht – aber reich und tief. Menschen, die unterwegs sind, sind verletzlich. Doch ihre Zielstrebigkeit gibt ihnen Kraft.

Die Mos-Frau hat ihren Pelz verloren. Darüber ist sie untröstlich. Warum geht sie nicht hin und verschafft sich einen neuen? Vielleicht ist das im dünnbesiedelten Gebiet der Ostjaken nicht so leicht. Vielleicht bedeutet ihr dieser Pelz auch mehr als irgendein anderer. Er muß für sie ebensowenig ersetzbar sein, wie ein Tier ersetzbar ist, das in vielen Jahren Kamerad wurde und dann stirbt. Gewiß, es ist leicht, sich eine Katze zu besorgen. Aber die neue Katze ersetzt die verstorbene nicht. Es ist ein anderes Tier, ein Individuum, und wiederum unersetzbar. Lebendiges ist unersetzbar; was ich liebe, ist unersetzbar.

Vor einem Vierteljahrhundert hat die Mutter den Pelz genäht. Die Mos-Frau trug ihn, wohl Tag für Tag. Er ist wie eine Haut geworden: die Haut, die ihr die Mutter gegeben hat, die Kindheitshaut, die Jugendhaut. Nach allem, was wir erfahren durften, hat sich die Frau mit diesem Pelz identifiziert. Er verkörperte ihr persönliches Leben. Das ist nun nicht mehr möglich. Neues Leben will jetzt Verwirklichung, nicht mehr von der Mutter bestimmtes Leben.

Ablösung von der Mutter, Ablösung von den Eltern, das ist gewiß eine Notwendigkeit. Vor 25 Jahren hat die Mos-Frau ihre »Haut« erhalten. Ihre Ablösung erfolgt reichlich spät. Was soll es da zu weinen geben? Unsere psychologischen Ratgeber betonen den Wert der Elternablösung, besonders auch der »Abnabelung« von der Mutter, immer wieder sehr einprägsam. Sie sind auch bereit zu Ratschlägen, wie das geschehen soll. Über den Verlust, der mit der Elternablösung verbunden ist, hört man recht wenig.

Zunächst verliert der junge Mensch, der sich von seiner Mutterbindung löst, seine Identität. Die Mutter gab ihm den Lebensraum, gab ihm Nahrung und Kleidung. Sie fügte ihn in dieselbe soziale Ordnung ein, in der sie lebte, arbeitete, wirkte. Die Mutter vermittelte ihm das Wertgefüge für Äußeres, Gegenständliches und für Gefühle, für Verhaltensweisen und Anschauungen. Er wird das alles neu schaffen müssen, aus sich heraus und auch aus seinem Erleben heraus, seinen Begegnungen, Erfahrungen. Das bedeutet reichlich Arbeit. Kann sie je ihren Abschluß finden?

Während der Kindheit und Jugend sind mir Bilder, die ich in meiner Seele trage, bewußt geworden. Ich habe an diesen Bildern gearbeitet, habe einzelne gepflegt, andere vernachlässigt, wie das Leben es forderte und wie ich es wollte. Nun sind mir einige dieser Bilder plötzlich nicht mehr unmittelbar zugänglich. Ich kann nicht sagen, wie sich das ereignet hat.

Der Kindheitsverlust ist auch Verlust einer reichen Bilderwelt. Gewiß, es ist wichtig, daß ich mir Ereignisse meiner Kindheit und Jugend später wieder in Erinnerung rufe. Aber das ist der kleinere Teil der geforderten Aufarbeitung von Kindheit und Jugend. Schwieriger ist der Abruf versunkener innerer Bilder. Vorderhand sind sie in ihre »Heimat« zurückgekehrt, ins Unbewußte. Dort leben sie weiter und nähren meinen Seelenkern. Und der Seelenkern ist seinerseits an der Arbeit und ordnet die »heimgekehrten« Bilder den anderen zu. Das ist eine umfangreiche, langwierige Tätigkeit. Ohne daß ich es registriere, werden dadurch seelische Energien verbraucht. Das macht mich müde und verletzlich. Meine Emotionen sind nicht mehr im Gleichgewicht. Weinen und Lachen, Wut und Begeisterung, Sicherheit und Ratlosigkeit sind einander so nah geworden wie Essen und Trinken.

Zu schnelle Elternablösung führt zu Schäden am inneren Elternbild. Meinem Vater steht das innere Königsbild gegenüber, das Bild meiner inneren Autorität, die will, daß ich ganz werde, daß meine Seele in mir wie in einem Schloß wohnen kann (18). Der Bruch mit dem Vater kann mich dem inneren Vater-König-Bild entfremden. Dann kann meine wachsende, werdende Seele die Orientierung verlieren. Ich treibe unruhig dahin wie ein Schiff ohne Steuermann. Ich verirre mich im Dickicht des Unbewußten. Ich träume von Irrgängen im Wald, im Gewirr von Wegen und Straßen (19). Wenn die Phase mit Berufswahlfragen zusammenfällt, steht uns ein ratloser, junger Mensch gegenüber, dem auch der Berufsberater zunächst kaum zu helfen vermag. Wenn in dieser Phase zugleich eine junge Liebe entsteht – und das ist oft so –, wird diese Liebe auch kleinen Belastungen kaum gewachsen sein. Besonders für uns Vertreter einer hochentwickelten Zivilisation bedeutet diese seelische Orientierungslosigkeit eine Gefahr. Wir haben uns allzuweit von unseren Instinkten entfernt, dem Erbgut unserer Seele, das uns leiten könnte.

Der Mutter steht das innere Bild der »Großen Mutter« gegenüber. Es symbolisiert das Streben der Seele, auch die tiefsten inneren Bereiche sichtbar zu machen, Bild werden zu lassen. Zu ihnen gehören auch jene abgeschiedenen »Zonen«, in denen meine Seele mit der Weltseele verbunden ist und mit allem, was im Lauf der kosmischen Geschichte einmal gelebt worden ist. Meine innere, meine »Große Mutter« verkörpert außerdem besonders den Willen, daß ich die Quelle des Lebens finde, den seelischen Ort, in dem allgemeines seelisches Gut zu individuellem Leben »geboren« wird. – Das läßt sich alles kaum in Worte fassen. Wenn wir uns dem Reich der Großen Mutter nähern, kommen wir schnell an die Grenzen des Formulierbaren.

Wenn ich meine Mutter in Frage stelle, kann das innere Bild von der Großen Mutter Schaden nehmen. Dann verliert meine Seele den Bezug zu ihrem Urgrund, und ich werde einsam. Ich kenne mich selbst nicht mehr. Junge Menschen können kaum selbst rekonstruieren, wie es zu diesem kranken Seelenzustand gekommen ist. Sie brauchen Hilfe.

Die Tränen der Mos-Frau sind berechtigt. Es sind unsentimentale Tränen. Sie ißt so viel, wie sie weint. Sie wird nicht zur unkontrollierten Magersüchtigen. Sie verliert sich nicht.

Bevor wir der Märchenhandlung weiter folgen, möchten wir uns kurz der Frage stellen, wie sich solche Verluste und Gefahren während der Ablösungsphase vermeiden lassen. – Die Antwort lautet: vor allem, indem die Ablösung nicht übereilt wird, weder von der einen noch von der anderen Seite. Der Vergleich mit den Vögeln, welche die Jungen aus dem Nest drängen, ist unzulänglich. Wenn ich in sogenannten »psychologischen Ratgebern« davon lese, wird mir immer Angst. Ich darf nicht sagen, der Junge, die Tochter sei nun alt genug, um auf eigenen Füßen zu stehen. Wie wir gesehen haben, hängt das nicht einfach von dem an Jahren gemessenen Alter ab. Es bedarf der inneren Reife. Und »innere Reife« heißt in diesem Fall, der Heranwachsende braucht ein starkes inneres Vater- und Mutterbild. Gesunden Beziehungen können junge Menschen besser, natürlicher »entwachsen« als kranken.

Gerade aus kranken Beziehungen wird aber der junge Mensch besonders schnell »fliehen« wollen. Da benötigt er ein sicheres, gesundes Umfeld. Und gerade das stellt unsere Gesellschaft nicht mehr selbstverständlich zur Verfügung. Noch vor zwei, in ländlichen Gegenden sogar noch vor einer Generation war die Konfirmation oder Firmung allgemein anerkannte »Merkzeit« für vollzogene Elternablösung. Gleichzeitig wurden die jungen Leute in die Jungmannschaft aufgenommen und fanden so den Ort neuer, wenn richtigerweise auch loserer Verbindungen. Der junge Mensch, der sich aus immer intimer Mutter- und Vaterbindung löst, braucht neue Geborgenheit, Anerkennung, Sicherheit. Hier haben Eltern, Erzieher, Bildner noch schwierige Arbeit vor sich.

Die Reise zu den Schwestern im Wald

Immer wieder führen die Märchen ihre Heldinnen und Helden in den Wald. Das kaum betretene Dickicht mit seinen Büschen und Bäumen, dem schrägen Licht und den langen Schatten, den fremden Tieren, den geheimnisvollen Wassern symbolisiert das noch »unbegangene« Gebiet der eigenen Psyche, jene »Kontinente der Seele«, die ich noch nicht erreicht, noch nicht gelebt habe. Das Bild der durch dieses Fremde gehenden Heldin, des durch das Unbekannte streifenden Helden führt uns durch das eigene Unbewußte oder zeigt doch, daß auch wir Ähnliches wagen müssen, wenn wir uns selbst erfahren, uns zu uns selber weiten wollen.

Manchmal treten Gestalten aus dem Dickicht heraus: der wilde Mann, die grüne Frau, eine bucklige Alte, ein Zwerg ... Wir merken dann schnell, daß das Bilder für persönliche Bereiche sind, die wir vernachlässigt haben und die sich nun als von uns losgelöste Personenbilder zeigen. Wenn wir ihnen die richtige Aufmerksamkeit schenken, ihnen gewähren, was sie brauchen, dann werden sie zu helfenden, freundlichen Mächten. Sie weisen uns die Zaubermittel, die Eigenschaften, die uns darin unterstützen, das Leben und die Reise zur Mitte und damit auch zum Ganzen der Seele zu bestehen.

Warum diese Reise nur so schwierig sein muß? Immer wieder stellen wir die Frage, wenn wir durchs Leben gehen und wenn wir Märchen, die Spiegel des Lebens, lesen. Warum ist menschliches Reifen so schwer? Die Frage ist müßig. Antworten lassen sich bloß konstruieren. Offensichtlich sind die Schritte, welche von Reifestufe zu Reifestufe führen, riesengroß. Vielleicht müßten wir innerlich Geleistetes besser werten. Immer, wenn ich ein neuer Mensch geworden bin, habe ich ein Abenteuer hinter mir, habe ich Gefahren bestanden, Gipfel bestiegen, Wandlungen vollzogen. Deshalb ist es gut, wenn wir Menschen, die uns nahestehen, für inneres Reifen Aufmerksamkeit und Anerkennung schenken.

In den russischen Märchen werden Heldin oder Held immer wieder zu einem Waldhüttchen geführt. Es steht auf Hühnerbeinchen und auf Hundepfoten. Seine Vorderseite ist gegen den Wald zu gerichtet, die Rückseite gegen die Heldin beziehungsweise den

Helden. Aber ein kleines Sprüchlein ändert das: »Hüttchen, Hüttchen, dreh zu mir das Gesicht, zum Walde den Rücken!« sagt Oletschka im gleichnamigen Märchen (20). Kurz darauf begegnet das Mädchen der Baba-Jaga. Sie verkörpert Aspekte der Großen Mutter. Unsere »Frau Holle« entspricht ihr zum Teil.

Die sibirische Baba-Jaga erscheint etwas anders. Auch sie wohnt in einer Waldhütte. Aber die Hütte steht fester. Drei tief in die Erde gesenkte Säulen tragen sie. Drei andere Säulen ragen in den Himmel. Das erinnert uns an die Weltensäule der Schamanen. An ihr klettert die Seele – wie schon erwähnt – durch die verschiedenen Bewußtseinsebenen, über die verschiedenen Welten des Kosmos. Sie ist die Achse der Welt. Daß es drei Säulen sind, braucht uns nicht zu verwirren. Die Weltachse ist ja überall. Sie ereignet sich immer dann, wenn meine Seele unterwegs ist. Die Dreizahl steht für Vollständigkeit: Mutter – Vater – Kind, Geburt – Leben – Tod, Vergangenheit – Gegenwart – Zukunft, Körper – Seele – Geist. ARISTOTELES sagt, die Drei sei die Zahl des Ganzen, verkörpere Anfang, Mitte und Ende. Frühe Menschen waren im genauen Zählen kaum geübt, und gute Rechner waren sie schon gar nicht. Die Zahl Drei bildete für sie die Möglichkeit, Dimensionen eines Ganzen zusammenfassend zu erkennen.

So ist die Waldhütte in die Dimensionen innerseelischer und kosmischer Strukturen eingegliedert. Der aufsteigende Rauch symbolisiert den Weg, den die Seele nehmen wird, wenn sie uns verläßt. Rauch und Seele brauchen dazu das Feuer. In ihm wird Abgelebtes so geopfert, daß Neues entstehen kann. Das Feuer steht für einen schmerzenden Wandlungsprozeß, an dessen Ende die Asche des Abgelebten und das Licht und die Wärme des neuen, der Liebe verpflichteten Menschen stehen.

Seltsam berührt, daß inmitten dieses Bilderkreises die Erinnerung an den Teufel anklingt. Im Schamanismus hat der Teufel keinen Platz. Die Personen im Märchen wissen um Torem. Er ist der Schaffer der Welt. Er setzt Anfang und Ende. Und wenn wir genau hinschauen, bestätigen sowohl die Handlung des Märchens als auch die Worte des einen Schwagers der Mos-Frau, daß hier eben kein Teufel existiert. Es handelt sich da nicht um Höllenqual und ewige Verdammnis, sondern um Wandlungen, die im Bild der Wanderung der Seele gezeigt werden. Diese Wanderung dauert »wohl eine kurze Zeit, wohl eine lange Zeit«. Der Ausdruck begegnet uns in vielen Märchen. Er zeigt, daß der Seele unser Zeitbegriff fremd ist. Seelisches Reifen geschieht. Gemessen wird es nicht.

Die Frau im Wald ist Schwester der Mos-Frau, und sie stellt sich unter diese, nennt sie »Herrin«. Psychologisch ist das gut zu verstehen. Die Waldfrau hat sich in der Seele der Mos-Frau personifiziert. Sie steht in ihrem Dienst, Schwestern müssen sie aber sein, weil sie ja beide in den verschiedenen Bereichen derselben Seele wohnen. Das erkennen auch die Männer der beiden Schwestern schnell. Sie weisen die Mos-Frau in den zu bestehenden Prozeß.

Der männliche Aspekt in der Seele der zweiten Schwester – und damit auch in der Seele der Mos-Frau – erscheint zunächst tierhaft, bärenhaft. Erst nach rechtem Hinschauen erkennt sie das wirklich Männliche. Der Schwager ist jetzt »fürstlicher Held von selten schöner Gestalt«, und das Bärenfell hängt am Haken an der Wand.

Die Schwestern sind fürsorglich, helfen, schaffen Geborgenheit, hören zu. Die Männer weisen den Weg. Sie kennen die Ferne, ahnen vielleicht bis zu einem gewissen Grad auch die Bedeutung der Symbole. Das ist möglich.

Schön, wie wir durch das Märchen den Charakter des Landes kennenlernen! Unvergeßlich ist das Bild, daß »Reif wie das Fell eines Eichkätzchens das Lager« des Mannes übersäumt. Großartig wird die Weite des Landes geschildert. Gemeinsam mit der Mos-Frau wandern wir den langen, langen Lauf des Ob entlang. Wir begegnen da und dort Leuten, welche mit Zugnetzen fischen, und erreichen endlich so etwas wie eine Stadt.

Der Fischer hebt Leben aus dem Unbewußten herauf, läßt es
sichtbar werden. Das Gleichnis vom wunderbaren Fischzug hätte
sich uns kaum so intensiv einprägen können, wenn es nicht ar-
chetypisches Geschehen ausdrückte. Wir verstehen zunächst nicht,
warum die Mos-Frau nicht hinschauen soll. Offensichtlich steht
anderes dahinter.

Vielleicht scheitert das Unternehmen am Baum aus demselben
verschwiegenen Grund? Das Bild muß wohl den Lebensbaum
meinen, das Symbol für mein ganz persönliches Leben. In seinen
Wurzeln erfahre ich mein eigenes Verwurzeltsein in den Bereichen, die mich einerseits nähren und andererseits immer wieder
bestimmen und festhalten wollen. In seinem Stamm erlebe ich
meine Art, mein Leben zu gestalten, meine Kraft vielleicht, mei-
ne biegsame Anmut vielleicht, meine Knorrigkeit vielleicht, mei-
ne Geradlinigkeit. In der Krone sehe ich, was ich aus meinem Leben mache, entdecke ich die Gestalt, die ich meinem Leben gebe.
Dort oben ist mein Haus, das Symbol für die Wohnung der Seele. Dort, im Raum meiner geistigen Freiheit, lebt sie. Dort habe
ich ihr ihre Bereiche geschaffen (21).

Die Mos-Frau überhört die Weisungen des schönen Schwagers. Noch immer ist sie ganz von ihrem Wunsch nach dem Fell
besessen, welches ihr die Mutter genäht hat. Sie nimmt ihr individuelles Leben nicht wahr. Das Fell hängt ja auch auf einem Balken unter einem Fenster. Es gehört nicht in das Seelenhaus. Es
gehört hinaus, ins Abzulebende, Abzulegende.

Die Mos-Frau ist nicht reif für diesen Individuationsprozeß,
Selbstwerdungsprozeß. Noch trägt sie ihre Tierfelle. Das symbolisiert ihre kreatürliche und instinktive Weisheit. Es ist nicht Zeit,
darauf zu verzichten. Eigentlich ist nie Zeit dafür. Der Mensch
darf nicht auf seine Einheit mit dem Tierhaften in sich verzichten. Er darf es nicht abspalten. Es ist nicht minderwertig, ganz
im Gegenteil.

Unsere Sehnsucht nach dem Paradies meint sicher auch das
Einverständnis zwischen Mensch und Tier. Mein Tierhaftes lebt

in den tiefsten, verborgensten Bereichen meiner Seele. Ich habe es aus dunkelster Vorzeit geerbt. Es leitet mich in der Wildnis der Welt und in der Wildnis meines eigenen Herzens (22).

Wieder weicht das sibirische Urmärchen entscheidend von europäischen Märchenhandlungen ab. Nachdem die Mos-Frau durch ihre Trauer über den Verlust von all dem Reichtum, den sie – ich verwende jetzt absichtlich das Symbol – mit dem von der Mutter genähten Fell erhalten hat, wie durch einen geradezu endlosen Wald hindurchgegangen ist, darf sie nicht einfach den Schritt zu differenzierter Individualität vollziehen. Das könnte den Verlust der Instinktseite zur Folge haben. Mit ihrem Reifen ist anderes gemeint.

Vielleicht muß man in unendlicher Waldlandschaft leben, wenn man dieses geduldige Reifen lernen will, das gar nichts überspringt. Es geschieht nicht in unseren gemessenen Zeiträumen, es geschieht in den unausmeßbaren Dimensionen des eigenen Herzens.

Hunde stehen seit den Anfängen der Kulturgeschichte als Wächter an der Grenze zwischen Diesseits und Jenseits. Sie hüten den Übergang. Treu begleiten sie uns von dieser Welt in die Jenseitswelt. Als Seelenbegleiter öffnet uns der Hund die Türe zur Zeitlosigkeit, geht er mit uns in Tod und Wiedergeburt. Und jetzt ist es geleistet – anders freilich, als Leserin und Leser es erhofften: Die Mos-Frau ist tot. Ihr Pelz bleibt. Ihre Seele wandert weiter.

Das Märchen verzichtet jetzt auf jedes Bild. In kurzen, prägnanten Wendungen teilt es mit, was geschehen ist: Tod und Wiedergeburt. Ein neuer Mensch ist unterwegs. Das wollte geleistet sein, dieser Verzicht, dieser Tod!

Seele ist Samen

Nach langer Wanderung kommt die Seele in ihr altes Haus zurück. Sie verkriecht sich in die alten Felle. Aber das ergibt keine Auferstehung, sagt das Märchen. Die Seele muß ihr Haus verlassen und die Erde finden. Es ist wunderbar, wie dieses sibirische Märchen sich immer dann mit wenig Worten ausdrückt, wenn Wesentliches geschieht:

»Es war Frühling, und die Seele der Mos-Frau kroch in die Erde hinein. Wo sie in die Erde gekrochen war, da begann alsbald eine rote Blume zu wachsen.« – Als wir im Rahmen eines Kurses zu dieser Stelle kamen, meinte eine Kursteilnehmerin spontan: »Seele ist Samen.« Der einfache Satz hat uns tief berührt. Wahrscheinlich hat kein Mitglied der betreffenden Gruppe ihn vergessen. Jedenfalls brachen wir jetzt unser gedankliches Gespräch ab. Wir legten uns auf die Erde und versuchten zu empfinden, was Erde ist, Wärme der Erde, Feuchtigkeit der Erde, bergende und gebärende Erde. Und dann erfand jeder von uns je eine Farbnuance, um die Stadien des Blume-Werdens wortlos auszudrücken: Wachsen, Knospe sein, sich in der Blüte entfalten. Seltsam und eigentlich auch ganz natürlich, wie die Lösungen einander glichen!

Samen brauchen Erde und Licht. Die Erde nimmt uns auf, unseren Leib, unsere Asche. Die Erde symbolisiert letztmögliche Geborgenheit und intensivste kreative Möglichkeit, beides. Die Erde ist das Urweibliche, das Bergende schlechthin. Gleichzeitig ist sie auch das Verbergende. Was in sie eingeht, ist der Wahrnehmung entzogen. Letztlich wissen wir nicht, was in der Erde geschieht, was geschieht, wenn Pflanzen und Körper Erde werden. Ich habe einmal geschrieben: »Der Komposthaufen ist die Mitte des Gartens« (23). Denn dort schließt sich der lebendige Kreis, das ununterbrechbare, letztlich ununterscheidbare Ineinander, zu dem wir »Werden – Sein – Vergehen – Werden« sagen. Wohl beschreiben chemische Formeln und physikalische Erklärungen diese Vorgänge. Aber das ist wie mit der Musik, so als spielte die Nachbarin auf dem Hügel oberhalb unseres Wohnhauses abends unter ihrem lichten Baum die Flöte. Der Chemiker kann mir ganz genau erläutern, aus welchem Holz oder welchen Metallen das Instrument besteht. Und der Physiker weiß, wie Töne entstehen, was die einzelnen Töne unterscheidet. Aber für den zauberhaften Schmelz dieser Abendmusik fehlt jede Erklärung.

Hat das etwas mit Musik gemeinsam, wenn Pflanzen und Körper Erde werden? Es wäre ein gutes »Bild«. Und ich könnte mir vorstellen, wie Musik sich zu Lebensenergie zusammennimmt, zum Samenkorn. In der Erde geschieht ja auch fortwährend Zeugung. Wir haben bereits gesagt, sie sei universelles Urbild für Fruchtbarkeit. Die Erde ist Symbol der Großen Mutter, letztes und erstes Symbol für den Kreis, der weder Anfang noch Ende hat und das Leben meint. In diesen »kreisenden Kreis«, diesen ewigen Kreislauf, taucht die Mos-Frau hinein, wenn sie in die Erde geht.

Unser Wahrnehmen beginnt erst nach dem Urprozeß, wenn etwas aus dem Unfaßbaren heraustritt und Gestalt wird. Das erleben wir symbolisch, wenn eine Pflanze aus der Erde »schaut«. Den Prozeß des individuellen Ausbreitens in der Welt der Erscheinungen nennen wir »leben«. Die endliche Auflösung und das Verlassen der Welt der Erscheinungen bedeutet für uns »sterben« und »Tod«. Aber was diese Wörter bezeichnen, das wissen wir nicht. Vielleicht ist da gar kein Unterschied. Deshalb erschließt sich uns das Entscheidende nicht. Dem Begreifen stehen nur Vergleiche, Bilder zur Verfügung: Erde, Pflanze, Knospe, Blüte ... Die Knospe vereinigt alle Möglichkeiten. Diese offenbaren sich bei der Entfaltung der Blüte. Von innen heraus, von der Mitte her werden Duft und Farbe und Form. Und was sich in der Blüte offenbart, erinnert an das Rad mit seinen Speichen, erinnert an Strahlen, an das Strahlende allgemein.

Die Antike kennt einen ganzen Strauß von Sagen, in denen aus Menschen Blumen werden. Wir wählen zwei Beispiele aus: Der schöne Jüngling Adonis, der von einem Eber zerrissen wurde, muß seither den Winter in der Jenseitswelt verbringen. Im Frühling aber erwacht er zum Adonisröschen. Als Hyakinthos von einem Diskus tödlich getroffen wurde, ließ der Gott Apollon aus dessen Blut die Hyazinthe erblühen (24).

Blüten sind schön. Ich kenne keine häßlichen Blüten. Sie werden, wie wir angedeutet haben, zu Symbolen des Strahlenkreises, also wieder zu Repräsentanten der endlosen Schöpfungsfolge. Wir begreifen sie als Werden von innen heraus und zugleich als Werden innerhalb des sich nahtlos vollziehenden »kreisenden Schöpfungskreises«. Blüten stehen aber auch für das Verletzliche, Flüchtige des Lebens. Die rote Blume wird gerne mit der aufgehenden Sonne assoziiert. Symbolisch meint sie Beginnendes. Es gibt aber auch rote Blumen, welche mit Feuer assoziert werden, mit dem ständigen Wandlungsgeschehen also wieder, in dem Bestehendes zugunsten neuer Lebendigkeit geopfert wird.

Als mein Freund starb, hat jemand einen Kranz mit schönen getrockneten Blumen aufs Grab gelegt. »Sie welken nicht«, hat er gesagt. Dürfen Blumen nicht welken?

Stufen

Wie jede Blüte welkt und jede Jugend
Dem Alter weicht, blüht jede Lebensstufe,
Blüht jede Weisheit auch und jede Tugend
Zu ihrer Zeit und darf nicht ewig dauern.
Es muß das Herz bei jedem Lebensrufe
Bereit zum Abschied sein und Neubeginne,
Um sich in Tapferkeit und ohne Trauern
In andre, neue Bindungen zu geben.

Und jedem Anfang wohnt ein Zauber inne,
Der uns beschützt und der uns hilft, zu leben.

Wir sollen heiter Raum um Raum durchschreiten,
An keinem wie an einer Heimat hängen,
Der Weltgeist will nicht fesseln uns und engen,
Er will uns Stuf' um Stufe heben, weiten.
Kaum sind wir heimisch einem Lebenskreise
Und traulich eingewohnt, so droht Erschlaffen,
Nur wer bereit zu Aufbruch ist und Reise,
Mag lähmender Gewöhnung sich entraffen.

Es wird vielleicht auch noch die Todesstunde
Uns neuen Räumen jung entgegen senden,
Des Lebens Ruf an uns wird niemals enden ...
Wohlan denn, Herz, nimm Abschied und gesunde!

HERMANN HESSE (25)

Wir können uns gut vorstellen, Blume zu sein. Können wir uns
auch vorstellen, Tier zu sein? Die Kathedrale von Chur, der Stadt,
in der ich wohne, wird nicht zu der stolzen Reihe der schönsten
mittelalterlichen Kirchenbauten gezählt. Und doch ist sie mir
wertvoll und lieb. Gewiß, da und dort hat sie Ungeschlachtes.
Aber der Innenraum scheint wie aus einem gewaltigen Berg ge-
hauen zu sein. Wer diesen Raum betritt, findet sich von kräftiger
Architektur geschützt. In der Nähe des Altars stehen vier »Apostelsäulen«. Man weiß nicht, wie sie in die Kathedrale kamen,
man weiß nicht, wann und von wem sie geschaffen wurden. Mir
ist vor allem eine der Säulen wichtig. Ein Tier hält den Kopf eines Menschen in den Vorderpranken. Darüber scheint ein Apostel zu schweben. Seine Füße berühren das Tier nicht. Die rechte
Hand vollführt eine segnende Gebärde, die linke hält ein Buch.
Über dem Kopf spannt ein Engel seine Flügel (26).

Bei einer »kunsthistorischen Führung« hörte ich, das Tier würde die Sünde, das Böse darstellen. Der Kopf in den Pranken würde eine dem Teufel verfallene Gestalt zeigen. Der Apostel aber schwebe über dem Höllischen. Er halte das Buch der Weisheit und werde von Gott geliebt. Deshalb würde er ihm seinen Engel senden.

Diese Erklärungen haben mich nachdenklich gestimmt. Liebt Gott das Tier nicht? Liebt Gott den Menschen nicht, dessen Kopf in den Pranken des Tieres liegt? – Wenn wir die Tiergestalt genau ansehen, stellen wir in ihren Zügen nichts Böses und nichts Furchterregendes fest. Mir scheint, hier wird, im Gegenteil, die Einheit von Mensch und Tier gezeigt. Aus dieser Einheit heraus wird der Mensch Apostel, nachdem er durch dieses Eins-Sein von Mensch und Tier hindurchgegangen ist.

Ich darf wiederholen, was diese Einheit symbolisiert: Sie spiegelt kreatürliche und instinktive Weisheit wider. Und die müssen wir in unser persönliches Leben hinein mitnehmen. Dann besucht uns der Engel, der zwischen Erde und Himmel vermittelt. Es besteht keine Rangliste. Es gibt nur Leben, Seele – und Gestalt für das Leben, Wohnung der Seele.

Das Tier erfüllt den Willen der Schöpfung vielleicht reiner als der Mensch, williger, ungestörter. Sicherlich ist das Tier weder gut noch böse. Es kann nichts anderes wollen als das, was ihm durch die Natur aufgegeben ist. Es gehorcht seinen Instinkten. Und ich Mensch darf meinen Instinkten gegenüber nicht untreu werden. Ich darf sie nicht von mir abspalten. Sie sind nicht böse. Sie sind eine Funktion meiner Seele – wie das Denken, wie das Fühlen, wie das Ahnen (die Intuition). »Der verdrängte und verwundete Instinkt ist die Gefahr des zivilisierten Menschen« (27).

Der Mensch hat die wunderbare Möglichkeit, Leben, welches durch die Blume, und Leben, welches durch das Tier symbolisiert wird, in sich zu einen. Davon sprechen die Märchen, in welchen sich Pflanzen, Tiere und Menschen ineinander verwandeln. Das norwegische Märchen *Lotterkäppchen* erzählt von einer Frau, die keine Kinder bekommt. Da sie dann aber zwei Blumen gegessen hat, wird sie schwanger und bringt schließlich zwei Mädchen auf die Welt (28).

Im brasilianischen Indianermärchen *Die Herkunft von Tabak, Mais und Baumwolle* erfahren wir, wie das Blut einer getöteten Schlange in eine Frau eindringt. Bald darauf gebiert sie einen Sohn, der eine Schlange ist. Weil die Schlange wieder in den Leib der Frau eindringt, wird das Tier verbrannt. Aus der Asche wachsen die ersten Tabak-, Mais- und Baumwollpflanzen (29).

Besonders wertvoll ist für diesen Zusammenhang auch das Märchen *Die erste Paschiuba-Palme*, von dem wir bereits gesprochen haben (30). Der Knabe ist Sohn der Sonne. Mit ihr ist er von Osten aus dem großen Sonnenhaus gekommen. Er ist der Erzeuger des Wachstums und wandert in dieser Funktion über die Erde. Im Feuer steigt er wieder zum Himmel. Daß er wegen seiner magischen Eigenschaften von den Menschen verbrannt wird, wäre kaum verständlich, wenn wir nicht um die tiefe Symbolbedeutung des Feuers und die Notwendigkeit des Opfers wüßten.

Für die Schamanin oder den Schamanen ist die Seele unterwegs. Sie klettert über den Stamm des Lebensbaums, über die Ursäule, welche die Achse der Welt symbolisiert. Die Apostelsäulen in der Kathedrale von Chur und in anderen Kathedralen, welche am Übergang von der romanischen zur gotischen Epoche entstanden sind, zeigen das Unterwegssein der Seele am Lebensbaum, an der kosmischen Weltenachse. Und auch das sibirische Märchen veranschaulicht diesen Weg der Seele.

Die Seele ist unterwegs

Die Seele ist unterwegs. Je nach Kulturraum haben die einzelnen »Stationen« andere Namen. Ich würde in diesem Zusammenhang gerne von »Erfahrungsstufen« sprechen. Wenn die Erfahrungen, welche eine Lebensstufe ermöglicht, ausgeschöpft sind, will die Seele eine neue Stufe. Das bedeutet Abschied und Neubeginn – Opfer.

Das Unbewußte läßt einzelne Erfahrungsstufen im Bild von Pflanzen, Tieren, Personen, Sternen sichtbar werden. Vielleicht entsprechen diese innerseelischen Stufen auch verschiedenen Stufen des Lebendigseins. Vielleicht geschieht die Seelenreise nicht nur in uns, sondern auch außerhalb von uns. Vielleicht ist das Leben in dieser von uns wahrnehmbaren Welt auch Station, Stufe. Vielleicht hält der Kosmos unserer Seele Lebensbereiche bereit, die wir nicht einmal ahnen können. In seinem Gedicht deutet HERMANN HESSE diese Möglichkeit an. Aus der Gewißheit, daß »des Lebens Ruf« nicht enden kann, leitet er die Möglichkeit ab, daß uns »die Todesstunde neuen Räumen entgegen senden« werde.

Für das Leben in jeweils neuen Räumen bietet sich der Begriff »Inkarnation« an. Unsere Seele geht durch Inkarnationen und »Reinkarnationen« nach Hause, durch immer wieder neue Gestaltwerdungen ist sie auf dem Weg zu sich selbst, zur Wahrheit, zum Absoluten.

Die Hindus verstehen das kosmische Leben unter drei sich letztlich einenden Grundprinzipien oder Grundkräften. Jede enthält weibliche wie männliche Seiten. Da sie dann als Götter in Erscheinung treten, sind mit ihnen zunächst keine spezifischen Geschlechtsträger gemeint. Jeder dieser Götter ist sowohl weiblich als auch männlich. Erst später werden sie als Paare vorgestellt. Brahma und Saraswati sind das Schöpferpaar, Schiwa und Kali das Zerstörerpaar, Wischnu und Lakschmi das Erhalterpaar. Die Inder verstehen das Leben als Gleichgewicht von Zerstören und Neuschaffen, von Sterben und Auferstehen. Für die Erhaltung des Gleichgewichts sorgen Wischnu und Lakschmi. Für die Hindus ist jede der großen Gottheiten ebenso unterwegs, wie die Seele jedes Menschen unterwegs ist. Sogar die Verkörperungen des Erhalters Wischnu können nicht gezählt werden. Es sind mehr als Sandkörner an den Ufern des Ozeans, heißt es. Die Hindus nennen die verschiedenen Inkarnationen Awataras. In der Regel werden aber zum besseren Verständnis zehn Haupt-Awataras unterschieden. Sie zeigen sich als Fisch, Schildkröte, Eber, Löwe, Zwerg, Rama mit dem Beil, Krischna, Budda, Kalki. Die zehnte Verkörperung ist bis jetzt noch nicht vollendet (31). Es versteht sich von selbst, daß diese Aufzählung über den Gehalt der zehn Awataras nichts sagen kann. Jede Gestaltwerdung ist Symbol für ein immer sehr weites Welt- und Lebensverständnis.

Die Idee, daß die Seele viele Existenzen durchlaufe, ist uralt. Bereits der Totemismus der Frühkulturen wäre ohne diese Vorstellung nicht denkbar. Die Priester der Kelten, die Druiden, die zugleich Richter, Priester und Heilkundige waren, haben die Vorstellungen über die Wanderungen der Seele weiter gepflegt. Im sechsten Jahrhundert vor Christus nahmen die Orphiker in Attika und Süditalien Bilder der Seelenwanderung in ihre Geheimlehre auf. Die griechische, vor allem die hellenistische Kultur übernahm diese Bilder. Verwandelt erreichen sie uns in poetisch ausgestalteten Überlieferungen der antiken Mythen.

Gemäß dem ursprünglichen Verständnis des Hinduismus und des Buddhismus ist die Seelenwanderung das Ergebnis verschiedenster Daseinsfaktoren. Sie formen den Komplex psychischer und geistiger Energien, welche die Wanderung mit ihren Awataras bewirken. Andere Vorstellungen ordnen dem einzelnen Menschen entscheidende Aufgaben der Läuterung zu. Der persönliche Anteil an den Gestaltwerdungen kann dann recht groß und ver-

pflichtend sein. Mir bereitet der Begriff der Läuterung eher
Mühe. Die Seele ist ja unterwegs zu ihrem Ganzen. Ich würde
deshalb gerne von Erweiterungen, Bereicherungen sprechen. In-
direkt führen auch sie dann sicherlich zu Läuterungen. Daraus
ergibt sich die Verpflichtung zu intensivem, wachem Leben und
gleichzeitig die Verpflichtung, intensives, waches Leben zu fördern. Wir wollen dem Gang des Märchens weiterhin aufmerksam
folgen. Bestimmt leistet es einen Beitrag zu diesem Fragenkom-
plex.

Die Seele der Mos-Frau schenkt sich der Erde. Sie wird dem
Wahrnehmbaren entzogen, geht in Urgeborgenheit ein. Aus ihr
heraus wächst Individuelles, Gestalt wird. Erneut gehört sie dem
Wahrnehmbaren. In der Pflanze werden individuelle Anlagen
wieder sichtbar. In der Blüte spricht sie als Gestalt, als Farbe und
Duft, als Organismus. Wir haben dieses Blumenleben als Ausdruck des Schöpfungskreises verstanden und auch als Ausdruck
der Schönheit und Verletzlichkeit. Letztlich bestätigt jede Blüte
unser Vertrauen in das Wachstum des Lebens.

Jede Blüte erinnert an den Lotus, die symbolische Urblume
der Ägypter und der Inder. Die großen schöpferischen Kräfte, die
sich in den Symbolen des Feuers, der Sonne und des Wassers darstellen, haben sie aus dem Chaos geschaffen: erste Individualität,
erblüht aus dem Urgrund der unendlichen Möglichkeiten. Die
Wurzeln symbolisieren die letztliche Unzerstörbarkeit des Lebens.
Im Stengel lebt die Erinnerung an die Achse der Welt und die innere Säule, an der sich die individuelle Seele »emporrankt«. Die
Blüte spiegelt das Licht, die Wärme, das Göttliche der Sonne wider. Sie zeigt, daß Leben in seiner Gestalt dem Ziel des Lebens
nahe steht, dem göttlichen Licht, der Wahrheit. Die Frucht schließ-
lich bestätigt die Gestaltungskraft der Schöpfung erneut. In
Ägypten und Indien ist der Lotus das erste und letzte Gefäß des
Lebens und all dessen, was im menschlichen Leben göttlich ist.
In wohl allen Kulturräumen übernimmt jede einzelne Blüte diese
Symbolik. Das rührt uns an, wenn wir vor dem Geheimnis einer

Blume, vor der Pracht eines Blütenbaumes stehen. Das meinen wir, wenn wir von ihrer Reinheit sprechen (32).

Die Seele der Mos-Frau wird diese Blume. »Da kam eine Bärin vorbei und fraß die rote Blume.« Das ist alles, was uns das Märchen über die neue Lebensgestalt, Erfahrungsstufe Awatara sagt. Über Bärenmythen und Bärensymbolik sind wir bereits unterrichtet. Wir haben auch erfahren, was die Einheit von Mensch und Tier symbolisiert: Triebleben, Fruchtbarkeit, trächtiges Leben, Instinkte, Gefühle. Sie müssen – ich betone das immer wieder, denn es ist mein Anliegen – gerade nicht überwunden werden. Warum sollen sie weniger wert sein als Intellekt, Wille, Verstand?

Noch immer finden sich Intellektuelle, welche der Psychologie die Wissenschaftlichkeit absprechen, weil sie sich unter anderem auch mit Gefühlen beschäftigt, weil sie neben anderem auch mit Gefühlen arbeitet. Unsere Gefühle sind wertende Faktoren der Psyche. Sie unterscheiden nach »lieb« und »abstoßend«, nach »freundlich« und »barsch«, nach »vertraut« und »fremd«, »angenehm« und »lästig«, »gefährlich« und »fördernd« … Wenn eine Wissenschaft Gefühle nicht berücksichtigt, verzichtet sie auf eine wesentliche Erkenntnismöglichkeit. Sie wird richtungslos. Das erklärt das Lebensfeindliche mancher Resultate von Arbeiten, die auf die wertenden Funktionen verzichten, an die jedes Bemühen um Erkennen auch gebunden sein muß.

Auf die Triebe können wir nicht verzichten. Sie sind Teil unseres wertvollsten Lebensschatzes. Ohne die Triebe können wir unser Leben nicht erhalten. Ohne die Triebe kann sich Leben nicht weitergeben. Gewiß, es ist schwierig, mit den Trieben so umzugehen, daß sie tatsächlich lebensfördernd wirken. Während des ganzen Lebens müssen wir den Umgang mit ihnen immer wieder neu lernen. Dieses Lernen gehört zu lebendigem Reifen. Wenn wir den Machttrieb einsetzen, um Geborgenheit zu schaffen, Lebendigsein zu ermöglichen, haben wir viel gelernt. Wenn wir auch den Sexualtrieb in diesem Sinne einsetzen, wird er selbstverständlicher Partner der Liebe. Wenn wir den Trieb erkennen und mit den Gefühlen vereinen, die nach Lebenswärme streben, dann sind wir weit, sehr weit.

Die Instinktwelt unserer Seele, ihr ererbtes Gut, ist wohl der kostbarste Besitz, den wir mit unserem Leben erhalten. Er verbindet uns mit unserer Herkunft. Er vermittelt uns die Weisheit des Lebensgrundes. Sie zeigt sich uns im Bild der Quelle und des strömenden Brunnens, vor allem auch des Springbrunnens. Schwer ist es, das in Sprache zu fassen. Das Geheimnis unserer Herkunft bis zur Quelle allen Lebens, das lebt in uns.

Zur Instinktwelt gehört auch das, was uns mit den anderen Seelen und der Weltseele, der kosmischen Seele, verbindet. Zur Verdeutlichung erinnere ich mich immer an dasselbe Bild: Im Frühling wurden die Buchenwälder meiner Kindheit mit einem dichten, fast ununterbrochenen Teppich aus Buschwindröschen bedeckt. Im Sommer fand ich die Pflanzen nicht mehr. Sie ziehen sich in ihre unterirdischen Sproßteile, die Rhizome, zurück. Unter dem Boden lebt die Pflanze in ihrem Rhizom weiter. Auch dieses verändert sich, wächst und wandert und stirbt ab. Aber es ist da, immer da. So ist es mit dem archetypischen Bereich meiner Seele. So ist sie mit anderen archetypischen Bereichen verbunden. Es ist gar nicht möglich, darauf zu verzichten. Und es bedarf eigentlich keiner Erwähnung, daß wir ernstlich erkranken müssen und das Leben eigenartige Formen annehmen muß, wenn wir die Verbindung mit dem »Rhizom unserer Seele«, unserem »kollektiven Archetypischen«, so sehr vernachlässigen, daß sie nicht mehr gewährleistet ist.

Das alles – und wohl noch viel mehr – wird durch den »Bären-Awatara« symbolisiert. Das Märchen wird an den betreffenden Stellen auffallend ausführlich. Bärenjagd und Bärenmahl sind nicht einfach äußere Vorgänge. Sie dienen nicht allein dem Aufbau des Körpers, was ja bereits sehr viel ist. Sie sind heiliger Ritus. Die wissende Bärin sträubt sich auch nicht dagegen. Sie weiß um die Absicht von Torem, dem Lebensgott. Die Bärin muß sterben, ihr Fleisch muß gegessen werden. Ihr Bärenhaftes, Tierhaftes muß im Menschen leben. Er muß das Bärenleben in das eigene Leben hineinnehmen, damit sein Leben fruchtbar wird. Alle Religionen der Welt kennen das Opfermahl in dieser Bedeutung. Die Mos-Frau – jetzt als »Chanti-Mädchen« – darf kein Bärenfleisch essen. Sie ist ja bereits durch den »Bären-Awatara« hindurchgegangen, hat diese Erfahrensstufe gelebt. Entsprechend hat die Bärin den »Menschen-Awatara« gelebt – als die Seele der Mos-Frau in ihr wohnte. Ihr Weg geht weiter.

Der Mensch hoher Zivilisationsstufen ist in Gefahr, seine Tieraspekte zu vernachlässigen, verkümmern zu lassen, krank werden zu lassen. Durch seine Bilder von Bärenjagd und Bärenmahl weist das Märchen auf die Notwendigkeit hin, Tierhaftes zu integrieren, ins Leben hineinzunehmen. Der Mensch, der als halbnomadisierender Jäger und Fischer im Steppenland lebt, in Zelten und Erdhütten wohnt, ist in Gefahr, die intellektuellen und geistigen Aspekte des Lebens nicht zu wecken. Das Märchen macht auf diese Notwendigkeit aufmerksam, indem es zeigt, daß die Bärin Blumenseele in sich hineinnehmen, zum Menschenleben umwandeln und dieses austragen muß. Das Märchen könnte nicht deutlicher sein.

Das alles geschieht auf der Erde, im mütterlichen Bereich der Erde und der Seele. Hier muß das alles geleistet werden. Und wir Menschen haben den ernsthaften Auftrag, die natürlichen Bedingungen, welche uns die Erde für solches Geschehen bietet: nicht zu zerstören, sondern zu fördern. Und wir haben ebenfalls den Auftrag, die geistigen Bedingungen, welche uns die Seele zur Verfügung stellt, nicht zu verletzen, nicht an Mangelkrankheiten leiden zu lassen, sondern, im Gegenteil, sie zu fördern. Unsere ununterbrochenen Ablenkungen durch Lärm, wechselnde Bilderflut, künstlich erzeugte Lichteinwirkungen, Reisefanatismus, Gewinnsucht nähren jenen Gigantismus, der sich in den Märchen in der Welt der bösen Riesen zeigt. Ihr Wahn zerstört die Erde, die Welt, den Kosmos. Er läßt die Seele erkranken, ist »böse«.

Bis zu den Sternen

Auf der kleinen Koralleninsel Nauru in Mikronesien erzählen die Ureinwohner vom Mädchen Egigu, das, nachdem ihm zum erstenmal unwohl wurde, auf einen Riesenbaum klettert, dort der Mutter des Mondes begegnet und schließlich den Mond heiratet. In den Schalen von Kokosnüssen kocht die blinde Mondmutter Palmwein und Sirup. Das Mädchen stiehlt der Alten die Schalen und trinkt sie aus. Dreißig Schalen sind es – die Schalen der Mondtage, welche die Alte mit konzentriertem Wein füllt (33).

An der Küste des Schwarzen Meeres lebt noch immer das Märchen *Alecko und seine drei Schwestern*. Da werden drei junge Frauen von geheimnisvollen Reitern in das Reich der Großen Mutter entführt. Alecko, der jüngste Bruder, will sie erlösen. Jede wohnt an einem anderen, nur schwer zugänglichen Ort. Sophia, die älteste Schwester, muß in einer tiefen Felsenhöhle am Fluß des Vergessens wohnen. Nachdem Alecko und Sophia zusammen mit einem kleinen Becher Wasser aus dem Fluß geschöpft und die Amphore damit gefüllt haben, ist Sophia erlöst (34).

Durch die Brüder JACOB und WILHELM GRIMM lernen wir das Märchen *Die Gänsemagd* kennen. Eine junge Königstochter muß von zu Hause aufbrechen, um in einem fernen Schloß einen Königssohn zu heiraten. Eine Magd begleitet sie auf der langen Reise. Als sie zu einem Fluß kommen, will die Prinzessin Wasser trinken. Die Reise hat sie durstig gemacht. Aber die Magd weigert sich, vom Pferd zu steigen, sich zum Wasser zu beugen und mit dem Becher zu schöpfen. Die Königstochter muß das selbst tun (35).

Als die Bärenmutter des »Chanti-Mädchens« in unserem sibirischen Märchen von Jägern bedroht wird, wirft es Birkenrindengefäße zur Hütte hinaus. Die Menschen betrachten die Gefäße, aber sie können sie nicht erkennen.

Wenn die Amphore mit Asche gefüllt ist, ist sie Symbol für die Vergänglichkeit unseres Lebens in dieser Welt. Wenn sie mit Wasser gefüllt ist, wird sie Symbol für ewiges Leben, Unsterblichkeit. Die Kokosschale, das Birkenrindengefäß und der Becher symbolisieren Urgefäße für die Fülle des Lebens. Gleichzeitig sind es Bilder für das Becken der Frau und für die Große Mutter, die Schöpferin des Lebens, die Bergerin des Abgelebten. Im Südseemärchen haben die Kokosnußschalen engen Bezug zum Mond mit seinen Zyklen. In allen diesen Märchen weisen Becher und Gefäß darauf hin, daß das Mädchen Frau geworden ist.

Der Weg ist begangen. Er führte von der Fee in die Erde, aus der Erde in die Blume, aus der Blume in die Bärin und dann in das Mädchen, vom Mädchen zur Frau, von der Frau zur Mutter. Die wunderbaren Lebensmetamorphosen führen zum Bild von Mutter, Vater und Kind. Weibliches und Männliches können sich einen und im Kind auch Zukunft sein. Sie haben ihr Haus.

Ganz anders wird der Weg der Bärin geschildert. Die »Chanti-Frau« muß dafür sorgen, daß die Bärin und die Bärenbrüder ihre Nägel erhalten. Wozu sie diese brauchen, verschweigt der Märchentext. Es ist, als sei ein Teil des ursprünglichen Märchens verlorengegangen. Vielleicht wird auch ein Wissen vorausgesetzt, das wir heute in unserem Kulturbereich nicht unbedingt haben können.

Bei frühen Kulturvölkern wurden scharfe Bären- oder auch Luchskrallen ins Grab gelegt. Wir haben bereits darauf hingewiesen, daß sie dazu dienten, den Glasberg, die Kristallpyramide, zu erklettern, über welche die Seele den gestirnten Himmel erreicht. Diese Vorstellung lebt auch im Bild der altägyptischen Pyramiden. Einerseits fährt die Seele des toten Pharaos über den Fluß ins Jenseitsreich, andererseits übersteigt sie eine Pyramidenkante und gelangt in den Himmel.

In den Märchen ist das Bild des gläsernen oder sogar kristallenen Berges weit verbreitet. So sitzt Anna, die zweite Schwester von Alecko, der uns bereits begegnet ist, in einem achteckigen

Kristallpalast und bemüht sich vergebens, einen Spiegel zu reinigen, den ihr die Große Mutter gegeben hat. Das gelingt erst mit dem Tuch, das Anna in ihrer Kindheit trug und das die Mutter Alecko mit auf die Reise gab. Symbolisch fängt der magische Spiegel das göttliche Licht auf, in diesem Märchen die Strahlen aus den Augen der Großen Mutter. Durch den blanken Spiegel wird die Achse der Welt sichtbar. Annas Seele findet den Weg, der vom Göttlichen zum Irdischen führt, die symbolische Himmelsleiter, und ist erlöst.

Das Märchen *Der Ritt auf den Glasberg* weiß von einem Bauernburschen zu erzählen, der von seinem toten Vater zum Dank für die treue Wache am Grab ein wunderbares Roß erhält. Mit ihm kann er auf den hohen, steilen Glasberg reiten, auf dem eine Königstochter wohnt. Er zieht ihr den Ring vom Finger und gewinnt sie zur Frau (36).

Eine Variante zu diesem Märchen bildet das Märchen *Wie eine Königstochter sieben Jahre geschlafen.* Es wird aus Estland überliefert. Die geliebte Tochter eines Königs stirbt. Ein weiser Mann verhindert, daß die Prinzessin beerdigt wird. Er läßt sie in einen gläsernen Sarg legen und errichtet einen gewaltigen Glasberg. Auf dessen Gipfel stellt der weise Mann den Sarg. Nach sieben Jahren dürfen Reiter versuchen, die Spitze des Glasbergs zu erklimmen und so die Prinzessin zu erlösen. Wieder gelingt das einem Bauernburschen, der zum Dank für die Wache an des Vaters Grab ein Wunderpferd erhalten hat (37).

Das Märchen *Das Kristallschloß* hat seine Heimat in der Bretagne. Da wirbt ein Jüngling, der so schön und strahlend ist, daß er der Sonne gleicht, um die Tochter eines sehr bedürftigen Bauern. Niemand weiß, wer der Bräutigam ist. Als sich der jüngste Bruder aufmacht, die Schwester zu besuchen, findet er sie nach quälenden Abenteuern und beschwerlichen Wegen in einem Kristallschloß. Er lebt dort einige Tage zusammen mit seiner Schwester und dem schönen Bräutigam. Dann kehrt er nach Hause zurück. Aber niemand kennt ihn, niemand erinnert sich an seine

Eltern und Geschwister. Auf dem Friedhof findet er ihre Gräber. Sie sind bereits dreihundert Jahre alt. Da geht er in die nahe Kirche, betet – und stirbt (38).

In diesen Beispielen erinnert manches an das Märchen von der Mos-Frau. Es ist in eine mythologische Welt eingebettet, die in dieser Art offensichtlich fast über die ganze Erde verbreitet war. Unsere Einblicke helfen uns, die weiteren Wege der Bärenseele in unserem Märchen ebenso zu verstehen. Die Seelen der Bärin und ihrer beiden Bärensöhne, das ergibt sich aus der übrigen Handlung unseres sibirischen Märchens, haben den Kristallberg erstiegen und sind in den Himmel gegangen. Dort finden sie ihr »Haus«, die Sternbilder des Großen und des Kleinen Bären (der Großen und Kleinen Bärin). Das strahlende Bild offenbart, was sich in der Märchenerzählerin oder dem Märchenerzähler in der Weite der sibirischen Waldsteppe und in der Nähe des großen, vielarmigen Flusses an Wissen und Weisheit gesammelt hat.

Die Bärenseele kehrt nicht zurück – in die Erde zum Beispiel. Sie wandert weiter und stellt sich fortan dem Ruf des Lebens. Das Märchen hält sich nicht an die weitverbreitete Vorstellung von einem Zurückgehen, einem Heimfinden in jenen Bereich, aus dem die Seele gekommen ist. Selbst wenn wir die Bilder als Symbolreihe für innerseelisches Geschehen verstehen, zeigt das Märchen nicht etwa, wie mit der Geburt und dann im Laufe der lebendigen Wandlungen bewußt Gewordenes wieder in Unbewußtheit zurücksinkt. Im Gegenteil, noch immer Unbewußtes steigt ins Bewußtsein auf. Es wird klar. Das muß wohl mit der Wandlung in Durchsichtiges, Lichthaftes, Kristallartiges, dem Stern Zugeeignetes gemeint sein. Ein Zurücksinken in Unbewußtheit würde im Märchen als Hinabgehen in eine Höhle oder Erdspalte, vielleicht sogar als Hinabtauchen in eine Wassertiefe gezeigt. Die Bärenseele kehrt nicht in unbewußtes Leben zurück, sie findet in das Lichthafte. Und dieses symbolisiert immer das Geistige, also reines, kristallisches, in dieser Art unvorstellbares Denken, unerklärbare Weisheit.

Die Verwandlung zum Stern geschieht der Seele. Sie ereignet
sich aus ihrem Einverständnis heraus, nachdem sie ihre Krallen
gefunden hat. Sie nimmt ihr Bärenhaftes also doch mit, verliert
es nicht, will es keineswegs überwinden, sondern selbstsicher behalten. Es geht mit ihr in die Verwandlung ein. Voraussetzung
der Wandlung ins Lichthafte ist Ganzheit. Es darf nichts Abge-
spaltenes vorhanden sein, wenn die Seele transparent werden soll.
Die neue Inkarnation geschieht in der Art einer »Kristallisa-
tion«. Die Seele wird jetzt nicht mehr gestaltlos, wie sie es in der
Erde geworden ist, sie wird Lichtgestalt. Auch das sprengt unser
Vorstellungsvermögen. Wahrscheinlich ist die Seele immer, ebenso in diesem unserem Leben, im Unerreichbaren. Im Sternbild
wird ihr stetig wieder neu strahlend Hinausweisendes sichtbar,
faßbar.

Ich habe den Atlas der Sternbilder aufgeschlagen. Der Kleine
und der Große Bär hängen gewissermaßen am Polarstern wie Pen-
del, kreisend im Kosmos. Die Sternbilder kreisen. Deshalb können wir manche Sternbilder nicht immer wahrnehmen. Deshalb
wandeln sie sich vor unseren Augen in zyklischen Rhythmen. Und
weil wir so wahrnehmen, kennen wir für uns Anfang und Ende
und Zeit.

Der Polarstern steht in der Mitte. Wenn ich meine Kamera auf
ein Stativ montiere und zum Polarstern richte, dann bilden sich
die Bewegungen der Himmelslichter bei langer Belichtungszeit als
Kreise ab. Dem Menschen in der Lichtung der sibirischen Waldsteppe wird der Polarstern Bild des Himmelspols, Anfangs- und
Endpunkt der kosmischen Achse. In ihm fallen Zeit und Zeitlosigkeit zusammen. Seine Mitte kann nicht kreisen, sie bleibt. Und
doch muß sie sich drehen, weil sich alles um sie dreht, mit ihr
dreht. Der Polarstern symbolisiert Anfang und Ende der Zeit zugleich. Er symbolisiert das Eigentliche, aus dem Zeit und Bewe-
gung wird. Wenn wir uns dem Bild des Polarsterns meditierend
widmen, sagt es, daß im kosmischen Ganzen letztlich nichts geboren wird und nichts vergeht.

Die zwei Sternbilder mit dem Polarstern lassen erkennen, daß alles Widersprüchliche seine Einheit findet. Trotzdem spricht das Märchen auch jetzt noch von der Wohnung der Seele. Die Bärin hat ihr Haus gefunden, lesen wir. Wir können das in unserer Sprache nicht anders sagen, in unseren Bildern nicht anders malen. Wir sprechen von Körper und Seele und Geist. Aber eigentlich wissen wir, daß das eine Einheit, daß Trennung gar nicht möglich ist. So sind auch Erde, Blume, Tier, Mensch und Stern nicht einfach Seelenwohnungen. Es sind Bilder, sind Symbole, durch die ein seelischer Lebenszustand wahrnehmbar, mitteilbar wird.

Wir müssen jedes Zählen und alles Rechnen vergessen. Die Ganzheit der Weltseele, welche der Polarstern repräsentiert, ist nicht die Summe aller individuellen Seelenganzheiten. Es ist gesteigertes, konzentriertes, absolutes Leben. Wenn Leben nichts anderes ist als Leben, dann zeigt es sich dem Bewußtsein im Bild des Sterns, des Sternbildes. Und im Polarstern leuchtet dann die Seele des Kosmos. Die kosmische Seele, in welche das letzte Leben eingeht, ist Licht in der Nacht.

Vor solchen Bildern löst sich die Angst vor dem Tod. Der Tod weckt nicht Angst. Der Tod ist Licht. Der Tod ist Reifsein für Erfahrungen von immer Größerem, immer Lichthafterem. Der Tod stellt das Ganze meiner Seele in den offenen Zusammenhang hinein. Voraussetzung ist, daß wir uns als das erfahren, was wir sind – als unsere eigene unausmeßbare Weite. Die immer unendliche Seele schließt alle Dimensionen ein: Erde, Blume, Tier, Mensch und Kosmos. Individuelles Leben umkreist die Mitte der Seele, wie die Sternbilder den Polarstern umkreisen.

MEISTER ECKHART spricht vom »gegenwärtigen Jetzt der Ewigkeit« (39). Er lebte von etwa 1260 bis 1327 oder 1328. Der Dominikanermönch zählt zu den großen Mystikern der Welt. »Das gegenwärtige Jetzt der Ewigkeit« – vielleicht steht der Polarstern für die Ewigkeit und das mir sichtbare Bild der Sterne für die Gegenwart dieser Ewigkeit, das Jetzt. Vielleicht entspricht mein Seelenganzes dem kosmischen Ganzen. Vielleicht repräsentiert meine Seele als Ganzes die Seele des Kosmos. Und mein Seelenzustand jetzt spiegelt den mir gegenwärtigen, von mir wahrnehmbaren Kosmos wider. Und so wie ich zu meinem Ganzen unterwegs bin, so wird mein Ganzes zum kosmischen Ganzen unterwegs sein.

Beide Wege zeigt dieses Märchen: den Weg zur eigenen Ganzheit im Weg von der Mos-Frau zur Mutter und Partnerin – den Weg zu übergreifendem, umfassendem Ganzem im Weg der Bärin zum Sternbild. Diese Wege werden einander wie Spiegelgeschehen gegenübergestellt. Ich zähle es zu den schönsten Märchen der Welt.

Liebe

*Tod und Auferstehung
in Einklang bringen*

Thomas der Reimer
und die Königin der Feen

Ercildourne ist ein Dorf, das im Schatten der Eildon-Berge liegt. Hier lebte in alten Tagen ein Mann, der Thomas Learmont hieß und sich nur darin von seinen Nachbarn unterschied, daß er auf einer Laute spielte, wie die wandernden Sänger es tun.

An einem Sommertag verschloß Thomas die Tür seiner Hütte und machte sich mit seiner Laute unter dem Arm auf den Weg zu einem Kleinbauern, der am Hang der Berge wohnte. Es war nicht allzuweit, und er schritt kräftig aus über die Heide hin. Der Himmel war wolkenlos und blau, und als er Huntlie Bank am Fuße der Eildon-Berge erreichte, war er müde und träge von der Hitze und beschloß, sich unter dem Schatten eines großen Baumes etwas auszuruhen. Vor ihm lag ein kleiner Wald, durch den zogen sich grüne Pfade. Er schaute in die Tiefe des Waldes und zupfte dabei ein paar Akkorde auf seiner Laute. Da hörte er in der Ferne einen Laut, der klang wie das Geräusch eines Bergbaches. Dann aber sprang er plötzlich erstaunt auf, denn über einen der grünen Pfade sah er die schönste Dame der Welt reiten. Sie trug ein Kleid aus grasgrüner Seide und einen Umhang aus grasgrünem Samt, und ihr blondes Haar fiel ihr über die Schultern. Ihr milchweißes Pferd bewegte sich anmutig zwischen den Bäumen, und Thomas sah, daß an jedem Haarbüschel der Mähne eine kleine silberne Glocke angebunden war. Er zog seine Mütze und fiel vor der schönen Reiterin auf die Knie, die ihre milchweiße Stute zügelte und ihm befahl, aufzustehen.

»Ich bin die Königin des Feenlandes und komme, um dich zu

besuchen, Thomas von Ercildourne«, sagte sie. Dann lächelte sie und streckte die Hand aus, damit er ihr helfen könne, abzusteigen. Er warf den Zügel des Pferdes über einen Dornbusch und führte sie, verzaubert von ihrer bleichen, unirdischen Schönheit, zu einem großen Baum.

»Spiel auf deiner Laute, Thomas«, sagte sie, »schöne Musik und grüner Schatten passen gut zusammen.«

Also nahm Thomas sein Instrument, und es kam ihm vor, als habe er nie zuvor so süße Melodien auf seiner Laute hervorgebracht. Als er zu Ende gekommen war, sagte die Feenkönigin, es habe ihr gut gefallen.

»Ich will dich belohnen, Thomas«, sprach sie, »um was immer du bittest, es soll dir werden.«

Da faßte Thomas ihre weiße Hand.

»Laß mich deine Lippen küssen, schöne Königin«, bat er. Die Königin entzog ihm ihre Hand nicht, sondern sagte lächelnd:

»Wenn du meine Lippen küßt, Thomas, wirst du mir verfallen. Du wirst unter einem Bann stehen und wirst mir sieben Jahre dienen müssen, ob es dir gefällt oder nicht.«

»Was sind sieben Jahre?« erwiderte Thomas, »das ist eine Strafe, die ich gern auf mich nehme.« Und er preßte seine Lippen auf den Mund der Feenkönigin.

Dann sprang die Königin auf, und Thomas wußte, daß er ihr nun folgen mußte, wohin sie ihn führte.

Doch immer noch war die Verzauberung der Liebe in ihm, und er bedauerte seinen verwegenen Wunsch nicht, selbst wenn er ihn nun sieben Jahre seines Lebens kosten würde. Sie sprang auf ihr milchweißes Pferd und hieß Thomas hinter ihr aufzusitzen, und während die Glöckchen hell klingelten, ritten sie über die grünen Täler und die mit Heidekraut überwucherten Hänge, und sie reisten schneller als die vier Winde des Himmels, bis sie in ein seltsames Land kamen, wo die Königin Thomas sagte, hier würden sie eine Weile rasten.

Thomas sah sich neugierig um, denn er wußte, daß er nun

nicht mehr im Land der Sterblichen war. Eine Wildnis lag hinter ihnen, ohne Weg, wie das Meer, aber vor ihnen verliefen drei Wege in das kahle Land.

Eine Straße war eng und steil; an beiden Seiten eingefaßt mit Dornenbüschen und Stechginster, verlief sie auf ein schwarzes Loch zu.

Die zweite Straße war breit, und auf ihr lag tanzendes Sonnenlicht. Sie führte zu einem samtweichen Rasen, auf dem Blumen in leuchtenden Farben blühten.

Die dritte Straße aber lief zwischen Farnen und Moos und unter großen Bäumen hindurch, deren Blattwerk kühlen Schatten warf.

»Die steile, enge Straße ist der Weg der Rechtschaffenheit«, sagte sie, »nur wenige Reisende sind kühn genug, diesen Weg einzuschlagen. Die breite Straße heißt man den Pfad der Verderbtheit, obwohl er so schön und hell aussieht. Die dritte Straße aber, die sich durch Farne und Moos windet, ist der Weg ins Feenreich, wo du und ich heute abend sein werden.«

Sie stieg auf ihr Pferd, das behaglich seinen Kopf hob und den Farnpfad betrat. Ehe sie aber weiterritten, sagte sie zu Thomas:

»Wenn du mir gehorchst und nie ein Wort sprichst, solange du im Feenland bist, was immer du auch dort sehen und hören magst, dann will ich dich nach den sieben Jahren ins Land der Menschen zurückschicken. Entschlüpft dir aber auch nur ein Wort, so hast du dein Glück verwirkt und wirst für ewig durch die Wildnis wandern müssen, die zwischen dem Feenland und dem Reich der Menschen liegt.«

Sie ritten auf dem dritten Pfad, und Thomas fand, daß man eine große Strecke zurücklegen mußte, ehe man das Reich der Königin sah. Sie ritten über Täler und Hügel, über Moore und Ebenen. Manchmal wurde der Himmel dunkel wie Mitternacht, und manchmal malte die Sonne einen goldenen Rand auf die Wolken. Sie überquerten reißende Ströme, in denen rotes Blut gurgelte; das an den Flanken der milchweißen Stute aufspritzte, und die Köni-

gin mußte ihren langen Umhang hochnehmen. Alles Blut, was je
auf Erden vergossen worden ist, floß aus den Quellen dieses seltsamen Landes. Schließlich aber erreichten sie die Tore des Feenlandes, wo tausend Trompeter ihre Ankunft verkündeten.

Weit fort, im Land der Irdischen, flüsterten sich die Leute von
Ercildourne unheimliche Geschichten über Thomas Learmont
zu, der an einem Sommertag verschwunden war. Während der
ganzen Zeit, in der er sich im Feenland aufhielt, sprach Thomas
kein Wort, was immer er auch an wunderbaren Dingen sah und
hörte. Und als er der Feenkönigin sieben Jahre gedient hatte,
führte sie ihn in einen sonnenbeschienenen Garten vor den To-
ren des Feenlandes. Lilien und schöne Blumen wuchsen dort, die
Bäume schienen von einem leuchtenderen Grün als anderswo,
und unter ihren Zweigen weideten zahme Einhörner.

Die Königin pflückte einen Apfel von einem Baum und reichte ihn Thomas.

»Jetzt darfst du dein Schweigen brechen«, sagte sie, »und
nimm diesen Apfel für die Dienste, die du mir sieben Jahre er-
wiesen hast. Es ist eine verzauberte Frucht, und wer sie ißt, dessen Zunge wird nie eine Lüge sprechen.«

Nun war Thomas ein Bursche, bei dem das Nachdenken rasch
ging, und es wollte ihm scheinen, daß es ein zweifelhaftes Vergnügen sei, für den Rest seines Lebens in der Welt, in die er
zurückkehrte, immer die Wahrheit sagen zu müssen. Er versuchte
dies der Königin zu erklären:

»Im Land der Menschen, mußt du wissen, ist es oft nötig, etwas zu übertreiben, wenn man mit seinem Nachbarn ein gutes
Geschäft machen oder die Gunst einer Frau durch Redegewandt-
heit gewinnen will.«

Die Königin lächelte und sagte:

»Sei nur ruhig, Thomas. Ein solches Geschenk, wie ich es dir
mache, wird so leicht keinem Irdischen zuteil. Es wird dir mehr
Ruhm bringen, als du denkst, und man wird sich an den Namen
von Thomas Learmont erinnern, solange Schottland besteht.«

Aber jetzt mußt du gehen, Thomas – doch höre noch dies. Die Zeit wird kommen, da ich dich zurückrufe, und du mußt versprechen, dann meinen Befehlen zu gehorchen, wo immer du auch sein magst. Ich werde zwei Boten schicken, bei denen du sofort wissen wirst, daß sie nicht von deiner Welt sind.«

Thomas starrte in die schwarzen Augen der Feenkönigin, und er wußte, daß der Liebeszauber, der sieben Jahre auf ihm geruht hatte, nie völlig seine Kraft verlieren würde. Froh versprach er, ihren Befehlen zu gehorchen, und dann überkam ihn plötzlich Müdigkeit. Der grüne Garten mit den Einhörnern verblich. Ein weißer Nebel, wie fallende Apfelblüten, senkte sich vom Himmel herab.

Als Thomas erwachte, lag er im Schatten des großen Baumes, der bei Huntlie Bank stand.

Er sprang auf und schaute auf die leeren Pfade im Wald und horchte, aber kein Klang von Silberglöckchen ließ sich mehr vernehmen. Sein Besuch im Feenland, der sieben Jahre gedauert hatte, schien jetzt nichts weiter als der Traum eines Sommernachmittags.

Da sprach er zu sich: »Eines Tages werde ich dorthin zurückkehren«, und dann nahm er seine Laute auf und ging nach Ercildourne zurück, neugierig darauf, was in dem Zeitraum von sieben Jahren wohl alles geschehen sein mochte, neugierig aber auch, weil er sich fragte, wie sich das Geschenk der Feenkönigin auswirken werde.

»Ich fürchte, ich werde viele meiner Nachbarn beleidigen«, dachte er und mußte lachen, »denn dahin wird es doch wohl kommen, wenn ich stets die Wahrheit und nichts als die Wahrheit sage. Sie werden freimütigere Antworten und Meinungen zu hören kriegen, als es ihnen lieb ist, wenn sie mich um einen Rat fragen!«

Als er die Dorfstraße betrat, stieß eine alte Frau einen furchtbaren Schrei aus, denn sie meinte, hier sei einer von den Toten zurückgekommen. Thomas erklärte, daß er gesund und munter und wahrlich kein Gespenst sei, und mit der Zeit fanden sich die guten Leute von Ercildourne damit ab, daß er nach siebenjähriger Abwesenheit wieder aufgetaucht war. Aber immer staunten sie, wenn Thomas von seinem Aufenthalt im Land der Feen erzählte. Die Kinder kletterten auf seine Knie und drängten sich zu seinen Füßen und hörten begierig zu, wenn er von den Wundern der Feenwelt erzählte, während die alten Leute mit den Köpfen nickten und sich untereinander die Namen jener zuflüsterten, die angeblich schon von der Feenkönigin fortgelockt worden sein sollten. Nie aber sprach Thomas von seinem Versprechen, wieder ins Feenreich zurückzukehren, sobald die zwei Feenboten ihn rufen würden. Thomas selbst war ziemlich erstaunt, als er merkte, daß es keinen großen Unterschied machte, ob er nun sieben Tage oder sieben Jahre aus Ercildourne fortgewesen war. Ja, an seiner Hütte mußte dies und das ausgebessert werden. Der Wind hatte ein paar Steine aus der Wand herausgebrochen, und der Regen hatte einige Löcher in das Strohdach gefressen, die Nachbarn hatten ein paar Runzeln mehr im Gesicht und ein paar weiße Haare mehr. Aber im großen und ganzen hatte sich nach siebenmal Frühling, Sommer, Herbst und Winterstürmen nicht viel geändert.

Jeden Tag wartete er darauf, welche Wirkung nun das Geschenk der Feenkönigin haben werde. Er fand zu seiner großen Erleichterung, daß er immer noch Schmeichelworte zu der Tochter des Kleinbauern sagen und immer noch einen schwankenden Nachbarn dazu überreden konnte, eine Kuh oder ein Schaf von ihm zu kaufen.

Aber dann, eines Tages, als die Dorfbewohner über eine Viehseuche, die das Land befallen hatte, diskutierten, spürte Thomas sich von einer seltsamen Kraft dazu gedrängt, das Wort zu ergreifen.

Die Worte kamen aus seinem Mund ohne sein Zutun, und selbst erstaunt, prophezeite er, daß seine Nachbarn in Ercildourne kein einziges Stück Vieh durch die Seuche verlieren würden. Die

Leute aus dem Dorf glaubten ihm, irgend etwas kam über sie, das sie einfach zwang, der Vorhersage zu glauben. Und tatsächlich bewahrheitete sie sich.

Danach machte Thomas viele Prophezeiungen, die meisten waren in Reimen. So konnte man sie gut behalten, und sie gingen von Mund zu Mund.

Immer stellte sich ihre Wahrheit heraus, und sein Ruf verbreitete sich durch ganz Schottland. Viele Lords und Grafen belohnten ihn für seine Vorhersagen und bewunderten seine Fähigkeiten.

Obwohl er viele Teile des Landes besuchte und viele vornehme Leute kennenlernte, blieb Thomas dennoch stets seinem Dorf Ercildourne treu.

Mit seinem Geld baute er sich einen schönen Turm, in dem lebte er viele Jahre. Und doch, bei allem Ruhm und Reichtum, so fanden die Leute, sei Thomas dennoch kein so ganz glücklicher Mensch.

In seinen Augen lag immer das seltsame Licht eines Verlangens, als könne er die Erinnerung an die Feenwelt nicht vergessen. Jedes Jahr gab Thomas in seinem Turm in Ercildourne ein großes Bankett, zu dem alle Einwohner, die in der Nähe wohnten, geladen waren.

Es war eine solche Nacht des frohen Festes, da die Pfeifer die Füße tanzen machten und die Herzen anrührten, und in der Halle erklangen freudige Zurufe. Ale gab es so viel, wie jeder trinken wollte. Und kaum ruhten die Tänzer aus, da wurden ihre Gläser schon wieder aufgefüllt, und Thomas begann auf seiner Laute zu spielen.

Es war während eines solchen nächtlichen Festes, daß ein Diener in die hellerleuchtete Halle gerannt kam, eine seltsame Botschaft auf den Lippen.

Sein Benehmen war derart, daß Thomas aufstand und Ruhe gebot, damit man hören könne, was der Diener zu sagen habe. Das Gelächter und die Gespräche verstummten, und in die Stille hinein sagte der Mann: »O Herr, ich habe etwas höchst Seltsames

gesehen. Aus den Bergen kommen eine milchweiße Hirschkuh
und ein milchweißes Rehkitz die Straße herab.«

Wahrlich seltsam. Denn gewöhnlich wagte sich keines der Tiere aus dem Wald bis in die Nähe des Dorfes. Außerdem: Wer hatte je von einer milchweißen Hirschkuh und einem milchweißen
Rehkitz gehört?

Die Gäste, Thomas allen voran, rannten auf die Straße, und
ihr Staunen wuchs noch mehr, als sie sahen, daß die beiden Tiere
sich überhaupt nicht um die Menschenmenge kümmerten und
im Mondlicht weiter näher kamen.

Und Thomas wußte, daß dies die beiden Feenboten der Königin waren. Freude überkam ihn, und er lief von seinem Turm
fort.

Die beiden Tiere nahmen ihn in die Mitte, und langsam verschwanden Mann und Tiere im dunklen Wald.

Wie die Feenkönigin versprochen hatte, brachte die Gabe des
Prophezeiens Thomas großen Ruhm, und noch heute hört man
seine Worte und Reime.

Die Welt der Kelten

Mit dem Märchen *Die Suche der Mos-Frau* lernten wir die Kultur eines großen Urvolkes kennen, das sich unter harten Bedingungen seine Lebensmöglichkeiten dauernd erkämpfen mußte. Wir sind mit diesen zähen Menschen durch die Waldsteppe gewandert und den träge fließenden Lauf des Ob entlang, haben seine Untiefen, seine wechselnden Ufer gesehen. In Hütten haben wir übernachtet. Fröstelnd fanden wir unser Lager am Morgen von Reif übersäumt. Wir haben an Bärenjagden teilgenommen und Einblick in eine faszinierende Mythologie gewonnen, die uns wohl unvergeßlich bleiben wird.

Mit den Kelten treffen wir auf ein ganz anders geartetes Volk mit einer frühen Hochkultur und einem Lebensbereich, der uns vertraut ist. Es sind die Bewohner Europas in vorrömischer Zeit. Ihr Gebiet dehnte sich von den Pyrenäen bis zum Rhein aus und von Irland bis nach Rumänien. Aus der Schulzeit habe ich eigentlich nur in Erinnerung, daß die Römer die Kelten besiegt haben. Ein barbarisches Kriegsvolk seien sie gewesen. Sie hätten ihren Göttern lebendige Menschen geopfert. Das mußte wohl als Entschuldigung für all das Grausame gelten, das die Römer diesen ursprünglichen Menschen angetan haben.

Kriegerisch waren die Kelten nur zeitweise: dann nämlich, wenn das Riesenvolk in eine Krise kam. In Zeiten der Ruhe entwickelten sie eine hochstehende Kultur mit einer geradezu modern anmutenden Gesellschaftsordnung, einem Handwerk, das da und dort fast industrielle Ausprägungen erfuhr, einem bemerkenswerten Siedlungsbau und einem hohen Stand der Kunst.

Die Kelten sind die Träger der Hallstattkultur (von etwa 700 bis 450 vor Christus) und der La-Tène-Kultur (um 450 bis zum ersten Jahrhundert vor Christus). Im zweiten Jahrhundert vor Christus begann ihre Macht zu schwinden. CÄSAR nutzte dann den Zerfall in einzelne Stämme geschickt aus. Nach der Unterwerfung der Gallier von 58 bis 51 vor Christus blieben den Kelten schließlich nur noch die ehemaligen Randzonen in Schottland und Irland, in Wales und Cornwall und in der Bretagne.

Schon früh schufen die Kelten rechteckige Pfosten- oder Ständerbauten. Die Wände flochten sie aus Ästen und Zweigen und übertünchten diese dann mit Lehm. Sie trennten Stall, Wirtschaftsgebäude und Wohnhaus. In einzelnen, verstreuten Gebieten errichteten sie Rundbauten aus aufeinandergeschichteten Steinen, sogenannte »Trulli«. Siedlungen aus mehreren Gehöften schützten sie mit Palisaden. Unter dem Einfluß des mediterranen Städtebaus entstanden im zweiten Jahrhundert vor Christus auch erste stark befestigte Stadtanlagen nördlich der Alpen.

Seit dem sechsten Jahrhundert gliederten sich die Kelten nach Ständen. Durch vertragsartige Übereinkünfte entstand ein Netz von gegenseitigen Abhängigkeiten zwischen den Stämmen, zwischen den Mitgliedern des Adels, zwischen dem Adel und der übrigen Bevölkerung. Eine breite, rechtlose Unterschicht mit vielen Sklaven leistete den Hauptteil der Arbeit.

Der Tisch war verhältnismäßig gut gedeckt. Weizen, Gerste und Roggen wurden zu Brot verarbeitet. Hirse und Hülsenfrüchte bereicherten die Tafel. Dazu kam eine ausgeprägte Viehzucht mit Pferd, Rind, Schwein und Schaf. Die Pferdezucht hatte ein hohes Niveau. Grundlage bildeten wertvolle Importtiere aus Spanien. Die keltischen Bauern düngten den Boden mit Mergel und Kalk. Pflüge werden bereits durch frühe Felszeichnungen belegt. Sie wurden teils von Tieren, teils aber auch von Menschen gezogen. Die recht tief schürfende Pflugschar warf den Boden auf. Unmittelbar hinter dem Pflug gingen Männer und Frauen, welche den Boden mit ihren Hacken weiter auflockerten.

In das sechste Jahrhundert vor Christus reichen schöne Belege keltischen Kunstschaffens zurück. Zwischen ungefähr 350 und 200 vor Christus werden die Zeugnisse dann spärlicher. Das ist die Zeit kriegerischer Wanderungen. Vom zweiten bis zum ersten

Jahrhundert vor Christus erlebte die keltische Kunst eine zweite Blütezeit. Schon seit dem siebten oder sechsten Jahrhundert vor Christus kannten die Kelten die Drehbank für Holz und Metall und die Töpferscheibe. Die Männer schmückten sich gerne mit Hals- und Armringen aus Eisen, Bronze oder Gold. Die Frauen liebten außerdem auch Halsketten aus Bernstein und buntem Glas und Hüftketten aus Metall. Neben dem Metall bearbeiteten die Kelten also auch den Bernstein. Sie kannten die Kunst des Emaillierens.

Seit dem fünften Jahrhundert vor Christus gliederten sich die keltischen Kampftruppen in drei Klassen: das Fußvolk, die Reiterei und die Streitwagen. Man kämpfte mit Langschwert, Stoßlanze und Ovalschild, mit Speer, Pfeil und Bogen und Schleuder. Die Streitwagen wurden ausschließlich von Vornehmen geleitet. Ihnen gab man auch Streitwagen mit ins Grab.

Die Religion der Kelten kannte keine straffen, allgemein verbindlichen Vorstellungen. Es war eine Naturreligion. Die religiösen Handlungen fanden unter freiem Himmel statt, am liebsten in Waldlichtungen und an Quellen. Schon in ganz früher Zeit führten lange Alleen aus hohen Natursteinen zu bedeutenden Heiligtümern, die ihrerseits wieder durch in Kreisen angeordnete hohe Steine eingefaßt wurden. Am Übergang von der Jungsteinzeit zur Bronzezeit wurden solche Steinreihen und Steinkreise nach dem Stand der Gestirne ausgerichtet. So vermittelten diese Steinarchitekturen die Räume des Kosmos an die Räume der Erde (1).

Von den Festlandkelten wurden keine literarisch-mythologischen Zeugnisse gefunden. Da und dort sind Inschriften erhalten geblieben, Götter- und Ortsnamen, Kultstätten, Votivgaben, Stein- und Holzplastiken, Metallarbeiten und Münzen, welche vage Schlüsse zulassen. Von den Inselkelten kennt man eine reiche, allerdings sehr spät überlieferte Mythologie.

Alle Kelten ehrten weibliche Gottheiten mit ganz verschiedenen Namen. In der Regel verkörpern diese Gottheiten eine Erdmutter-Gottheit.

Ich,
Allmutter Natur,
Beherrscherin der Elemente,
erstgeborenes Kind der Zeit,
Höchste der Gottheiten,
Königin der Seelen,
Erste der Himmlischen,
ich vereine in mir die
Gestalten aller Götter
und Göttinnen.

So interpretierte der römische Schriftsteller LUCIUS APULEJUS die den Kelten gemeinsame Vorstellung von der Urmutter (2). Die männlichen Gottheiten weisen Eigenheiten von Stammesgottheiten auf. Göttinnen und Götter konnten sich in verschiedene Tiere verwandeln. Deshalb begegnete man Tieren stets mit Achtung. Ein besonders heiliges Tier war der Eber. Er symbolisiert Kraft und Unbesiegbarkeit. Der weiße Hirsch sicherte den Übergang der Toten in die Jenseitswelt.

Segenspendende Muttergottheiten wurden häufig in der Dreizahl verehrt. An Flußläufen, Seen und Quellen wurde die Erinnerung an diese Muttergottheiten wachgehalten. In Fruchtbarkeitsriten feierte man ihre Gegenwart. Nicht selten kam es dabei zu symbolischen Eheschließungen zwischen Stammeskönig und Stammesgottheit. Hochelegante Tanzfigürchen halten bis heute die anmutigen Bewegungen fest, mit denen jene Feierlichkeiten begleitet wurden. Manche dieser überlieferten Bronzefiguren sind männlich und weiblich zugleich, wahrscheinlich deshalb, weil Männliches und Weibliches bei solchen Festen vereinigt und damit neue Fruchtbarkeit gewährleistet wurden (3). Man kannte auch männliche Gottheiten, die in der Dreizahl auftraten oder doch drei Köpfe hatten.

Besonders verehrt wurde Epona, die Herrin der Pferde, der Fruchtbarkeit und auch des Totenkults. Sie wurde als Reiterin dargestellt. Häufig sitzt sie in einer Art Damensattel auf einem weißen, edlen Pferd. Oft wird sie von anderen Tieren begleitet, etwa von Fohlen, Rehen, Vögeln und Hunden. Manchmal trägt sie ein Füllhorn oder eine Fruchtschale. Hier und da tritt sie ebenfalls in der Dreizahl auf.

Frühe Zeugnisse weisen auf einen im keltischen Gebiet verbreiteten Kopfkult hin. Wahrscheinlich ist er älter als die keltische Kultur. Für die Kelten war der Kopf Sitz der Seele und Zentrum der Gefühle und des Lebens. Der Kopf symbolisierte für sie das Göttliche und die Macht des Jenseits. Köpfe geschlagener vornehmer Feinde wurden sorgfältig aufbewahrt und nicht selten eingemauert. In romanischen und gotischen Kirchenarchitekturen begegnen wir noch in Reihen und Bogen angeordneten Köpfen. Und auch heute werden Köpfe als gestalterische Elemente verwendet. Häufig bilden sie Wasserspeier an Brunnen (4).

Die Ritualschächte, die man im Gebiet der Kelten gefunden hat, sind in ihrer Tradition wohl ebenfalls älter als dieses Volk. Die Griechen nennen einen solchen Schacht »bothros«, die Römer »mundus«. Im bayerischen Holzhausen zum Beispiel wurden drei solche Schächte entdeckt, der kürzeste ist sieben, der längste vierzig Meter tief. Bei der Kultstätte Stonehenge stieß man auf einen 35 Meter tiefen Ritualschacht. Diese verhältnismäßig engen Schächte sind jeweils gleichsam in Stockwerke unterteilt. Jedes dieser Stockwerke ist mit einer Schicht aus Geröllmaterial vom anderen abgetrennt. Eingelagert sind tierische und menschliche Knochen, Keramik, Holzkohle, Geweihe und ganz zuunterst immer auch Statuetten. Hier und da befindet sich auch ein hoher Baumstamm oder ein schlanker Baum in den unteren Schachtteilen. Unter den Statuetten waren vasenartige Gebilde mit menschlichen Köpfen und kleine Hunde besonders beliebt. Wahrscheinlich ist Britannien das Ursprungsland der Ritualschächte.

Die Ritualschächte stellten nach keltischer Vorstellung eine Verbindung zu den Erdgottheiten dar. Auf uns wirken sie wie Achsenlager, Achsenlager für die Achse der Welt, die – wie wir wissen –

ihren oberen Pol im Polarstern hat, im »Pol-Stern«. Die Ritualschächte entsprechen dem psychologischen Wissen, daß die Seele
in ihrem Urgrund, ihrem archetypischen Bereich, mit der Quelle
allen Lebens und der Geschichte alles Lebendigen geheimnisvoll
zusammenhängt (5). Die frühen Menschen wußten das. Aber das
Wissen stand ihnen nur als Bild zur Verfügung, und unbewußt
projizierten sie dieses innere Bild nach außen (6).

Über die Menschenopfer sind wir nur schlecht unterrichtet.
Untersuchungen des Inhalts der Ritualschächte haben allerdings
ergeben, daß in ihnen nicht nur menschliche Knochen, sondern
auch menschliches Blut eingelagert ist. Die antiken Schriftsteller bezeugen, daß die Kelten bei Opferfeiern Menschen und
Tiere verbrannt oder mit vergifteten Pfeilen getötete Menschen
nachher gekreuzigt haben. Nicht selten soll es das Schicksal von
Kriegsgefangenen gewesen sein, in dieser grausamen Weise geopfert zu werden.

Im südfranzösischen Noves wurde eine keltische Plastik aus
dem dritten oder zweiten Jahrhundert vor Christus gefunden, welche die Menschenopfer der Kelten vielleicht verstehbar werden
läßt. Dargestellt ist eine Tarasque, ein furchtbares, schauerliches,
am Boden kauerndes Ungeheuer, drachenartig das Gesicht, drachenartig die Pranken. Auch die gefurchte und teilweise schuppige
Haut erinnert an einen Drachen. Das Tier verschlingt einen Menschen. Und die beiden vorderen Pranken stützen sich auf Men-
schenköpfe. (7)

Der Drache ist ein Bild für den Schattenbereich der menschlichen Seele – für Ungelebtes also, das ins Licht treten, bewußt werden soll, mit dem sich der bewußte Mensch vereinen soll, um
ganz zu werden. Ganzheit ist ja der Auftrag des Menschen. Wieder drängt sich die Interpretation auf, daß innerer, nur als Bild le-
bender unbewußter »Inhalt der Seele« nach außen projiziert wurde. Dabei kam es zu der verhängnisvollen Verwechslung, der noch
heute nicht nur Märcheninterpreten und Interpreten frühreligiö-
ser Schriften, sondern auch Sektierer unterliegen. Sie verwechseln

Bild und Wirklichkeit. Das Symbolbild malt nicht ab. Es macht Innerseelisches sichtbar. Das Bild des Drachen mahnt mich, einen seelischen Prozeß zu vollziehen – in mir. Das Mißverständnis besteht in der Meinung, das im Bild Gezeigte müsse außen vollzogen werden.

Die Kelten glaubten an die Wanderung der Seelen. Dafür haben wir sehr frühe Zeugnisse. Das berühmteste ist der im Durchmesser 85 Meter messende Grabhügel von Newgrange in der Grafschaft Meath in Irland. Ein zwanzig Meter langer und bis zu zwei Meter hoher Gang führt zu einer Kammer mit Steinnischen. Diese Nischen enthielten die Asche von Toten. Die Sage berichtet, daß in Newgrange dreimal 120 Königssöhne begraben wurden und ebenso die Könige von Tara, die nach der Errichtung des Grabmals noch während 3000 Jahren regierten. Die Steinplatten in den Nischen zeigen eingravierte Spiralen, Symbole für die in Wiedergeburten zu ihrer Mitte wandernde Seele. Zur Sommersonnenwende dringt das Sonnenlicht in den Gang ein und leuchtet ihn bis zur Wand der großen Grabkammer aus. (8)

Die geistige Elite der Kelten waren die Druiden – Priester, Richter, Ärzte, Lehrer, Dichter und Musiker zugleich. Wörtlich übersetzt heißt Druide »Eichenkundiger«. Eichen waren heilige Bäume. Sie verkörperten die Nähe großer Gottheiten. Die Eichenmistel galt als besonders heilkräftig. Wenn man eine Eichenmistel fand, wurden zwei weiße Stiere zum Baum geführt. Ein weißgekleideter Priester kletterte zur Mistel hinauf, pflückte sie und warf sie in ein weißes Tuch, das unten bereitgehalten wurde. Anschließend wurden die Stiere geopfert und gleichzeitig die Götter angefleht, das Opfer wohlwollend anzunehmen.

Druiden mußten bei allen religiösen Zeremonien und Opfern anwesend sein. Als Richter hatten sie unumschränkte Macht. Wer sich ihren Entscheiden nicht beugte, wurde von den religiösen Zeremonien ausgeschlossen und war dadurch – nach der Überzeugung der Kelten – der Strafe der Götter ausgeliefert. Die Druiden kannten den Lauf der Sterne, die Heilwirkung der

Kräuter, und sie bewahrten das geheime religiöse Wissen auf. Da die Druiden keinen Militärdienst leisten und den Stammesfürsten auch keine Abgaben abliefern mußten, war ihr Amt begehrt. Aber die Ausbildung war lang und hart. Sie konnte bis zu zwanzig Jahre dauern. Der Lehrer trug sein heiliges Wissen in Versen vor. Wir müssen dabei an die uralten Verse denken. Sie hielten sich nicht an ein Versmaß oder an den Endreim wie die Gedichte der griechischen und römischen Antike. Es war eine sicherlich stark rhythmisierte Sprache, wie wir sie aus den Dichtungen des frühen Mittelalters und aus frühmittelalterlichen Zaubersprüchen kennen. Viele Wiederholungen und Variationen erleichterten das Auswendiglernen. Besonders wichtige Stellen wurden wohl durch den Stabreim hervorgehoben. (Beim Stabreim werden die ersten Silben der Verse oder auch die ersten Wortsilben innerhalb von Versen einander angeglichen.) Die Schüler wiederholten diese Verse im Chor. Erst wer über das ganze Wissen in solchen Versen verfügte, konnte Druide werden.

Einige Autoren der Antike bezweifelten, daß die Druiden tatsächlich das ganze geheime Wissen der Kelten in ihrem Gedächtnis bewahrten. Denn da waren noch die Barden. Sie sangen Verse zum Lob ihrer Herren und unterhielten wohl die Vornehmen. Nach ihrer »Lehre« wanderten sie durch die Welt und suchten einen Gönner und Herrn. Die »filid« pflegten die alten Sagenstoffe und konnten prophetisch in die Zukunft schauen. Ihren Dichtungen wurden magische Kräfte zugeschrieben. Ihre Verse konnten allerhand Krankheiten hervorrufen, zum Beispiel Blasen im Gesicht, und sogar töten.

So wie die Kelten nie straff organisiert waren, kein einheitliches Staatsgebilde entwickelten, immer in Stämme gegliedert blieben, so hatten sie auch keine Schriftsprache. Schriftliche Zeugnisse sind überaus selten. Faszinierend wirken keltische Inschriften in einer immer noch nicht entzifferten Schrift aus kurzen waagrechten Strichen und Punkten, die sich um eine Mittellinie anordnen. Ebenso kennt man einzelne keltische

Runeninschriften. Größere, zusammenhängende Texte sind nicht überliefert.

Sehr früh wurden die Kelten christianisiert. – Wir kennen ja den Brief des Apostels PAULUS an die keltischen Galater in Kleinasien. – Bereits im fünften Jahrhundert wurde Irland zum neuen Glauben bekehrt. Der Vorgang verlief überraschend schnell. Viele Könige stellten Grund für Klöster und Kirchen zur Verfügung. An den Platz der Druiden trat die Gemeinschaft der Mönche. Die Ritualschächte wurden von den schönen, schlanken irischen Rundtürmen aus behauenen Steinen abgelöst, die – wie die Obelisken – die symbolische Achse der Welt bilden. An die Stelle von eingemauerten Köpfen traten die christlichen Beinhäuser auf Friedhöfen und in der Nähe von Kirchen und Schlachtkapellen. Statt der Knochen geopferter Kriegsgefangener mauerte man nun die Reliquien von Heiligen in die Altäre ein.

In den Skriptorien der Klöster kopierten die Schreiber die Evangelien, astronomische Schriften, Legenden der Heiligen und Wissen über die Heilkraft von Pflanzen. Besondere Sorgfalt legten sie auf den Bücherschmuck. Die Miniaturen der irischen Mönche wirkten auf die Buchmalerei ganz Europas, wohl bis in unsere Zeit. Hier und da wagte ein Mönch auch etwa einen kurzen Kommentar in der eigenen Sprache, hier und da sogar einen Vers. Verhältnismäßig spät erst wurden die keltischen Sagen gesammelt und in größeren Werken festgehalten. Berühmt ist vor allem die Sage *Tàin Bò Cualinge,* die im »Book of Leinster« überliefert ist. Diese Sammlung aus dem zwölften Jahrhundert stützt sich auf frühere, nicht mehr bekannte schriftliche Zeugnisse. Das berühmteste Beispiel aber ist die Artussage, die in ihren Ursprüngen auf das fünfte Jahrhundert zurückgeht und im Laufe des Mittelalters zu wunderbaren Dichtungen ausgestaltet wurde, im deutschen Sprachraum zur Parzivaldichtung, die WOLFRAM VON ESCHENBACH um 1200 verfaßt hat.

Auch nach der Christianisierung bestanden die Bardenschulen in Irland weiter. Aus dem zehnten Jahrhundert belegen dies

Zeugnisse irischer Bardendichtung. Sie ging nahtlos in die Troubadour-Tradition über.

Geschichte als Gegenwart

Von 1860 bis 1862 hat J. F. CAMPBELL seine »Popular Tales of the
West Highlands« in Edinburgh herausgegeben. In dieser reichen
Sammlung finden wir auch unser Märchen *Thomas der Reimer
und die Königin der Feen.* Die deutsche Übersetzung verdanken
wir FREDERIK HETMANN, dem Herausgeber einer Sammlung keltischer Märchen aus Irland, Schottland, Wales und der Bretagne
(siehe »Anmerkungen«, Seite 233). Noch im 19. Jahrhundert ist
dem Sammler das schottische Märchen so ungekünstelt erzählt
worden, daß wir darin manche Abschnitte der Kulturgeschichte
bis weit in die keltische Zeit zurückverfolgen können.

Noch immer spricht das lebendige Wasser wie die heiligen
Quellen und Flußgottheiten der Kelten. Mit dem Rauschen eines
Bergbachs erscheint dann auch »die schönste Dame der Welt«.
Das blonde Haar und das milchweiße Pferd erinnern an die Rei-
ter-, Fruchtbarkeits- und Jenseitsgöttin Epona. Ihre Boten, die
milchweiße Hirschkuh und das milchweiße Rehkitz erinnern
ebenfalls an sie. Wie zur Zeit der Druiden ist Weiß eine heilige
Farbe. Sie weist auf die Urgottheiten hin, zu denen ja die Feen
ebenso gehören. Allgemein läßt manche Einzelheit in den Szenen
mit der Feenkönigin an die Naturgläubigkeit der Kelten denken.
Die grasgrüne Kleidung betont Schönheit und Wert des Vegetativen, aber auch der Weg, der in das Reich der Königin führt. Er
strebt zwischen Farnen und Moos unter großen Bäumen hindurch. Das Blattwerk wirft kühle Schatten. Thomas Learmont
vergleicht den vom Himmel sinkenden weißen Nebel mit fallen-
den Apfelblüten.

Auch die für das Weltverständnis der Kelten so bedeutsame Zahl Drei ist in dergleichen Weise wie früher lebendig. Drei Möglichkeiten stehen der Königin und ihrem Begleiter offen: der enge Pfad, die breite Straße, der grüne Weg. Die keltische Zahlenmythologie ist lebendig geblieben. Wir begegnen der Drei nicht als Symbol für Dreieinheit, sondern als Zahl für jene Vielfalt, die für Vollständigkeit sorgt. Dornbüsche und Stechginster einerseits, tanzendes Sonnenlicht, samtweicher Rasen und Blumen in leuchtenden Farben andererseits, und schließlich Farne, Moos, Bäume und Schatten machen in ihrem Miteinander die ganze Sommernatur aus.

Um die Bedeutung der Zahl Sieben wissen wir bereits aus früheren Ausführungen. Sieben Sterne zeichnen das Himmelsbild des Großen Bären. Jedes Mondviertel hat sieben Tage. Und sieben Jahre füllen einen Zyklus des Lebens. Sieben Jahre dauert der erste Abschnitt der Kindheit. Dann folgt das erste Schulalter, bis wir ungefähr mit vierzehn Jahren in anspruchsvollere Schulen eintreten. Wir lösen uns jetzt von elterlichen Einflüssen. Die Pubertät setzt ein. Mit einundzwanzig übernehmen wir Verantwortung in der Partnerschaft, in der Gemeinschaft mit eigenen Kindern, im Beruf. Und wieder sieben Jahre später stellen wir unser Leben erneut in Frage. Ganz bewußt erfahren wir jetzt unsere Sterblichkeit. Thomas Learmont könnte in diesem Alter sein, als die Königin ihn abholt. Wer um seine Sterblichkeit weiß, ahnt auch das Absolute. Dann wäre er also fünfunddreißig Jahre alt, als er zurückkommt. Er hat jetzt Wert und Sinn gefunden und kann in die zweite Lebenshälfte hineinschreiten.

Ganz in der keltischen Welt bewegen wir uns, wenn wir auf dem Pfad der Königin die reißenden Ströme überqueren, »in denen rotes Blut gurgelt, das an den Flanken der milchweißen Stute aufspritzt«. Wir denken an die vielen, vielen Schlachten dieses Volkes, an die Blutbäder, welche die Römer unter den keltischen Stämmen anrichteten, und wir denken an die Blutopfer, durch welche die Druiden die Götter besänftigen, neue Fruchtbarkeit

sichern und die Erde mit ihren Gottheiten der Tiefe nähren wollten. All das von Menschen vergossene Blut wird Quelle und
Strom. Es ist, als ob Thomas Sinn finden könnte. Hinreitend mit
der Göttin Epona, lösen sich die Spannungen, die durch die böse
Ideologie der Gewaltigen entstanden sind. Nicht mehr die grausamen Opfer und die Gewalttaten der Menschen sind wichtig,
was jetzt zählt, sind die Quellen und Ströme.

Die späteren Bilder des Märchens erinnern zum Teil an das
frühe und auch an das spätere Mittelalter. Wie ein Ritter der
Troubadourzeit stellt sich Thomas Learmont in den Dienst der
hohen Dame, bereit, ihr stets zu gehorchen. Und wie ein später
Nachfahr der frühen Sänger durchzieht er das Land, ein »filid«,
der in die Zukunft schaut und dessen Worte magische Wirkun-
gen haben. Schon zu Beginn des Märchens wird er ja als Lauten-
spieler in die Nähe wandernder Sänger gerückt.

Der Turm, in dem Thomas der Reimer seine festlichen Banket-
te abhält, läßt die große Vergangenheit anklingen. Wir erinnern
uns an die schönen, schlanken Rundtürme, welche die ersten,
christlich gewordenen Kelten hinter den Umfassungsmauern ihrer
Klosterbereiche errichteten. Die Grafen und Lords aber, in deren
Gesellschaft Thomas sich später so gern aufhält, zeigen die schottische Gesellschaftsstruktur, die bis heute spürbar geblieben ist.

Es besteht ein weiterer, sehr schöner, nicht unmittelbar auffal-
lender Bezug zwischen dem Märchen und der Kulturgeschichte.
Er betrifft die Artussage. Die Mutter hält Parzival, die zentrale
Gestalt dieser Dichtung, von der vornehmen, ritterlichen Welt
fern. Sie möchte nicht, daß ihr Sohn das gleiche Schicksal erlei-
det wie ihr Mann, der in einem Turnier sterben mußte. Als Parzival dann aber auf abgeschiedener Weide das Vieh hütet, begegnen ihm drei Ritter. Ihre Erscheinung ist für den jungen Menschen so überraschend und herrlich, daß er die Männer in ihren
blitzenden Rüstungen für Engel hält und vor ihnen auf die Knie
fällt. Die Landschaft, in welcher Thomas der Reimer seiner
Feenkönigin begegnet, gleicht derjenigen, in der Parzival von den

Rittern überrascht wird. Und in gleicher Weise wie Parzival fällt auch Thomas Learmont vor der fremden, schönen Reiterin auf die Knie.

Solange die Märchen mündlich weitergegeben wurden, waren sie lebendig. Sie veränderten sich von erzählendem Mund zu erzählendem Mund. So konnten sie zu eigentlichen Organismen werden, welche, ähnlich wie ein Baum, Jahrring um Jahrring ansetzen, ganz verschiedene Zeitepochen in sich begreifen. Sobald die Märchen aufgezeichnet sind, erstarren sie auf einer bestimmten Kulturstufe. Das wäre bedauerlich, wüßten wir nicht, daß nur die Aufzeichnung Märchen vor dem Vergessen bewahren kann.

Alltagssymbole

Das Märchen folgt der Struktur einer Rahmenerzählung. Zunächst wird ein Bild vom ländlichen Leben im schottischen Hochland entworfen. Aus dieser vertrauten Welt bricht der Held auf und taucht bald darauf in eine Traum- und Märchenwelt ein. Später kehrt Thomas der Reimer wieder in seine angestammte ländliche Welt zurück. Die Rahmenhandlung spielt in einer geographisch fixierten Landschaft. Wir erfahren den Namen der Siedlung und den Namen der Berge darüber.

Es ist Sommer. Thomas verschließt seine Hütte und macht sich zu einem Bekannten auf, einem Kleinbauern, der in den Bergen wohnt. Wir werden sogar genau informiert, wo er sich im Schatten eines Baumes niederlegt. Ähnlich ist es dann wieder am Schluß. Thomas Learmont geht durch die Dorfstraße. Eine Frau schreit auf, weil sie meint, ein Toter kehre zurück. Schnell findet er in sein altes Leben zurück. Freundlich läßt er Kinder auf seinen Knien reiten. Die Hütte will ausgebessert sein. Für ein hübsches

Mädchen hat er noch immer die alten Schmeicheleien bereit. Schließlich wird er bekannt und kann einen Turm bauen und Feste veranstalten.

Aber ganz auf dem Boden der Wirklichkeit bewegt sich auch die Rahmenhandlung nicht. In wohlklingenden Reimen sagt Thomas Learmont die Zukunft voraus. Er weiß selbst nicht, wie das zugeht. Offensichtlich ist er ein Eingeweihter geworden. Zukunft fällt in Gegenwart ein.

Die Rahmenhandlung gleicht einer Sage, die Haupthandlung einem Märchen (9). Die Sage verbindet sich mit der Wirklichkeit. Das Märchen lebt in der Welt der Phantasie, spiegelt inneres Geschehen wider. – Wenn wir aber genau hinschauen, ist die Rahmenhandlung ebenfalls reich an symbolischen Bildern und symbolischen Ereignissen.

Das Dorf liegt im Schatten der Berge – so wie Schneewittchen hinter sieben Bergen bei sieben Zwergen wohnte. Es findet sich wohl kein Mensch, der nicht jahrelang Mauern, Wälle, Berge rings um sein »Herz« aufbaut (10). Dies kann viele Gründe haben. Versuchen wir nur, uns daran zu erinnern, wann wir zum erstenmal geschmollt haben! Geduldig wollen wir uns Zeit dazu nehmen und den Bildern »nachgehen«, die jetzt in uns aufsteigen. Dann wird sich auch der Grund für damaliges Schmollen zeigen. – Und wann haben wir zum letztenmal geschmollt? Kränkungen, die nicht beachtet werden, unbegründete Verbote schaffen Bereitschaft zum Schmollen.

Schmollzeit ist Bauzeit. Wir bauen an der Mauer um den Kern unserer Seele. Wälle bauen wir, ganze Berge vielleicht. Wir verschanzen uns dahinter. Schmerzvermeidung, Kränkungsvermeidung schaffen Verspannungen, seelische und körperliche. Die Lust kann nicht mehr fließen. ALEXANDER LOWEN hat solche Verspannungen und ihre Ursachen studiert (11). Seine bioenergetischen Übungen lockern verspannte Muskeln. Der Schmerz findet den Weg, der aus den Mauern, Wällen, Bergen hinausführt. PETER SCHELLENBAUM überträgt die Bioenergetik auf die

Psychologie und findet Wege aus dem Teufelskreis von blockier-
ten Gefühlen und selbstzerstörerischem Verhalten (12), so daß
die Lebensenergien wieder fließen können. Im Jahr 1992 gründe-
te er ein Institut für Psychoenergetik. Ich selber arbeite in Inten-
sivkursen mit einer Bioenergetikerin zusammen.

Mit unseren Wällen verbauen wir auch uns selbst den Zugang
zu unserer Mitte. Immer wenn wir uns in dieser Weise »abgeblockte« Seeleninhalte bewußt machen, bricht die alte Wunde
wieder auf. Der Schmerz erneuert sich. Wir wiederholen das so
oft, bis wir uns selbst von uns ausschließen. Und während wir in
Arbeiten und Ablenkungen fliehen, wächst der Schatten.

Der Schatten ist Symbol für jene Bereiche der Seele, die wir
nicht beachten, die wir vernachlässigen. So wird das Haus, in
dem unsere Seele wohnt, ihr Lebensbereich, zur beengenden
Hütte. Wir stellen ihr wenig und immer weniger unkontrollierte
Bereiche zur Verfügung, bis wir buchstäblich nicht mehr atmen
können, nach Luft schnappen müssen, nicht mehr recht zu
schlucken fähig sind, kaum mehr verdauen können.

Thomas Learmont läßt es allerdings nicht so weit kommen. Er
gehorcht seinen gesunden Instinkten, verläßt das Haus, tritt ins
Freie. Oft, wenn ich das Märchen vorlese, kann ich beobachten,
wie einzelne Zuhörerinnen und Zuhörer bei der betreffenden Stelle
aufatmen, sichtlich erlöst. Sie dehnen sich mit dem Märchenhelden in den Sommertag hinaus und »schreiten kräftig« mit ihm aus.

Nach seinem großen Erlebnis flickt Thomas der Reimer an seiner alten Hütte herum. Lücken und Löcher in Wänden und
Dach wollen ausgebessert sein, meint er. Überhaupt kehrt er –
wir haben bereits darauf hingewiesen – in die alte Lebensführung
zurück. Er schmeichelt der Tochter des Kleinbauern, verhandelt
wegen einer Kuh oder eines Schafs – bis er erfährt, daß das Leben
Tieferes will: Wahrheit. Die Kinder, die ja das Zukünftige symbolisieren, das in unserer Seele angelegt ist, werden auf die Knie
genommen, angeschaut. Und schließlich begibt er sich erneut auf
den Weg und besucht viele Teile des Landes.

Das vernehmen wir gern. Offensichtlich übersteigt Thomas jetzt die Wälle seiner Seele und läßt sich auf entlegenere innere Landschaften ein. Dabei lernt er viele vornehme Leute kennen. Jungen Märchenhelden begegnen bei solchen Unternehmungen hilfreiche Tiere, Kräuterfrauen, wilde Männer. Thomas, der durch seinen Aufenthalt im Reich der Feen reich und seelisch reif geworden ist, erlebt das Hilfreiche seiner Seele in Bildern von vornehmen Personen. Er erkennt das Heilende schnell. – Nein, nicht das, was mich nicht umbringt, macht mich stark, stark werde ich, wenn ich mir alles, was ich in mir trage, verfügbar halte, wenn ich mit meinen inneren Gestalten wie mit Freunden umgehen kann.

Jetzt wird der so »gewachsenen« Seele eine Hütte nicht mehr genügen. Thomas Learmont baut sich einen Turm. Sein Lebensraum greift nun weit in den Himmel hinaus. Er ist offen geworden.

Wenn es uns gelänge, den Symbolwert einzelner alltäglich sich wiederholender Handlungen zu erkennen, dann wären sie uns alles andere als alltäglich, nämlich wunderbar. Ich würde mich jedesmal dehnen, wenn ich aus dem Haus hinaus ginge, und mich der Weite der Welt und des Himmels schenken. Bei meiner Rückkehr würde ich mich dann wieder so ins Eigene einfinden, daß ich froh werden müßte. Alles, was ich in vielen Jahren in meine Nähe gerückt habe, würde mir wieder so freundschaftlich nah wie in jener Stunde, da ich es erworben oder verfertigt hatte. Ich würde mich auf ein stummes oder auch tatsächliches Gespräch mit solchen Dingen einlassen – und plötzlich wüßte ich: Mein Leben ist reich.

Erneut darf ich daran erinnern, daß innere Vorgänge gemeint sind: Heimkehr ins eigene Herz, zu dem für die Seele Erworbenen.

Auch Thomas bleibt letztlich seiner Herkunftswelt – dem Dorf Ercildourne – treu. Keine verantwortungsbewußte Therapeutin, kein verantwortungsbewußter Therapeut wird versuchen, den Menschen, der sich ihr oder ihm anvertraut, ändern zu wollen.

Die therapeutische Arbeit verläuft in entgegengesetzter Richtung. Der hilfesuchende Mensch wird zu sich selber geführt. Nur in seiner eigenen Mitte kann er das Heilende und die Führung finden, die er braucht.

Traumzone

»Unbewußtes« sagen wir und »Bewußtsein«. Das sind Gebrauchswörter geworden. Wir benutzen sie wie abgegriffene Münzen. Im Grunde aber teilen uns diese Begriffe mit, wie unausmeßbar groß das »Gedächtnis der Seele« sein muß. Das stille, verborgene Wissen zeigt sich vielfältig strukturiert. So hat sich zwar das Vergessene dem Licht des wachen Bewußtseins entzogen, aber manches davon kann wieder zurückgerufen werden. Anderes ist dem Bewußtsein weiter weg gerückt und vermischte sich mit jenen unbewußten Seeleninhalten, die wir nicht einfach vergessen, sondern verdrängt haben. Sie waren da, aber wir wollten sie nicht wahrnehmen, weil sie uns störten, uns vielleicht – so meinten wir wohl – in Frage stellen würden. Ängstigendes verdrängen wir. Was dem anerkannten Moralkodex der Gesellschaft, in der wir leben, nicht entspricht, verdrängen wir. Hinzu kommen Inhalte, die sich aus Erlebnissen und Begegnungen gebildet haben, ohne daß wir uns darüber Rechenschaft gaben. Dieses nur passiv und unregistriert Erworbene gehört mit zum nicht bewußt gewordenen Gut der Seele. Ebenso müssen aber noch vererbte Inhalte vorhanden sein, eine uns nicht unmittelbar zur Verfügung stehende Weisheit, die wir bereits mit unserer Geburt – vielleicht sogar mit unserer Zeugung – erhalten haben. Schließlich ahnen wir auch jene Quelle in uns, die uns fernste Tiefenbereiche erschließt. Es ist die Quelle, die mit dem Ursprung allen Lebens verbunden ist.

Manchmal erwacht ein Wille in uns, der verborgene Seeleninhalte ins Licht drängt. Es sind wunderbare Augenblicke, in denen uns blitzartig kosmisches Leben erschlossen wird. In diesen entscheidenden Weisheitseinbrüchen wird manches – uns scheint vielleicht alles – harmonisch, einfach, klar. Das gleiche Erlebnis kann aber auch ganz anders auf uns wirken. Überraschende Lichteinbrüche können uns verwirrend treffen. Wir halten dann der Erschütterung nicht stand. Es verschlägt uns die Sprache (13). Wir verlieren die Orientierung in der gewohnten Lebenswirklichkeit. Wissenschaftliche Forscher und schöpferische Künstler können von beidem berichten, von ungeheuren Einsichten, die zu überraschend einfachen wissenschaftlichen Formeln führen können oder zu Werken, die in ihrer Lebendigkeit die Menschen, welche ihnen begegnen, in der Tiefe betroffen machen. Ebenso sind Verwirrungen möglich, in denen alles bisher Erarbeitete zerbricht, zerfällt, verbrennt, zu Asche wird und Staub oder chaotischem Wirrwarr.

Unbewußte Seeleninhalte kennen aber auch »Alltagswege«, auf denen sie uns – jeden Menschen – unmittelbar erreichen können. Es sind die Traumwege, die Wege der Phantasie. Auf diesen Wegen wird stille, verborgene Seelenweisheit zum Bild. Frühe Meister haben solche Bilder in Reihen an Wände und Decken von Höhlen und später auch von Kapellen, Kirchen und Kathedralen gemalt, in Steine geritzt und geschlagen. Die Erzähler wurden durch solche aufsteigenden Bilder zu ihren Mythen von der Entstehung der Welt oder zu wunderbaren Märchen und Sagen gedrängt. Andere formten einfach ihre Melodien daraus oder vielleicht bloß rhythmische Schläge auf kleinen oder riesigen Trommeln. Oder sie tanzten diese Bildinhalte, sangen sie. Aus alten Berichten erfahren wir, daß frühe Erzähler zugleich Sänger gewesen sind, nicht nur die »filid« und die Barden, die in die Troubadour-Tradition hineinwuchsen, sondern ebenso die Märchenerzähler früher Völker. Im ostsibirischen Märchen *Kagenas Tochter* hören wir von einer großen Frau, die auf alle Fragen in

Liedern antwortete (14). Manche Sprachforscher vertreten ernsthaft die These, daß sich der Mensch zuerst singend mitgeteilt habe, Sprache also aus Gesang entwickelt worden sei. Das deutet der Titel des schottischen Märchens ja ebenfalls an. Nachdem Thomas seine Einweihung erfahren hat, ist er ein »Reimer« geworden, einer, der in Versen spricht oder sogar singt, was ganz der Literaturtradition des Mittelalters entspricht.

Der kreative Prozeß ist nie abgeschlossen, solange Menschen existieren. Immer wieder entstehen neue Märchen, neue Bilder, neue Tänze ... Gern vergleiche ich den Vorgang des »Bildwerdens« von unbewußten Seeleninhalten mit der Osmose. Durch die Zellmembranen saugen stärker konzentrierte Lösungen andere, schwächer konzentrierte an. Auf diesem Prinzip beruhen Stoffwechselfunktionen pflanzlicher und tierischer Zellen. Die meisten Lebewesen haben die Fähigkeit, den osmotischen Druck der Zell- und Körperflüssigkeit zu regulieren. Ähnlich stelle ich mir Vorgänge vor, in welchen unbewußte Seeleninhalte aus unserer Tiefe aufsteigen und Bild werden – in einer Seelenzone wohl, die einer Zellmembranen oder einem System von Zellmembran gleichen könnte. Die Fähigkeit, Symbole zu bilden, zeichnet die menschliche Eigenart aus. Der Mensch ist ein kreatives Wesen.

Bilder, die sich aus unbewußten Seeleninhalten formen, bleiben dem Seelenschatz erhalten. Sie bereichern jene Schatzkammern, welche Ali Babas vierzig Räuber und viele andere Räuber in ungezählten Märchen entdecken und anderen, oft auch Königen und Prinzessinnen, weitervermitteln.

Im tiefsten Seelengrund ist nicht nur vererbtes Urwissen eingelagert, auch vererbte Bilder leben dort – seit eh und je. »Archetypische Symbole« nennen die Psychologen diese Bilder. Manche bezweifeln allerdings, daß sich seelisches Bildergut vererben könne. Ich gehöre nicht zu ihnen. In Gesprächen mit vorschulpflichtigen Kindern erfuhr ich immer wieder neu, daß ihre Träume von einander entsprechenden, phantastischen Tieren belebt werden, die ihnen in der Außenwelt noch nie begegnet sein konnten: von geflügelten Schlangen, brennenden Vögeln, Mondfrauen, Sonnenmännern ... Unsere Enkelin erzählte sogar von einem Traum, in dem sie einem Drachen habe zu fressen geben müssen, ganz wie der Held im norwegischen Märchen *Das goldene Schloß, das in der Luft hing* (15).

Ich nenne die Seelenwelt, in welcher unbewußte Inhalte zu Bildern geformt werden und selbstgeschaffene und vererbte Bilder angereichert sind, »Traumzone«. Sie muß ein reicher, unermeßlicher seelischer »Organismus« sein, kompliziert strukturiert. Wir können den Bilderschatz der Seele wachsen oder verkümmern lassen, und wir können unsere kreative Fähigkeit, Symbole zu bilden, vernachlässigen oder üben. Passiv hingenommene Bilderfluten führen zur Abtötung, Gewohnheit gewordene Ablenkungen zur Verkümmerung. Phantasiebestimmte Kreativität und auch aufmerksame, offene Forschertätigkeit fördern Bilderschatz und Fähigkeit der Symbolbildung.

Im keltischen Märchen *Thomas der Reimer und die Königin der Feen* wird der Held auf einem langen Ritt durch die Traumzone geführt. Es stellt die Leser vor wunderbaren inneren Reichtum (16). So erschließt das Märchen eine weite Welt, wie kein Reisebüro sie vermitteln kann. Erst nachdem dieses Land durchritten ist, gelangt der Märchenheld mit seiner Königin in die Mitte, dorthin, wo alles Fragen enden muß.

Symbole der Traumzone

Viele Märchen symbolisieren den Übergang von der gelebten Wirklichkeit in die Traumzone als Brunnenfahrt. Im Märchen *Der Froschkönig* holt der Frosch der unachtsam spielenden Prinzessin die goldene Kugel aus dem Brunnen herauf (17). Der

Frosch repräsentiert den »Boten«, der unbewußte Seeleninhalte aus dem feuchten Dunkel ins Licht zieht. Er ist »Bewußtmacher«. Die goldene Kugel, welche die Prinzessin verloren hat, symbolisiert ihre Ganzheit. Offensichtlich ist sie ihr abhanden gekommen, in den Brunnen hinabgefallen, vergessen, vernachlässigt worden. Im populären Märchen *Frau Holle* (18) muß ein heranwachsendes Mädchen in den Brunnen hinabsteigen, weil seine Spindel blutig geworden ist. Die Spindel nimmt den Schicksalsfaden, Lebensfaden auf. Er wird blutig. Ihr Schicksal will lebendiges Leben, das nur geleistet werden kann, wenn wir die eigene Tiefe kennen, die Traumzone »abgewandert« ist.

Das Mädchen, das im bekannten GRIMM-Märchen in den Brunnen hinabgestiegen ist, kommt auf eine schöne, bunte Blumenwiese. Die Landschaft, welche Thomas Learmont antrifft, erinnert daran. Wir lesen von grünen Tälern und von mit Heidekraut überwucherten Hängen. Die Bilder nehmen uns die Scheu vor der eigenen »Traumzone«. Sie ist anmutigen Landschaften verwandt, wie wir sie an der Hand unseres Vaters – wahrscheinlich, hoffentlich – durchwandern durften, mit noch kleinen Schrittchen damals.

Plötzlich wird der Ritt allerdings schneller noch als die Fahrt der vier Winde des Himmels. Thomas verliert das Gefühl für die ablaufende Zeit und gleichzeitig auch jede geographische Orientierung. Da er rastet, liegt eine Wildnis hinter ihm, von der wir vorher nichts gehört haben, weglos. Das Land vor ihm ist kahl. Die Beschaffenheit der drei Wege, die sich vor ihm öffnen, will allerdings kaum in dieses Bild passen. Wir hören nicht nur von Dornengestrüpp und stechendem Ginster, auch von samtweichem Rasen und Blumen in leuchtenden Farben, von Farnen, Moos und schattenspendenden Bäumen. Auch die Interpretation, welche das Märchen selber liefert, will sich dem Charakter des Erzählganzen nicht so recht einfügen. Der schwierige Weg ist der der Rechtschaffenheit, der schöne und bequeme der der Verderbtheit. Haben sich diese moralisierenden Stellen aus anderem

Erzählgut eingeschlichen, oder sind sie Erinnerung an die Zeit des Pietismus, die ja wohl an diesem Märchen ebensowenig vorbeigegangen sein dürfte wie andere geschichtliche Epochen, deren Spuren wir verfolgen konnten?

Zum allgemeinen Charakter passen aber wieder die Schattenpflanzen, die Farne und das Moos. Das Land, das die Feenkönigin mit Thomas Learmont erstrebt, liegt ja auch im Schattenbereich der Seele. Es ist unbekanntes, noch nie betretenes inneres Gebiet.

Wir haben von der Verwirrung des Zeitgefühls und der geographischen Orientierung gesprochen. Sie wird jetzt noch einmal verstärkt. Thomas kommt in eine »Durcheinanderlandschaft« aus Tälern, Hügeln, Mooren, Ebenen. Auch das Himmelsgewölbe, das sonst die Zeit anzeigt, gerät »durcheinander«. Dunkle Mitternachtswolken wechseln mit sonnenbeschienenen, goldgerandeten.

Dann müssen diese Ströme von Blut durchstanden werden. Die Reihenfolge ist konsequent. Thomas und die Reiterkönigin sind jetzt außerhalb der Dimensionen von Raum und Zeit. Logik und Kausalität, Messen und Werten und alle die üblichen Kategorien, mit denen wir zu arbeiten gewohnt sind, können das, was sich jetzt öffnet, nicht erfassen. Das Paar steht am vielarmigen Strom, der das Land des Schweigens vom Land des Lauten trennt. Es bestehen viele Namen dafür. Wischnu und Lakschmi, das indische Götterpaar, treiben nach dem Ende der Zeit auf den Urwassern dahin. Sieben Schlangen bilden ihr Boot, Sinnbild für die sieben Grundkräfte der Schöpfung. Gern liegt Wischnu auch auf einem Lotosblatt, das dahinschwimmt. Es symbolisiert Wachstum und Leben.

Ein ägyptisches Totenbuch aus der zwanzigsten Dynastie, also aus der Zeit um 1100 vor Christus, zeigt, wie ein Verstorbener und seine Frau im glücklichen Leben nach dem Tod auf eleganten Kähnen durch fruchtbares Land dahinpaddeln. Noch älter ist das hübsche Modell einer heiligen Barke (19). Das Werk ist während der zwölften Dynastie entstanden. Ein schlankes Schiff trägt einen Toten ins Jenseits. Er thront unter einem Baldachin. Bug und Heck sind je mit einem stilisierten Kuhkopf geschmückt. Die Göttin Hathor wird oft mit einem Kuhkopf dargestellt, weil sie die Toten nährt.

Nach der Vorstellung der antiken Griechen regiert Hades, der unsichtbare Totengott, über das Land jenseits des Weltenstroms. Diesseits liegt eine wilde, sonnenlose Küste am Rand der Welt. Unterirdische Flüsse ergießen sich in das große Wasser. Auch das Reich des Totengottes selbst heißt Hades. Neunmal windet sich der Styx, der Urfluß, um dieses Reich. Charon, der greise Fährmann, führt die Toten hinüber.

Im keltischen Märchen klingt manches an, das wir aus der antiken Welt erfahren haben. Aber in keinem der mythologischen Berichte ist der Fluß, der die Welt der Lebenden von der Welt der Gestorbenen trennt, mit Blut durchströmt. Für uns wirkt das Bild makaber. Wir müssen aber daran denken, daß das Blut bei allen frühen Völkern das Lebensprinzip symbolisiert, ebenso Stärke und verjüngende Kraft. Sonst hätte es wohl nicht zu den in den Frühkulturen der Kelten und Azteken üblichen Blutopfern kommen können. »In jenem seltsamen Land«, wie es heißt, wird von Menschen vergossenes Blut Quelle und mündet in den Strom des Lebens ein. So erhält das Symbolbild des Weltenflusses Sinn.

Wer durch die »Traumzone« hindurchgeht, gelangt in die Mitte seiner Seele, dorthin, wo der eigene Lebensquell fließt. Das ermöglicht Erneuerung. Er gelangt, gemäß diesen Bildern, aber auch in das nicht mehr Wahrnehmbare, dem wir den Namen »Tod« geben. Das Märchen führt aus dem innerseelischen Bereich hinaus in jenen anderen, noch entscheidenderen Übergang, der den nicht wahrnehmbaren Aspekt des Lebens meint, in dem sich spirituelle Wiedergeburt vollzieht.

Auf seiner Rückreise führt die Feenkönigin Thomas den Reimer durch ein Tor zu einem Garten mit schönen Blumen und

Bäumen, die grüner leuchten als anderswo. Wieder erinnern wir
uns an das Märchen von der Frau Holle, an die Heimkehr des
fleißigen Mädchens. Nur daß jetzt statt des goldenen Segens
Nebel vom Himmel herabsinkt, weiß und rein wie fallende Apfelblüten. Einen Apfel hat Thomas der Reimer zum Abschied erhalten. Äpfel hat das Mädchen im Garten der Frau Holle vom
Baum geschüttelt. Und Apfelblüten fallen auf Thomas nieder, als
er jenen Garten verläßt, der die »Traumzone« symbolisiert. Kugel
und Apfel symbolisieren Ganzheit, stehen für einen Menschen,
dem alle seine seelischen Räume erreichbar geworden sind. Warum ist diese Frucht in so manchen alten Geschichten verboten?
Vielleicht weil sie sich nicht einfach pflücken läßt, vielleicht weil
man selber reifen muß, selber rund und fruchtbar werden muß.
Erst wenn wir durch den Blutstrom hindurchgegangen sind,
reicht uns Epona, die Feenkönigin, unseren eigenen Symbolapfel
als Geschenk. Und die Apfelblüten mahnen uns, daß Selbstwer-
dung nichts Einmaliges bleibt, sondern dauernder Prozeß sein
muß.

Das Einhorn ist ein tiefes, oft mißdeutetes Symbol. Das tapfere Schneiderlein muß ein Einhorn fangen, wenn es die Königstochter gewinnen will (20). Der pfiffige Mann stellt sich vor einen Baum und läßt das wilde Tier auf sich losstürmen. Im letzten
Augenblick aber springt er zur Seite, so daß das Tier sein Horn in
den Baumstamm bohrt und gefangen ist. Im norwegischen Märchen *Das goldene Schloß, das in der Luft hing* (21) wird das Einhorn, nachdem es gut genährt worden ist, zum Helfer des Helden
und bohrt ein Loch durch einen gewaltigen Berg.

Das wilde Einhorn symbolisiert die ungebändigte männliche
Kraft. Es steht für jene Entwicklungsstufe, in welcher junge,
postpubertäre Männer ihre Kraft ungehemmt ausleben. Das ge-
zähmte Einhorn steht dann für jene Lebensstufe, in welcher die
Kraft ein Ziel erhält und schöpferisch wirkt. Nicht selten begegnen uns mittelalterliche und auch noch spätere Abbildungen,
welche zeigen, wie ein Einhorn seinen Kopf in den Schoß einer

jungen Frau legt. Die Frau »zähmt« die Kraft des Mannes und
gibt ihr Ziel und Sinn. Im Einhorn sind zwei Hörner zu einem
einzigen Horn gedreht. Der Dualismus ist aufgehoben, geeint. Das
hat Thomas der Reimer erreicht. Er ist schöpferischer Mensch geworden. Schatten und Licht sind eins. Es bestehen keine Gegensätze mehr, kein Scheiden mehr nach Positivem und Negati-
vem, nach Gut und Böse – nur noch Einheit. Das Pferd hat dem
Einhorn Kopf und Körper gegeben. Den Schweif hat das Einhorn vom Löwen erhalten, Beine und Hufe vom Hirschen. So
sind Tiere, welche Mondhaftes, und Tiere, welche Sonnenhaftes
versinnbildlichen, in einem Phantasie- und Traumtier symbolisch
vereint.

Epona – Königin der Feen

Thomas Learmont setzt sich in den Schatten eines großen Baumes. Die Wanderung unter dem tiefblauen, wolkenlosen Himmel hat ihn ermüdet. Vor ihm liegt ein Wäldchen. Grüne Pfade
ziehen sich hindurch.

Unzählige Märchen haben uns diese Bilder vertraut gemacht:
den Baum des Lebens und den Wald, die noch nie begangene
Seelenlandschaft. Schattige Wege laden dazu ein, dieses unbe-
kannte Land zu erforschen. Thomas will nichts unternehmen.
Halb schlafend, halb wach, halb träumend zupft er einige Akkor-
de auf seiner Laute – und die Handlung setzt ein: wie ein Film,
ein seltsamer fremder Märchenfilm. Haben die paar Töne diesen
Film hervorgelockt? Ist es ein Traum, der sich aus dem eigenen
Lebensbaum auf Thomas herabsenkt? Oder hat er sich aus dem
Grün des Waldes geformt?

Musik schafft Leben, lockt Gestalten. Im rumänischen Zigeunermärchen *Der Fischer und die Urmi* (22) erhält ein Fischer für

seine Hilfsbereitschaft und liebenswürdige Großzügigkeit vom König der Winde eine eiserne Flöte, vom König der Sonne eine goldene und vom König des Mondes eine silberne. Wenn er in Not gerät, braucht er nur auf diesen Flöten zu blasen, dann kommen ihm die drei Könige zu Hilfe. So gelingt es dem Fischer, eine Urmi, eine Fee, die Nacht für Nacht den Vogel Tscharana säugen muß, von ihrem schrecklichen Fluch zu erlösen.

Wenn die katholischen Priester das Sanctus beten, läuten ihre Meßdiener die kleinen Glocken zum Zeichen, daß CHRISTUS in der Messe gegenwärtig ist. Im alten China versinnbildlicht die Glocke Harmonie zwischen Himmel und Erde (23). In märchenhaften Geschichten künden kleine Glocken die Nähe des Paradieses an. Die »schönste Dame der Welt« erscheint ebenfalls wie eine Botin aus dem Paradies. Grün ist Doppelsymbol. Das satte Frühlingsgrün repräsentiert Leben und Freude, das bläuliche Grün Vergänglichkeit und Tod. Vielleicht trägt die Feenkönigin deshalb zwei Kleidungsstücke, eines aus Seide, eines aus Samt. Beide sind zwar grasgrün, aber Samt ist wärmend weich, Seide schön und kühl. Die goldene Haarfülle deutet auf Sonnenhaftes, auf Weisheit auch und Unzerstörbarkeit hin. Gold meint Licht und Unsterblichkeit, reine Verkörperung eines Wesens aus seiner Eigenart heraus. Aus bleichem, unirdischem Gesicht schauen schwarze, nicht vergeßbare Augen. Das weiße Fell läßt das Pferd gleichfalls zum Doppelsymbol werden. Als BUDDHA von zu Hause wegzog, ritt er auf einem weißen Pferd. Die dynamische Kraft des Tieres ist durch die weiße Farbe nicht mehr Faßbarem geweiht, der transzendenten Vollendung. In diesem Sinne kleideten sich die keltischen Priester in weiße Gewänder, begleiteten weiße Tiere ihre religiösen Riten. – Erinnerte uns das Bild der reitenden Feenkönigin nicht an Epona? Ist Epona nicht zugleich Göttin der Fruchtbarkeit und des Totenkults?

Märchen malen die Todesboten und Todesbotinnen nicht in schauerlichen Farben. In Curaglia – im Val Medel in Graubünden – erzählt man von einer armen Tochter, die sich mit dem

Sonnenprinz vermählte. Erst dem jüngsten von drei Brüdern gelang es, seine Schwester im Haus des Prinzen zu besuchen und ihre Heimkehr zu erreichen. Aber die Frau konnte nicht lange bleiben. Bei Sonnenuntergang mußte sie zu ihrem Mann zurückkehren. Für immer blieb sie jetzt in der Abgeschiedenheit (24).

Ein ähnliches Motiv gestaltet das schon erwähnte keltische Märchen aus Frankreich, *Das Kristallschloß*. Ein Jüngling, so schön wie die Sonne, heiratet ein armes Mädchen. Zusammen wohnen sie in einem Kristallschloß am Schwarzen Meer. Dem jüngsten Bruder gelingt es, seine Schwester zu besuchen. Als dieser nach Hause zurückkehrt, sind mehr als dreihundert Jahre vergangen (25).

Amüsant ist das Märchen *Der Rotwild-Tanz*, das die Kootenay-Indianer erzählen. Ein Mann, der im Land der Toten geweilt hat, kommt zu seinen Freunden zurück und lehrt sie die Lieder und Tänze, die er in jenem Land gelernt hat. Diese Lieder und Tänze verhelfen den Lebenden zu reichen Erfolgen auf der Jagd (26).

Weilte Thomas Learmont im Land der absoluten Liebe oder im Reich des Todes? Die Frage ist müßig. Auch das Märchen läßt sie ja offen. In der tiefsten Liebe verschmelzen Leben und Tod (27). Angst vor der Liebe ist Angst vor dem Tod. Wer liebt, schafft neues, dem Tod geweihtes Leben. Alles Erschaffene ist dem Vergehen geweiht – aber zugleich neuem Anfang. Die untergehende Sonne meint den Morgen. Nur so ist verstehbar, daß in so vielen Märchen Geburt und Tod durch dieselbe Person repräsentiert werden. Es sind die beiden selben Gestalten der Liebe. Epona, die Königin der Feen, ist Muttergöttin, die Leben und Tod im selben Prozeß vereint und deshalb Fruchtbarkeit, Wiedergeburt, Liebe verkörpert.

Das Märchen scheint eine Lücke frei zu lassen. Es erzählt nicht, was Thomas im Reich der Feen erlebte. Wir hören zwar von Trompetenklängen, die ihn willkommen heißen, doch dann bricht der Erzählfluß ab. Ist ein Stück des Märchens verlorengegangen? Es ist kaum möglich, daß Erzählerin oder Erzähler gerade so entscheidende Abschnitte aus dem Gedächtnis hätten verlieren können oder verlieren wollen. Ich meine vielmehr, daß da großer Kunstverstand am Werk war. Das nicht Darstellbare wird folgerichtig nicht dargestellt. Wir wissen nur, es ist ein fragloser Raum, eine fraglose Zeit, raumloser Raum, zeitlose Zeit. Unvorstellbar. Nicht letzte Leere wird Thomas sich erschlossen haben – letzte Fülle. Sie übersteigt die Sprache. Thomas Learmont muß verstummen. Er lebt in völligem Einverständnis, im Einklang mit sich selbst, mit dem Leben, das ihn erfüllt und kosmischem Lebensprozeß eingefügt ist. Es ist absoluter Glücksrhythmus. Der Dienst, den die Liebe verlangt, ist Stillewerden, Schweigen, Einswerden. Als Thomas Learmont die Blutströme durchritt, ist er leer geworden an Welt und reich geworden an Leben.

Wiederholt betont das Märchen die liebende Beziehung zwischen der Königin der Feen, der Göttin Epona, und dem Mann, der in die Landschaft seiner Seele auszog. Er hat letztmögliches Ganzsein erreicht, Absolutheit. Vielleicht ist das der Dienst der Liebe: teilhaben an intensivstem Leben, Energie werden im Prozeß von Geburt und Leben und Tod und Wiedergeburt. Vielleicht will das das Symbol des Ringes, den Liebende einander schenken.

Sieben Jahre dauert dieser Liebeszauber. Wir kennen die Bedeutung der Zahl Sieben. Es ist die »Allzeit«. Sie ist in die ablaufende Zeit eingedrungen, so wie der Blitz in einen Stein eindringen und ihn spalten kann.

Selbst der realistische Mensch unserer Zeit, der alles, fast alles, auf Bewußtheit setzt, ist noch von jenem heimlichen Wissen »um einen vollständigeren und einheitlicheren Stand des Daseins und seiner Zusammengehörigkeit mit diesem Dasein« getragen (28). In diesem vollständigen Dasein und umfassenden Wissen lebt Thomas Learmont. Da ist es ganz und gar unwichtig, welchen Ort wir diesem Zustand zuordnen. Die eigene Mitte, welche das Ganze der Seele erschließt, ist neue Einheit mit dem Lebensganzen eingegangen. Wenn wir das in Bildern, Märchen, Kunstwerken darstellen, wenn das unsere Träume malen können, so muß das auch existieren.

Absolutheitsaugenblicke – das sind Offenbarungen unserer Seele. Sie öffnen sich uns angesichts einer großen Landschaft, eines entscheidenden Kunstwerks, eines Liebeszaubers. Vielleicht sind es keine großen Ereignisse. Vielleicht – es kann sein – ist es das Öffnen der Augen beim Erwachen, der Glanz auf fließendem Wasser, die Gebärde eines Kindes, ein Geruch, eine kleine Folge von Tönen, das Bremsgeräusch der Straßenbahn ...

Nachts hören, was nie gehört wurde:
den hundertsten Namen Allahs,
den nicht mehr aufgeschriebenen Paukenton,
als Mozart starb,
im Mutterleib vernommene Gespräche.

GÜNTER EICH (29)

Das in den »Offenheitszusammenhang gestellte Selbst« (30) ist dem Dauerprozeß eingefügt, welcher das immer »Größere« will, das immer Tiefere, Reichere – immer größeres Vollständigsein.

Vielleicht begegnet Thomas deshalb den Lilien, als er den Garten betritt, der sich an die Welt der Feenkönigin anschließt. Lilien, heißt es, repräsentieren Reinheit. Wir wollen den Begriff so verstehen, als würden wir sagen: Das ist reines Gold. Es ist nichts als Gold, meinen wir. »Nichts als Thomas«, könnten wir formulieren und sinngemäß einschließen, »der ganze, reiche Thomas, der die Große Mutter in seiner Seele erfahren hat, ihr unerschöpfliches Walten«.

Wer so außerhalb jeder Dimension gelebt hat – und sei es auch nur für den Augenblick eines Traums –, kann nichts anderes mehr sagen als Wahrheit, wenn er vom Leben spricht. Schmeicheleien und Handel sind letztlich nicht mehr möglich. Thomas wird zum Menschen, der in Reimen spricht. Ursprünglich zeichnen Vers und Reim die Sprache von Eingeweihten aus. Das muß

Urfunktion der Dichtung gewesen sein: Zeugnis vom Einge-
weihtsein geben. Das ist vielleicht das Bleibende in der Welt,
meint das Märchen, unsere Zeugnisse von absolutem Lebenswis-
sen, von unserem »Offenheitszusammenhang«. Wenn wir diesen
»siebenjährigen Augenblick« wahrnehmen, ernst nehmen, muß
uns Sterben möglich werden.

Was für ein Bild ist das, mit dem das Märchen schließt! »Und
Thomas wußte, daß dies die beiden Feenboten der Königin waren. Freude überkam ihn, und er lief von seinem Turm fort. Die
beiden Tiere nahmen ihn in die Mitte, und langsam verschwanden Mann und Tiere im dunklen Wald.«

Die Hütte, das Haus, der Turm sind, wie schon bekannt, Symbole für die Wohnung der Seele. Thomas verläßt sie und gehorcht
den unbeirrbaren Boten. Das junge Rehkitz begleitet die römische
Jagdgöttin Diana ebenso, wie es Epona begleitet. Es verkörpert
verletzliche, schöne, behutsame und auch wilde Weiblichkeit. Die
milchweiße Hirschkuh, ein – hier weibliches – Sonnentier, welches Neuanfang, Morgendämmerung und Unsterblichkeit symbolisiert (31), und das ebenso milchweiße Rehkitz, das Mondtier,
holen Thomas den Reimer heim in die Welt der waltenden Liebe,
in der Tod und Auferstehung zusammenklingen.

»..., und langsam verschwanden Mann und Tiere im dunklen
Wald.«

Gerne schenken wir schwerkranken Menschen Erbauungsbücher
aller Art. Ungelesen liegen sie auf den Zustelltischchen der Kran-
kenhäuser und Altenheime. *Die Suche der Mos-Frau* und *Thomas
der Reimer und die Königin der Feen,* diese Märchen, könnten geeig-
netere Begleiter durch prüfende Tage sein.

»..., und langsam verschwanden Mann und Tiere im dunklen
Wald.«

Gegenwart

*Sehen, was kein Bild
mehr braucht*

Häuptling Kairé und der Totenkopf

Der junge Häuptling Kairé wohnt nahe am Fluß. In einem kleinen Dorf wohnt er zusammen mit seiner Frau. Eines Tages geht er auf die Jagd. Einen Hirsch will er jagen, denn Häuptling Kairé und seine Frau essen gerne Fleisch.

Er geht in den Wald und jagt. Und als er da so lauert, sieht er, daß sich im Gebüsch etwas rührt. Er zielt und schießt seinen Pfeil ab. Er trifft: Das Tier stürzt zu Boden. Häuptling Kairé geht hin. Was zieht er heraus? Einen Menschen. Einen Toten.

Kairé ist entsetzt. Da sagt der Tote: »Kairé, fürchte dich nicht. Gut, du hast mich umgebracht, aber ich weiß, du hast es nicht absichtlich getan. Wenn du tust, was ich dir sage, dann werde ich dir nicht böse sein.«

»Und was willst du, daß ich tun soll?«

»Schneide mir den Kopf ab, und nimm ihn mit heim. Den Leib aber wirf in den Fluß!«

Kairé tut alles, was der Kopf sagt. Er schneidet ihn ab, wirft den Leichnam in den Fluß, den Kopf aber legt er in einen Sack und nimmt ihn mit. Er geht und geht, da sagt der Kopf: »Laß mich herausschauen!« Kairé nimmt den Kopf heraus. »So, nun nimm einen Pfeil und schieß in jene Richtung!« Kairé tut alles genau so. Der Pfeil trifft einen Hirsch. Kairé hat ihn gar nicht gesehen. Der Hirsch ist tot. Kairé will sich den Hirsch auf die Schulter laden. Aber wie soll er dann den Kopf tragen? »Laß nur!« sagt der Kopf. »Ich rolle hinter dir her. Geh du nur voraus!«

Wie Kairé heimkommt, erschrickt die Frau, weil hinter dem Häuptling ein Totenkopf gerollt kommt. »Du brauchst dich nicht zu fürchten!« sagt Kairé. »Der Kopf tut dir nichts. Er ist wie ein Bruder.«

Die Frau brät das Fleisch und kocht den Brei. Als alles gargekocht ist, bringt sie es. »Willst du auch essen?« fragt Kairé den Totenkopf. »Ja«, sagt der Kopf, »wenn deine Frau mir das Fleisch vorkaut, denn meine Zähne sind nicht mehr gut. Aber den Brei kann ich so essen.«

So lebten sie zu dritt in der Hütte. Kairé geht mit dem Kopf auf die Jagd. Aber nach vierzehn Tagen sagt der Kopf: »Nun liebe Freunde, muß ich für einige Tage fortgehen. Ich habe zu tun. Trage mich in den Wald! Lege mich dorthin, wo du mich erschossen hast! In einer Woche kannst du wiederkommen, um mich zu holen.«

Kairé nimmt den Kopf, geht mit ihm in den Wald, und er legt ihn wieder dorthin, wo er ihn gefunden hat.

Dann kehrt er nach Hause zurück. Eine Woche lang geht er auf die Jagd, eine Woche lang geht er zum Fischen, aber er trifft kein Wild und fängt keinen Fisch. Als dann der Kopf wieder bei ihm ist, hat er wieder Glück wie der beste Jäger.

So vergehen viele Monate. Kairé und seine Frau bekommen einen Sohn. Ein schönes Kind. Wenn der Kopf nicht mit Kairé auf der Jagd oder beim Fischen ist, sitzt er beim Kind.

Das Kind wächst. Kairé und seine Frau bekommen auch noch eine Tochter. Von Zeit zu Zeit muß Kairé den Totenkopf in den Wald tragen, dann muß er nach einer Woche wieder holen.

Eines Tages geht Kairé baden, die Frau aber ist in der Hütte. Die Kinder spielen im Gras. Da kommt eine giftige Schlange, die will die Kinder fressen. Aber der Kopf rollt auf sie zu und kämpft mit ihr.

Als Kairé heimkommt, findet er neben den Kindern eine Giftschlange mit zermalmtem Kopf.

Aber der Totenkopf ist krank. Er sagt: »Die Schlange hat mich gebissen. Ich bin voll Gift. Höre zu, und tu genau alles so, wie ich es dir sage!«

»Ich höre.«

»Gut. Nimm mich und verbrenne mich! Verbrenne mich so lange, bis alles zu Asche geworden ist! Dann fülle die Asche in einen Beutel. Du wirst dabei einen blauen Stein finden. Den nimm heraus und hänge ihn deiner Tochter als Amulett um! Die Asche aber vergrabe im Walde, wo du mich gefunden hast!«

Kairé macht alles genauso, wie es der Kopf befohlen hat. Er vergräbt die Asche im Wald, dort wächst eine Palme. Bei der Palme findet Kairé jede Woche Wild. Nur eine Woche im Monat findet er dort nichts.

Die Kinder werden groß, sie werden heiratsfähig. Es finden sich viele Burschen, welche die Tochter von Kairé heiraten wollen. Einer bekommt sie, ein Sohn eines Häuptlings.

Als er sich zu ihr in die Matte legen will, sieht er den blauen Stein, der leuchtet im Finstern.

»Was hast du da am Hals?« fragt er.

»Das ist ein Stein«, sagt die junge Frau.

»Nein, das ist kein Stein. Das ist ein Zauberauge.« Und er läuft davon.

Einige Zeit später kommt wieder ein junger Bursche und heiratet das Mädchen. Und wieder, wie er sich zu ihr in die Matte legen will, sieht er den blauen Stein. »Was hast du da am Hals?«

»Einen Stein.«

»Nein, das ist ein Zauberauge. Es schaut mich ganz böse an.« Und auch der zweite Bursche läuft davon.

Jetzt haben alle Burschen Angst. Keiner mehr will das Mädchen heiraten. So vergehen viele Monate.

Eines Tages kommt ein junger, einäugiger Bursche. Es ist die Woche ohne Fleisch. Aber der Einäugige bringt Wild und Fische. Er setzt sich zu Kairé und sagt: »Deine Tochter gefällt mir.«

»Ja«, sagt Kairé, »aber sie hat einen bösen Zauber, und deshalb will sie niemand haben.«

»Ich will sie schon haben«, sagt der Einäugige.

Einige Zeit später ist die Hochzeit. Am Abend steigt der Einäugige zum Mädchen in die Matte. »Laß mich einmal deinen Stein sehen!«

»Hier!« Sie zeigt ihm den blauen Stein. Der Einäugige nimmt den Stein und steckt ihn sich in die Augenhöhle, wo das Auge fehlt.

Am anderen Tag sagt Kairé zu seiner Frau: »Der Einäugige ist besser als die anderen Burschen. Er ist nicht davongelaufen.« Da kommt ein Mann aus der Hütte der Tochter. Es ist kein Einäugiger, er hat zwei Augen. Eines davon ist blau.

»Schwiegervater«, sagt der Zweiäugige, »ich werde jetzt immer auf die Jagd gehen. Du brauchst nicht mehr zu arbeiten. Nur einmal im Monat, da werde ich fortgehen zu den Meinen. Dann kannst du hier im Fluß fischen. Du wirst immer viele Fische fangen.«

Und so war es.

Eine fremde, lockende Welt

Ein Märchen aus Kolumbien – es kommt aus einer fremden Welt. Wir wollen sie zunächst etwas kennenlernen: Schnell steigt das Land im Nordwesten Südamerikas vom Pazifischen Ozean zu den Kordilleren hinauf. In drei gewaltigen, bis über fünftausend Meter aufsteigenden Zügen strebt das Gebirge dem Norden zu. Zwei mächtige Ströme, der Rio Magdalena und der Rio Cauca, entwässern das Hochland zum Karibischen Meer. Die Schneegrenze liegt im allgemeinen auf 4600 bis 4800 Meter. Östlich davon speist eine tropisch heiße Grasfluren- und Wälderlandschaft den Orinoko und den Amazonas. Der Orinoko zieht nordwärts das Gebirge entlang und wendet sich dann ostwärts durch Venezuela in den Atlantischen Ozean. Der Amazonas kommt mit seinen Zuflüssen von Peru und Kolumbien her und durchstreift dann als großer Strom ganz Brasilien bis zum zerstückelten Inselland um die Marajo-Insel am Atlantik.

Das Hochplateau der Anden ist, dank seinem gemäßigten Klima, recht dicht besiedelt. Bogotà, die größte Stadt des Landes, liegt in einem ausgedehnten Hochbecken. Obwohl auch Kolumbien mehr und mehr verstädtert, besitzt es weite landwirtschaftliche Gebiete. Wichtigstes landwirtschaftliches Produkt ist der Kaffee. Auch Tabak, Mais und Zuckerrohr werden angepflanzt. Die Rinderzucht ist bedeutend. Berühmt ist das Land aber vor allem wegen seiner Bodenschätze: Erdöl, Kohle, Platin, Gold, Silber, Blei, Mangan und Smaragde. Zahlreiche Wasserkraftwerke begünstigen die aufstrebende Industrie.

In der Schule wurden wir für die Taten der großen Entdecker begeistert. Diesen folgten jedoch rücksichtslose Eroberer auf dem Fuß. Im Jahre 1499 entdeckten ALONSO DE OJEDA und AMERIGO VESPUCCI das Land. In den Jahren 1536 bis 1539 wurde es von den Spaniern unterworfen. Von Bogotà aus organisierte sich 1810

der Widerstand gegen die spanische Fremdherrschaft, 1819 konnte die Republik Groß-Kolumbien ausgerufen werden. Die sozialen
Spannungen aber wurden bis heute noch nicht befriedigend
gelöst. Das liegt an der sehr komplizierten Bevölkerungsstruktur.
Etwa ein Fünftel der Bevölkerung Kolumbiens sind Weiße.
Sie sind während der spanischen Kolonialzeit ins Land gekommen. Für die Pflanz- und Bergwerkarbeiten »importierten« sie
Afrikaner. Diese stellen heute etwa fünf Prozent der Bevölkerung. Dazu kommen allerdings die Mulatten, die etwas mehr als
ein Viertel der Bevölkerung ausmachen. Noch intensiver haben
sich die Weißen mit der ursprünglich indianischen Bevölkerung
vermischt. Vierzig Prozent sind Mestizen. Über den Anteil der
reinrassigen Indianer schwanken die Angaben zwischen zwei
und sieben Prozent.

Die ursprüngliche indianische Bevölkerung trifft man etwa
noch im Hochland der Kordilleren, so in der Umgebung von Bo-
gotá und Pasto (im Süden), an. Sonst sind die einstigen Ureinwohner in die abgelegensten Gebiete verdrängt worden. »Chibcha« heißen diese Indianer (ausgesprochen: »Tschiptscha«). Ihre
Haut ist schwach gelblich. Es sind intelligente Leute, überaus be-
weglich, phantastische Baumkletterer. Verhältnismäßig früh be-
trieben sie bereits Ackerbau. Ihre feinen Goldarbeiten zeigen einen
hohen kunstgewerblichen Stand. Wie wohl alle Indianer konnten
auch die Chibcha ihre Wirtschafts-, Sozial- und Kulturordnung
dem Ökosystem, in dem sie lebten, anpassen. Wir könnten viel
von ihnen lernen, wenn wir sie förderten, statt sie zu verdrängen.

Die Chibcha haben sich nie zu einem Staat in unserem Sinne
zusammengeschlossen. Sie gliederten sich immer in viele einzelne
Stämme, ja oft in einzelne Großfamilien. Daher kann das Wort
»Häuptling« recht vieles bedeuten. Vielleicht ist er einfach Fami-
lienoberhaupt, vielleicht Vorsteher einer Siedlung.

Das Märchen *Häuptling Kairé und der Totenkopf* erzählt von einem solchen Häuptling. Die kurze Geschichte ist ein bedeuten-
des Kulturdokument eines kleinen, untergehenden Volkes – eine

wunderbare archetypische Symbolgeschichte, ergreifend durch ihre Einfachheit, überzeugend durch ihre Linienführung und Lauterkeit. Auch wer keine besonderen Kenntnisse der Symbolsprache besitzt, kann der Handlung folgen. Man sollte einfach berücksichtigen, daß es – wie jedes Märchen – eine innere Geschichte ist. Ganz besonders die Märchen früher Völker spielen auf der Seelenbühne der Erzählerin oder des Erzählers. Die Märchen verteilen Aspekte der Seele eines Menschen auf verschiedene Personen. Das macht sie so leicht verstehbar. Sie zeigen seelische Zusammenhänge und seelische Entwicklungen in Bildern. Die Umstellung auf bildhafte Mitteilungen seelischen Wissens fällt uns nicht ganz leicht. Immer wieder sind wir in Gefahr, die Märchenhandlung eben doch als Geschehen unter mehreren Personen aufzufassen. Oder wir verwechseln die gezeigten inneren Ereignisse mit äußeren, gewissermaßen geschichtlichen Abläufen. Aber äußeres Geschehen und äußere Bilder liefern nur die »Nomenklatur«, nur die »Tapezierung«. Der phantasierende Märchenerfinder, Märchenvermittler, die absichtslos gestaltende Märchenerzählerin schaffen »Selbstbildnisse« des eigenen Herzens, zeigen Landschaften und Personen des eigenen Herzens.

Wenn wir mit diesem Wissen an die Märchen herangehen, wird alles Unlogische aufgelöst. Die scheinbaren Wunder werden zu natürlichen Vorgängen seelischen Reifens. Das ist ganz besonders auch für dieses Märchen wichtig. Es reicht ja an die Grenze des von uns Erfahrbaren.

Der andere Teil

Ein Mann, erst jung verheiratet, geht auf die Jagd. Im Dickicht meint er einen Hirsch zu sehen. Er zielt – aber er trifft einen Menschen. Dieser ist tot, trotzdem spricht er und sagt: »Hau mir den Kopf ab!« Den Leib soll der junge Häuptling in den Fluß werfen, den Kopf mitnehmen. – In der Tat, eine seltsame Geschichte! Sollen wir uns überhaupt damit beschäftigen? Ist sie mehr als ein Kuriosum, ein Urmärchen eben, entstanden in einer Zeit, die uns nichts mehr angehen kann?

Wer weiß, daß sich im archetypischen Grund der Seele – jeder Seele – das Urwissen auch der frühesten Völker und das ganze Menschheitsgut, welches sich im Lauf der Geschichte entwickelte, verbirgt, geheimnisvoll »eingelagert« hat, der muß gerade den frühen Zeugnissen der Geschichte aufmerksam begegnen.

Die Menschen der Frühkulturen arbeiteten weniger mit dem messenden, logisch schließenden Verstand als wir. Sie teilten sich unmittelbar von innen heraus durch Bilder mit. Ihre fremde Sprache ist nicht so schwierig zu lernen, wie es zunächst scheinen könnte. Wir müssen nur jenen Schritt vollziehen, den die gewohnten Märchen von uns verlangen, und damit einverstanden sein, daß da weitgehend nicht geschildert wird, was auf der Welt, sondern vor allem, was im Herzen geschieht. Das wollen wir versuchen. Vielleicht lohnt es sich. Es wird sich weisen.

Könnte der tote Mann der Schatten des Häuptlings sein? Jung verheiratet, wie Kairé ist, wäre wohl denkbar, daß er jene Anlagen nicht wahrnehmen will oder nicht wahrnehmen kann, von denen er meint, sie würden ihn in den Augen der Frau minderwertig erscheinen lassen. Vielleicht hat er ganz bestimmte Vorstellungen davon, was einer Frau imponiert. Er ist ja Häuptling. Er muß sich so benehmen, daß die anderen ihn achten, schätzen.

Daß er den »Schatten« dann also mitnimmt – seiner inneren

Stimme folgend –, das müßte sich positiv auswirken. Er beschränkt sich allerdings auf den Kopf, das Geistige also. Und dieser Kopf bringt ihm tatsächlich Glück. Er nährt seine ganze Familie und rettet den Kindern sogar das Leben. Das Geistige muß für diesen Häuptling Kairé besonders wichtig sein. Nur wer über seinen Leib und über seine Kraft verfügt und sie einzusetzen weiß, wird sich in der Wildnis behaupten und alles Lebensnotwendige beschaffen können. Das Geistige kann also wohl das Vernachlässigte sein. Der Häuptling hat seine geistigen Kräfte bis jetzt wohl weniger geübt als seine körperlichen Anlagen.

Nachdem der Häuptling seine Schattengestalt angeschaut und mit ins Haus genommen hat, nachdem er erfahren hat, wie wichtig und sogar glückbringend der eigene Schatten sein kann, darf er den sprechenden Totenkopf tatsächlich verbrennen. Im Feuer verwandelt er sich zu einem leuchtenden Auge. Die Tochter hängt es sich als Talisman um den Hals, bis ihr Mann es in den eigenen Kopf einsetzt und dadurch zum Gesegneten wird.

Der Schatten des Häuptlings wirkt zunächst auf diesen selbst, dann – verwandelt zum Fernes und wohl zugleich Tiefes sehenden Auge – in der Tochter und weiter in ihrem Mann. Über zwei Generationen hinweg wirkt sich die Treue zum Schatten aus. Wir dürfen den Schatten nicht erschießen. Wir müssen seinen Geist in unser Haus mitnehmen. Dann gereicht er uns zum Segen.

Das Haus symbolisiert – so haben wir gelernt – die Wohnung der Seele. Wir können aber nicht meinen, wir dürfen nur deren erfolgreiche Jägerseite mit nach Hause nehmen. Das (scheinbar) Schattenhafte, Dunkle gehört ebenfalls dazu.

Vielleicht ist der Schatten auch erst »erwacht«, als der Häuptling seine weiblichen Seiten in sich belebte. Zunächst erschien er ihm als Hirsch, als kostbares Jagdtier, das man erbeuten muß, wenn man bei den anderen Männern angesehen sein will.

In der Regel sind Tiere im Märchen Symbole für die selbstheilenden Kräfte der Seele. Die darf man freilich ebensowenig totschießen, wie man sich nicht vor den eigenen Dunkelbezirken verschließen darf. Offensichtlich ist es – gemäß diesem Märchen – so, daß das Helfende, der Hirsch, aus der eigenen Dunkelheit hervortritt, uns gegenübertritt, wahrnehmbar wird. Erst wenn wir uns damit vertraut machen, den Hirsch – in welcher Gestalt auch immer – nach Hause nehmen, kann dieses Helfende auch wirken, besonders wenn es dann in der Nähe des Weiblichen arbeiten darf, mit ihm zusammen sogar.

Das Kind symbolisiert das Zukünftige. Es macht uns sichtbar, was in mir wirken und nach außen dringen will, was sich in mir durch mich verwirklichen will. Vielleicht ist es eine Arbeit, eine Beziehung zu einem Menschen, die neu gestaltet werden soll, oder der Umgang mit mir selbst. Sicherlich muß es etwas Entscheidendes sein, das da in mein Leben dringt, durch mein Leben wirklich werden will.

Die Schlange, die im Feuchten und Dunkeln wohnt, will dieses Werdende wieder ins Chaotische hinabziehen, ins Ungestaltete, Unbewußte. Ich trage diese Schlange immer mit mir. Nur ungern gebe ich ihr preis, was in mir entstehen will. Ebenso weiß ich aber, wie gefährlich es ist, mein Wertvollstes, Eigenstes – eben das, was durch das Kind symbolisiert wird – mit der Welt zu konfrontieren. Sie wird es nicht verstehen. Das habe ich viele tausend Male erlebt. Und ich bin ja genau dort am verletzlichsten, wo meine Tiefe spricht. Das führt zu einem inneren Kampf. Ich will mein (symbolisches) Kind vor der Welt verbergen, und gleichzeitig will ich es wachsen und gedeihen lassen. Ich bin ja auch stolz darauf.

Später, wenn mein »Kind« da ist, selbständig ist, wächst, reif wird, ist mir und dem Stück Welt, in dem ich wirke, faßbarer geworden, was mit meinem Leben gemeint ist. Ich hoffe es wenigstens. Es ist eine Tochter. Viel Weibliches zeigt sich in dem, was aus meinem vorher Unbekannten entstanden ist. Manche Männer fürchten sich vor seinem Strahlenden, Leuchtenden.

Manche Männer meinen, daß nur das männliche Licht richtig

leuchten könne, so leuchten könne wie die Sonne, die ja alle Einzelheiten zeigt, zerlegt, analytisch aufgliedert. Aber dieses durchdringende Licht hat auch seine Gefahren. Wenn ich direkt in die Sonne schaue, werde ich geblendet, vielleicht sogar blind. Wenn ich alles aufgliedere, kann ich vielleicht das Ganze nicht mehr aufnehmen, es stirbt. Ich liebe das milde Licht der Nacht. Da kann ich hineinschauen. Es umgreift alles, zeigt es mir als Ganzes. Ich lerne Zusmmenhänge verstehen. Es ist das Licht der Liebe – das weibliche Licht. Manche fürchten sich davor. Es verpflichtet zum Leben.

Der Häuptling weiß, daß etwas in ihm unvollständig ist, daß dem »Kind«, das werden will, etwas fehlt. Er will, daß sich die Tochter mit einem Mann verbindet. Aber dieser muß dieses weibliche Licht aushalten, dem Leben verpflichtet bleiben.

So gelesen und verstanden, ist schon dieses frühe, dieses uralte Märchen ein wertvolles Lied auf die Ganzheit. Es schildert die Notwendigkeit, seinen eigenen Schatten mitzunehmen, mit ihm vertraut zu werden, ihn als Partner zu achten, ja zu lieben. Es zeigt den Wert von Menschen, die sich mit ihrem eigenen Dunkeln und den gegengeschlechtlichen Aspekten der Seele identifizieren. Und es macht darauf aufmerksam, daß solche Menschen schöpferisch sind. Sie gestalten ihr Leben.

Licht und Schatten

Wenn wir uns fotografieren lassen, stellen wir uns so, daß wir uns und anderen gefallen. Wir wollen ein schönes Bild haben. Wir wollen auch dieses feine Lächeln wieder zeigen, mit dem wir bereits als Kinder, vor allem aber als junge Menschen Sympathie geweckt haben. Später ist dann alles ein wenig anders geworden. Da gaben wir uns diesen intellektuellen Anstrich. Gewiß, unecht

war er eigentlich nicht. Auf unserem Spezialgebiet wußten wir ja
tatsächlich viel. Eine kleine, dann vielleicht auch eine große Autorität sind wir wohl geworden. Manche hörten auf uns – selbst
wenn sie neidisch waren.

Wir haben unsere Sonnenseiten, unsere Lichtseiten entwickelt,
den Menschen, den wir vorzeigen, mit Erfolg vorzeigen. Wir haben an diesem Menschen gearbeitet, zäh und fleißig. Unsere
Anlagen halfen uns dabei. Unsere Eltern unterstützten uns, besonders seit sie merkten, daß unser Ansehen wuchs und damit
zugleich ein wenig das ihre.

Die Sonnenseite verschafft Anerkennung, verhilft zu einem
Kreis von Freundinnen und Freunden, sichert eine gewisse Stel-
lung in der Gesellschaft, auch Wohlstand, ein ruhiges Alter. Die
Lichtseite lohnt sich.

Meine Sonnenseite berücksichtigt das Gültige, das, worauf sich
die Gesellschaft einspielt. Es ist zum Beispiel das, was in der Jagd-
kultur der Jäger, was in der Bauernkultur der Großgrundbesitzer,
in der Städtekultur der Zunftmeister oder Bankier, in der Indu-
striekultur der Großaktionär, in der Kunstszene der Mann der
Schlagzeilen ist.

Meine Lichtseite ist dem Koordinatensystem der Gesellschaft
so eingepaßt, daß man es nicht merkt. Ihr entsprechen die Kleider, die jetzt Mode sind, aber um ganz wenige Nuancen anders
wirken. Das hält man für das »gewisse Etwas«.

So also gehe ich mit meiner auserlesenen Ausrüstung auf die
Jagd. So begegne ich meinem Hirsch. Der Hirsch muß immer das
erste Wild sein, das dem Häuptling und erfolgreichen Waidmann
begegnet. Er sichert die Jagdtrophäe, welche die Besucher bestau-
nen. Wenn ich aber in meinem Herzen auf die Jagd gehe, finde
ich immer mich selbst. Und der Hirsch, den ich im Dickicht des
Herzens ausspähe, ist der Mensch, der meinen Namen trägt, die
andere Seite von mir, jene, die ich nicht kenne. Das ist mein
Wild, meine wilde Seite.

Das Unbekannte ist mein Wildes, mein Ungezähmtes. Es muß

schön sein, sonst könnte es nicht im Bild des Hirsches erscheinen – mit weitem Geweih und anmutigen Bewegungen, kräftig
und doch von edler Gestalt. Das ist das nicht Gelebte, das ich
nicht totschießen darf. Ich habe Angst davor, seit meiner Geburt
habe ich Angst davor. Während meiner Geburt bin ich zum erstenmal gestorben. Vorher war alles so gut. Umfassende Geborgenheit war das, aufgehoben in dieser feinen Haut und in dieser
Wärme schwimmend, von diesem Bauch geliebt und von diesem
schlagenden Herzen begleitet. Das war vor aller Gewalt. Dann
kamen diese Stöße, es kam das Laute und das Grelle. Ich stürzte
in Fremdes. Ganz schnell ging das. Ich war nicht ausgerüstet, um
es verarbeiten zu können. Seither flößt mir alles Ungewisse Angst
ein. Deshalb grenze ich mich ein. Deshalb ist es mir am wohlsten
dort, wo ich mich eingeübt habe, wo ich mich nicht fürchten
muß, weder vor dem Tod noch vor dem Leben.

Meine Eltern haben mich das gelehrt, dieses Wohlsein in den
Regeln und Gegebenheiten der Welt. Sie wollten, daß es mir gut-
geht. Deshalb lehrten sie mich das. Freilich, wenn ich in den
Wald ging, allein, zu den Geräuschen im Wald und den Tieren,
wenn ich mich nackt in den großen Fluß warf und seine Wellen
mich umflossen, wenn der Himmel über mir weit war und die
Erde unter mir lag, während ich auf dem Gipfel stand, der steigenden Sonne gegenüber, dann war das alles sehr, sehr groß. Im
Jauchzen der Liebe, im Sanften einer unsäglich weichen Gebärde,
unter entlassenden Augen, von denen ich wußte, daß sie mich
lieben, mich meinen, vor überraschend sich öffnenden Türen
und wenn die kleinen Hände meiner Kinder sich in meine
großen einschmiegten, dann konnten mich Ahnungen treffen,
konnten mich Visionen verwandeln. – Aber der Rückfall in die
Zeit!

Wie grausam sind diese Rückfälle in die Zeit gewesen! Wie
schmerzlich waren die Erfahrungen, wenn ich anderen von meinem Erleben berichten, ihnen meine Visionen vermitteln wollte.
Wie seltsam, unverstehbar erregt war das Nein meiner Eltern und

Lehrer, meiner Vorgesetzten, wenn ich mich aus ihren »Kreisen«
hinauswagen wollte.

Dann kam der Schmerz der verlorenen Liebe. Es kamen alle
die Frustrationen, wenn ich einer Lust folgen wollte, irgendeinem
Glück, auch einem noch so kleinen. All diese Enttäuschungen,
Schmerzen, Leiden ließen mich eine Taktik der Schmerzvermei-
dungen ausbilden. Sie wurden zu Mechanismen, zum Zwang.

Und dann kam jener Tag, da ich mich wie in den Händen eines
Riesen fühlte – nur daß ich den Riesen in mir selber großgemästet
hatte, verbündet mit meiner Umgebung. Ich wußte, ich konnte
nicht mehr hinaus aus meinen Spielen. Alle die Regeln waren über-
mächtig geworden. Ich habe Riesenberge aufgerichtet zwischen der
Welt und mir, zwischen meinem Ich und meinem Selbst, nur weil
ich nicht leben und nicht sterben wollte – beides nicht.

Vielleicht, so überlegte ich wohl, muß ich doch auf meinen
Schatten schießen, damit er ein Mensch wird, mein Partner. Ich
muß ihn dann zu mir selber einladen, in mein Haus – nicht in
das Haus des Riesen, sondern zu mir.

Wenn ich mein Wildestes wieder leben dürfte! Wenn ich mit
ihm umgehen lernen könnte! Wenn ich mein Herz fände oder
doch seine Stimme vernehmen dürfte! Die Stimmen meiner un-
gelebten Tiefe rufen mich. Sie wollen das Ungetane. Sie wollen
das Wagnis des noch nie Gelebten. Sie rufen mich zu den Abenteuern der Seele, der kosmischen Unendlichkeit meiner Seele –
diesseits von Leben und Tod –, zur reinen Ursprünglichkeit.

Das ist keine Schwärmerei. Jeder offene Mensch, der das liest,
weiß unmittelbar, was gemeint ist und wie das gemeint ist. Es ist
die Welt jenseits von Eroberungen, jenseits von Folterungen und
Quälereien. Es ist die Welt, die das Leben meint, nichts anderes
als das Leben. Aus meiner Dunkelheit rufen die Quellen des Lebens. Wenn sich der Schatten mit mir verbinden darf, umarmt
mich Liebe.

Schattenaugen

Ich ging auf die Jagd. Ich habe einen Menschen getötet. Warum nur konnte ich auf einen Schatten schießen? Ich meinte, es sei ein Hirsch, aber ich habe einen Menschen getroffen. Ich habe dem Leichnam den Kopf abgehauen und den Leib in den Fluß geworfen. Den Kopf nahm ich mit mir. Ich weiß nicht recht, warum. Es war mir, als würde der Tote mir das befehlen. Von Zeit zu Zeit muß der Kopf an den Fluß zurückkehren. Muß er dann mit seinem Leib sprechen?

Die Toten leben. Selbst wenn sie Asche geworden sind, leben sie noch. Sie leben in unseren Kindern. Sie sind die Augen unserer Schwiegersöhne. Und die Toten sind schuld, daß unsere nächsten Verwandten fortgehen müssen von Zeit zu Zeit – an den Fluß, in das andere Land.

Wenn ich male, kann es geschehen, daß ich merke: Jetzt bin ich in jenem Land gewesen. Vielleicht entstehen dann meine besten Bilder. Ich weiß es nicht. Mein Pinsel, meine Finger gingen ungeleitet über den Malgrund hin. Nein, nicht wie im Traum. Mit einem Traum hat das wahrscheinlich nur wenig zu tun. Es ist ein Hinübergehen, wie in einem Boot über einen Fluß.

In jenem Land besteht kein Nacheinander und kein Nebeneinander. Die Zeit hat ihre Macht verloren. Die Geographie existiert nicht. Ich kann mir das nicht vorstellen. Es sind keine Bezüge vorhanden. Das Märchen hat zwei Bilder dafür: die Asche und das Augenlicht.

Ich möchte von der Asche sprechen. Ich habe noch kaum jemanden von der Asche sprechen hören, nicht einmal flüchtig beim Tod eines nahestehenden Menschen. Aber gerade dann sollten wir davon sprechen – von der Urne und von der Asche.

Schon die frühesten Völker haben die Asche in Urnen gegeben, in Urnen aus gebranntem Ton. Mit viel Sorgfalt formten sie diese Gefäße, teilten ihnen die Gestalt der Götter mit, die Formen von Menschen und Tieren oder von Häusern. Sie stellten sie in die Nischen von Höhlen, mauerten sie in die Sockel und Platten von Altären, senkten sie in die Erde.

Es ist gut, Flamme zu werden und zu verglühen. Bin ich nicht unzählige Male schon durch das Feuer gegangen in meinem Leben, unzählige Male zu neuem Leben verglüht? Unheimlich war das – und diese Schmerzen am Rand des gerade noch Fühlbaren! Das letzte Feuer trägt mich ins nicht mehr Fühlbare. Ich weiß nicht, was an die Stelle des Fühlens tritt, an die Stelle des Denkens, Empfindens, an die Stelle der so überwältigenden Visionen, die mich in meinem Leben in so tiefe Abgründe geschleudert, auf die höchsten Gipfel über die Wolken getragen haben.

In manchen Zeiten spiele ich damit, daß es die Realität einer Vision sein könnte – wenn das für einen Menschen nicht zuviel ist. Irgendwoher müssen doch meine Visionen kommen, diese Visionen, die keine Bilder mehr brauchen. Das könnte es sein. Nicht mehr auf ein Bild angewiesen sein, auf nichts – oder auf das Andere, das sich nicht wissen läßt. Wahrscheinlich ist das dasselbe. – War das nicht jeweils ähnlich, als ich durch den letzten Schmerz des Feuers ging? Vielleicht, es kann sein, und ich habe das ein-, zweimal gesucht. Vielleicht ist das eines der letzten Geheimnisse des Vogels Phönix, des Feuervogels in meiner Brust?

Ein Häufchen Asche! Ich will nicht vergessen, daß das eine Kostbarkeit ist – das, was das Feuer nicht erreicht. Wahrscheinlich ist es gut, die Asche dem großen, gelben, heiligen Fluß mitzugeben. Er treibt sie dem Meer zu. Und es ist ja Symbol der Großen Mutter, Urgrund, Grab und Schöpfungsschoß, Vernichtung und Kreation, das Stumme, zu dem mich meine Visionen zwingen, das in Wogen Erregte, aus dem meine Visionen werden, Ende und Anfang zugleich, untrennbar Eines. – Wenn sich das sagen ließe, malen ließe, tanzen, singen ließe! Ganze Völker haben es zu bauen versucht: die Pyramiden am Nil, Tempel und Kathedralen an den großen Flüssen – Mysterienspiele aus Stein.

Selbst die Hütte des jungen Häuptlings, des Dorfvorstehers Kairé im Niemandsland des verlorenen Kolumbien, gleicht einem solchen Versuch.

Vielleicht ist es gut, dem Häuflein Asche mit der Urne eine Form zu geben. Ist nicht alles Lebendige Form? Schaffe ich nicht mit der Urne das letzte Geheimnis, den reinsten Widerspruch? Das Gefäß bedeutet das Leben, die Asche das Unbrennbare, Tote. Ist das, was nicht brennen kann, tot?

Eigentlich weiß ich ja nichts. Ich sage »Asche« und »Urne«. Jemand hat die Asche meiner Eltern in die Urne geschüttet. Ich weiß nicht einmal, ob sie tatsächlich darin ist. Ich hätte das selber tun sollen, tun müssen. Vielleicht hätte ich dann ihre Augen gefunden.

Wenn ich mit den Schattenaugen der Toten schaue, sehe ich hinter alles Greifbare. Ich sehe das, was keine Bilder mehr braucht. Das Andere sehe ich, das, was mein Pinsel, meine Hände meinen, wenn sie nicht mehr geleitet sind.

Die Schattenaugen sind die Augen des Nichtgelebten, Aschenaugen – die Jenseitsaugen, Diesseitsaugen, die Augen diesseits dieser Welt. Es sind Überallaugen, die Immer-jetzt-Augen.

Übungen

*Das Licht
in der eigenen Seele finden*

Nachvollziehen

Es bieten sich unzählige Möglichkeiten, Märchen tiefe, nachklingende Erlebnisse werden zu lassen. Besonders schön ist es, Märchen anderen weiterzugeben, nicht detailliert genau, sondern in freiem, nachgestaltendem Erzählfluß. So lebten ja die Märchen generationenlang von Mund zu Mund. Volksmärchen kennen keine Urfassung. Als sie gesammelt und aufgeschrieben wurden, sind sie schon sehr alt gewesen und sicherlich durch manche Metamorphose hindurchgegangen. Märchen lassen sich auch singen und tanzen oder im freien, spontanen Spiel in der Gruppe nachvollziehen. Wenn wir einzelne Szenen nachzeichnen und uns dabei nicht allzusehr kontrollieren, nicht ängstlich am genauen Inhalt kleben, wird uns die Erfahrung zuteil, wie das Märchen in uns wirkt.

Die hier folgenden Übungen nehmen das Märchengeschehen sehr ernst. Sie zeigen, wie wir das, was Märchen meinen, nicht nur verstehen, sondern auch nachvollziehen können, so gut es möglich ist. Nicht alles, was die vier Urmärchen, mit denen wir uns so intensiv beschäftigt haben, uns in Bildern vorführen, läßt sich einüben. Manchmal ist es gut, ein Bild einfach wahrzunehmen und bei ihm zu verweilen. Dann entstehen von selber neue Bilder in uns, und wir werden dorthin weitergeleitet, wo die Seele mit uns hingelangen will.

Wir sollten die folgenden Übungsanleitungen nicht akribisch einhalten. Sie dürfen nach eigenen Bedürfnissen variiert werden. Was uns nicht zusagt, lassen wir weg. Vielleicht haben wir ein andermal Lust dazu. Aber wenn wir uns für eine Übung entschlossen haben, dann sollten wir sie durchführen. Wir wollen keine Übung beginnen, wenn wir nicht genügend Zeit und äußere und innere Ruhe dazu finden. Meistens ist es auch nicht gut, eine begonnene Übung abzubrechen. Das Angefangene wirkt dann weiter in uns, ohne daß wir es ganz verarbeiten. Und gerade das würde der Übungsabsicht nicht entsprechen.

Vielleicht spornen uns die hier skizzierten Übungen dazu an, eigene Übungen zu erfinden. Das wäre ganz besonders hilfreich, weil selbsterfundene Übungen unseren Bedürfnissen am besten entsprechen.

Die Zeichnungen und kleinen Bilder, die im Laufe der folgenden Übungen entstehen, datieren wir jeweils und sammeln sie in einer hübschen Mappe. Die Texte schreiben wir am besten auf Blätter und legen sie in ein Ringheft. So erhalten wir eine intime persönliche Dokumentation, auf die wir auch später von Zeit zu Zeit zurückgreifen.

Alt bist du, jung wirst du werden

Der große Baum

Vor dir liegen deine Farbstifte und zwei recht große Zeichenblätter. Betrachte die Farben. Wähle jene aus, die dir jetzt gerade am besten gefällt. Lege das eine Zeichenblatt so vor dich hin, wie es dir jetzt richtig scheint. Folge keinem Schema, nur dem, was dir jetzt richtig scheint. Zeichne jetzt in dieser Farbe auf dein Blatt (so, wie es jetzt vor dir liegt) einen Baum. Du hast aber bloß anderthalb Minuten Zeit dazu!

Zeichne anschließend noch einmal einen Baum. Jetzt nimm dir geduldig Zeit dazu, soviel du brauchst. Alle Farben stehen dir zur Verfügung. Führe den Baum in allen Einzelheiten aus, liebevoll. Halte dich nicht an irgendein Vorbild. Zeichne vor allem nichts ab!

Im ersten Kapitel dieses Buches – es trägt die Überschrift »Erneuerung« – findest du den Abschnitt »Der große Baum«. Dort wird beschrieben, wie du deine Baumzeichnungen auf dich beziehen kannst. Lege beide Zeichnungen vor dich hin, lies nach, vergleiche. Mit deinen Baumzeichnungen hast du dein individuelles Leben dargestellt, so wie es dich jetzt gerade erfüllt. Geh nicht zu weit mit deiner eigenen Interpretation, nur so weit wie die Ausführungen in diesem Buch. Sonst läufst du Gefahr, allerlei in die Zeichnungen hineinzudeuten, das gar nicht darin sein kann.

Bei vorschulpflichtigen Kindern und noch bei Kindern der ersten beiden Schuljahre fehlt auf solchen Zeichnungen in der Regel der Wurzelbereich. Das braucht uns nicht zu bekümmern. Wenn wir unbewußt gestalten, verwenden wir Bilder, die uns bekannt sind, die wir in der Außenwelt gesehen haben. Da das Kind die Wurzeln nicht sieht, wird es auch in seinen Phantasiebildern keine Wurzeln darstellen. Etwa vom sechsten Altersjahr

an sollte das Kind aber mit dem Wurzelbereich der Pflanzen bekannt werden. Wir setzen gemeinsam Pflanzen. Wir erzählen von
den Wurzeln. Wir betrachten die Wurzelstränge der Bäume im
Wald. Vielleicht treffen wir einen alten Wurzelstock und betrachten, was jetzt alles darauf wächst. Es bedarf keiner Erklärungen –
das Betrachten genügt. So wird das Kind ganz natürlich eine Beziehung zu seinen eigenen Wurzeln erhalten.

Jugendliche werden meist nur kurze und dünne Wurzeln
zeichnen – besonders auf dem ersten Bild, bei dem keine Gelegenheit für Gedanken bestand. Jugendliche stehen im Begriff, angestammte Bereiche zu verlassen, selbständig zu werden. Vielleicht würden sie lieber Schuhe statt Wurzeln, Beine statt einen
Stamm zeichnen. Wenn wir behutsam mit dem betreffenden Ju-
gendlichen sprechen, entwickelt er möglicherweise solche Bilder.
Dann ermuntern wir ihn, einen solchen »Wunderbaum« zu gestalten, möglicherweise sogar plastisch.

Alte Menschen zeigen nicht selten Hemmungen, einen Baum
zu zeichnen oder gar zu malen. Wenn sie dann aber dazu ermun-
tert werden, sind sie plötzlich mit Vergnügen dabei. Und die Resultate können erstaunlich eigenwillig sein. Das letzte Gedicht, das
HERMANN HESSE geschrieben hat, war ein Baum-Gedicht. Er ver-
faßte es am 8. 8. 1962, einen Tag vor seinem Tod. Am 19. 8. 1962
wurde es in der »Neuen Zürcher Zeitung« publiziert:

Splittrig geknickter Ast,
Hangend schon Jahr um Jahr,
Trocken knarrt er im Wind sein Lied,
Ohne Laub, ohne Rinde,
Kahl, fahl, zu langen Lebens,
Zu langen Sterbens müd.
Hart klingt und zäh sein Gesang,
Klingt trotzig, klingt heimlich bang
Noch einen Sommer,
Noch einen Winter lang.

Höhle und Insel

In dichter Folge reihen Märchen Symbolhandlungen an Symbolhandlungen. Wir interpretieren sie und verarbeiten sie dadurch mit unserem Verstand. Durch unsere Übungen versuchen wir, sie in uns hineinzunehmen, unmittelbar zu verarbeiten – ohne den Weg über den Verstand. Arbeitsteilung und Entfernung von der Natur haben unser Leben von unmittelbaren Symbolhandlungen entfernt. An altüberlieferten Feiertagen ist aber manches lebendig geblieben. An Weihnachten tragen wir einen Baum in unsere Stube, den Baum des Lebens in die Nähe unserer Seele. Wir zünden Kerzen an, nehmen am Licht-Werden teil. An Ostern zerbrechen wir die Schale von Eiern, wir leben Bereitschaft für Erneuerung, für neues Leben in uns. Auch im »Alltag« erhielten sich immerhin einige Symbolhandlungen. Jedesmal, wenn wir ein Fenster öffnen, öffnen wir uns und unsere Seele der Weite. Wenn wir die Türe schließen und in die Wohnung, ins Haus hineingehen, wollen wir der eigenen Seele ebenfalls Geborgenheit und Sicherheit ermöglichen. Wenn wir Milch trinken, Wein trinken, Brot essen, vollziehen wir symbolische Handlungen.

Ich darf auf eine erfüllte Kindheit und eine an tiefen Erlebnissen reiche Jugend zurückblicken. Manches Erlebnis, an das ich mich besonders gern erinnere, wirkt durch seinen Symbolgehalt bis heute nach, um den meine Freunde und ich damals natürlich nicht wissen konnten – und mußten.

Im dritten Schuljahr führte uns unser Lehrer auf einer Wanderung zu einer Höhle im Jura. Wir durften sie erkunden, darin spielen. Später haben wir uns auf den Boden gesetzt, und der Lehrer erzählte uns von den Höhlenbewohnern, ihrem schweren und teilweise wohl auch schönen, naturnahen Leben. Das hat meinen Zwillingsbruder und mich so stark beeindruckt, daß wir die Höhle immer wieder aufsuchten. Zwei-, dreimal konnten wir unseren Vater sogar dazu bewegen, daß er nachts mit uns in die

Höhle kam. Unter seiner Anleitung stellten wir verschiedene Lichter auf. Dann sangen wir einige Lieder. Als die Lichter erloschen, schauten wir in den Himmel hinauf, und der Vater zeigte uns einige Sternbilder.

Ich möchte nicht sagen, daß wir dadurch, wie der König im Märchen, ein neues Leben erhielten. Aber unser Kinderleben gewann so Sinn und Mitte. Sicherlich sind wir in jenen Nächten anders aus der Höhle hinausgetreten, als wir hineingegangen waren. Höhlen ziehen uns magisch an. Wir sollten dem inneren Ruf nachgeben, wenn wir auf einer Wanderung an einer Höhle vorbeikommen und es uns lockt, uns darin aufzuhalten. Es ist eine wichtige Symbolhandlung. Was wir außen vollziehen, erleichtert auch innerseelisches Werden. Es stimmt die Seele ein, öffnet ihren Energien neue Wege.

Mit diesen frühen Erlebnissen hängt es wohl zusammen, daß mein Bruder Archäologe geworden ist. Ich möchte jetzt aber noch von einem Erlebnis erzählen. Wir waren sechzehn Jahre alt. Fast jeder sonnige Sommertag vereinte uns Kameradinnen und Kameraden auf einer nur guten Schwimmern zugänglichen Insel in einem breiten Fluß. In der Regel waren wir ganz allein dort. Wir diskutierten über Gott und die Welt, über Leben und Tod. Wir wußten, daß eines der Mädchen eine heimtückische Krankheit in sich trug. Das Leben gab ihm nicht viel mehr Zeit noch als diesen Sommer. Heute weiß ich, warum wir immer wieder zu dieser Insel hinausschwammen und warum wir dort so frei miteinander sprechen konnten. – Leider ist jetzt das Wasser in diesem Fluß so schmutzig, daß sich kaum mehr jemand in seine Wellen wagt. Eine große Möglichkeit, gerade das symbolisch zu vollziehen, was die Seele innerlich leisten muß, ist zerstört. Ein leidenschaftlicher Schwimmer bin ich geblieben. Eine Insel in einem Fluß oder See ist mir noch immer ein gutes Ziel. Besonders gern rudere ich auch hinaus.

Der König im Märchen hat auf jener Insel den weisen Mann gefunden, der ihn zu neuem Leben führte. Vielleicht könnten wir die Inseln in unserem Herzen leichter erreichen, wenn wir uns gönnten, hier und da auf eine Insel zu schwimmen oder zu rudern. Alles, was wir tun, ist wichtig, entfernt uns von unserer Tiefe oder nähert uns ihr an. Es lohnt sich, manchmal Rückschau zu halten und sich zu fragen, mit welchen Handlungen wir uns selber näher gekommen sind. Solches Fragen weist uns auf Möglichkeiten zu Symbolhandlungen hin, die sich noch immer und immer wieder eröffnen.

Die Speise der Götter

Die antiken Götter nährten sich mit Pilzen und sicherten sich dadurch ewiges Leben. So haben wir es im Märchenkommentar gelesen, und wir haben darüber nachgedacht, warum Pilze in dieser Art Symbol werden konnten. Jetzt wollen wir uns fragen, welche Speisen uns zuträglich sind. Welche Speisen tun uns wohl, haben heilende Wirkung? Das ist nicht für jeden Menschen gleich. Und angeblich teilen Ärzte zu diesem Problem nicht viel mit. – Manche sprechen gern davon, wenn man das Gespräch darauf leitet. Verantwortungsvolle Drogisten werden uns ebenfalls gern beraten. Aber manches wissen wir auch instinktiv.

Wir malen das Licht

»Der weise Mann aber band ihm das Seil um und ließ ihn in die Erdspalte hinunter. Unten war es ganz finster. Aber der König sah, daß da ein Gang war. Er löste sich vom Seil und ging in den Gang hinein. Und da waren viele Pilze, die leuchteten, aber es war nur ein schwaches Licht. Und der König pflückte, so schnell er konnte, bis der ganze Korb voll war. Dann kehrte er zum Seil zurück, band sich fest und ließ sich vom weisen Mann wieder hinaufziehen.«

Das ist ein entscheidender Abschnitt in dem brasilianischen Märchen. Wir haben ihn verstehen gelernt. Symbolisch ist der König in die verborgenen und deshalb dunkel erscheinenden, unbekannten Tiefenbereiche seiner Seele hinabgestiegen. Wenn wir das Märchen ganz konsequent als Darstellung der Seele und als Geschehen in der Seele verstehen, dann gibt es uns Gewißheit, daß in uns selbst Licht leuchtet und dieses Licht von dem uns Nährenden in uns ausgeht. Der weise Mann in uns, die eigene innere Autorität, die will, daß unsere Seele sich erneuert, führt uns an diese innere eigene Nahrungsquelle und zum inneren Licht in uns. Wir haben eine Kraft in uns, die das will. Unsere eigenen Tiefenbereiche sind nicht so dunkel, wie es scheinen könnte. Es gibt Nährendes darin und Licht! Das ist ganz wichtig, großartig ist es. Deshalb dürfen wir uns das immer wieder sagen und auch jetzt bei dieser Stelle verweilen und versuchen, das Symbolgeschehen des Märchens nachzuvollziehen.

Niemand kann das Licht malen. Einige ganz große Künstler sind diesem Ziel allerdings nahe gekommen – die Impressionisten, Vincent van Gogh etwa oder William Turner. Uns ist es wohl verwehrt. Aber wir können uns doch geduldig malend dem Helleren nähern und hoffen, dabei auch innerlich heller zu werden, das Lichthafte, das in uns wohnt, aufzuwecken, ihm Raum zu geben.

Wir kaufen einige große Bogen ganz schwarzes Zeichenpapier und lassen uns auf eine wichtige Übungsreihe ein. Weil wir ganz bei uns selbst sein wollen, brauchen wir Stille. Musik würde uns abgleiten lassen in Bereiche, welche nicht wir, sondern die betreffenden Musiker geschaffen haben. Wir brauchen auch einen Raum, in dem niemand ist als wir selbst. Und wir brauchen Gewißheit, daß uns für einige Zeit niemand stören wird. Hausglocke und Telefon lassen wir läuten. Wir sind ja auf einer Reise, auf der Reise zu unserem Licht!

Wir haben also diesen großen schwarzen Bogen vor uns und unsere Farben neben uns, mit denen wir gut umgehen können: Farbstifte oder Pastellkreiden, Wasserfarben oder Acrylfarben... Nun setzen wir Farbtupfen in die dunkle Fläche – einfach so wie ein Kind. Wir wollen erleben, wie das Blatt hell wird, von Farben leuchtet. Darüber freuen wir uns. Wir betrachten unser Werk, hängen es irgendwo auf oder legen es zu lieben Dingen. – Dunkles ist farbig geworden durch uns. Auch unser eigenes Dunkles kann farbig werden – durch uns. Wir müssen nur geduldig sein und uns überlegen, was inneres Dunkel farbig machen könnte. Wir wollen aufschreiben, was uns in den Sinn kommt, und schon heute eines, einiges davon wagen!

Später nehmen wir wieder so einen schwarzen Bogen Zeichenpapier. Und nun überlegen wir uns, mit welcher Farbe wir Helles malen möchten, Lichthaftes. Das ist mit jeder Farbe möglich. Wenn wir sie gewählt haben – nur eine einzige Farbe – malen wir damit einen großen Tupfen mitten auf den Bogen. Wir schauen ihn an. Und dann vergrößern wir den Tupfen, lassen die Erweiterung aber um eine feine Nuance dunkler werden (mit derselben Grundfarbe). Das wiederholen wir immer wieder, bis wir am Rand des Blattes angekommen sind und die Farbe nun auch ganz dunkel, schwarz geworden ist.

Wenn wir jetzt das so bemalte Blatt anschauen, haben wir ein Bild der Höhle vor uns, durch welche der schwarze König gegangen ist. Für ihn war das Licht hell, weiß. Weiß ist für viele die Farbe des Ostens, des Ortes, wo die Sonne aufgeht: Neuanfang, neuer Tag, neue Geburt, neues Leben.

Was hast du für eine Farbe gewählt? Was bedeutet dir diese Farbe? Verweile bei deiner Antwort! Meditiere über deine Antwort. Laß dich »treiben« mit dieser Farbe. Jetzt darfst du, wenn es dich lockt, Musik erklingen lassen, eine Melodie, welche dieser Farbe entspricht. Sicher hast du eine entsprechende Musikkassette oder eine CD. Jetzt bist du selbst so licht, so hell, so innen jung.

Ein anderes Mal malst du das gleiche Bild mit einer anderen Farbe. Diesmal arbeitest du geduldig und sorgfältig von außen nach innen, läßt also die gewählte Farbe heller und immer heller werden. Auf diese Weise machst du den Prozeß selber mit. Je hingebungsvoller, selbstvergessener du arbeitest, desto näher kommst du malend dem eigenen Farbighellen in deiner Seele.

Wir werden wie das Licht

Wir wissen, die schwarze Höhlendunkelheit meint symbolisch Bereiche unserer Seele, die im Dunkeln sind. Das haben wir bereits erfahren. Wenn wir stark genug sind, lassen wir uns auf dieses Dunkel ein. Ich weiß eine gute Übung dazu. Du kannst sie in deinem Zimmer machen. Besonders schön ist sie aber im Freien, so wie ich sie jetzt schildern werde. Vielleicht machst du diese Übung zunächst zu zweit oder in einer kleinen Gruppe und erst später allein. Es geht noch immer darum, daß du die eigene Helligkeit findest und dich selber ganz von ihr – von deinem eigenen Licht – durchleuchten läßt.

Wir gehen in die Nacht hinaus. Wir sprechen nicht viel dabei. In der Tasche haben wir Streichhölzer oder ein sicheres Feuerzeug und etwa ein Dutzend Kerzen. Wir gehen in den Wald, zunächst auf einem Weg, dann ins Dickicht. An einem stillen, auch möglichst windstillen und trockenen Ort setzen wir uns nieder. Wir hören der Dunkelheit zu, dem Wald, den Geräuschen in den Wipfeln, den Geräuschen der Erde, des Laubwerks, der Tiere. Wir spüren den Düften nach, analysieren sie, so gut es geht. Bald merken wir, daß sich unsere Augen an das Dunkel anpassen. Das Dunkel wird dadurch heller. Jetzt schauen und lauschen wir in uns selber hinein. Wir gönnen uns die Nähe zu unserem Herzen. Wir wollen aber nicht denken. Wir meiden Gedanken. Immer wieder versuchen wir, einfach

still bei uns selber zu sein. Vielleicht entsteht hie und da ein
Bild...

Später zünden wir eine Kerze an, halten sie in der Hand, stellen sie vor uns hin (drücken sie etwas in die Erde). Wir schauen,
wie die Umgebung heller wird, betrachten alles, was in das Licht
tritt. In geduldigen Zeitabständen wiederholen wir das, bis wir
schließlich in der Mitte eines Lichtkreises sitzen. Das ist ein wunderbares Erlebnis. Das müssen wir uns gönnen. Wir sind in der
Mitte des Hellen. Symbolisch sind wir in unserer Mitte angekommen.

Wir haben manche Symbolhandlung nachvollzogen, die auch
im Märchen geschildert wird. Wie der schwarze König haben wir
unsere Wohnung, unser Haus verlassen und sind in die Wildnis
hinausgegangen. Wir haben uns auf den Wald eingelassen und
auf die Nacht. Sie hat mit uns gesprochen, die Nacht. In die
Höhle hinabgestiegen sind wir nicht. Aber im Dunkel sind wir
doch gewesen. Und dann haben wir eine eigene Form gesucht,
eine die uns besser entspricht. Wir leben ja auch in einer anderen
Zeit als die schwarzen Männer im Märchen. Aber wir haben unser Dunkles selber hell gemacht. Das ist ganz entscheidend, daß
wir das selber gemacht haben. Und wir haben uns an der Stelle
gefühlt, an der es auch in uns hell ist. Mit dem Wissen um diese
Stelle kehren wir still und froh nach Hause zurück.

Unser Haus, unsere Wohnung ist symbolisch auch Haus,
Wohnung unserer Seele. Wir verhalten uns entsprechend, wenn
wir heimkommen. Wir zünden noch einmal einige Kerzen an.
Wir gönnen uns noch einmal dieselbe Helligkeit, die wir im
Wald gespürt haben, ehe wir zögernd zurückkehren ins Gewohn-
te, das nun doch nicht mehr so ganz gewohnt sein dürfte, sondern in einigen Bereichen doch etwas anders, neu, erneuert.

Erneuerung

Wenn sich Stämme der Aborigines, der Nachkommen der australischen Ureinwohner, mit ihren Urmüttern und Urvätern vereinen wollen, färben sie ihre Körper mit weißer Farbe ein. Während einer ganzen Woche oder noch länger singen sie unermüdlich ihre heiligen Lieder und tanzen in rhythmischen Figuren. Die weiße Farbe verleiht den Menschen Zeugungskraft. Sie symbolisiert Tod und Wiedergeburt. Nicht nur die Ahnen sollen wiedergeboren werden, auch die Tanzenden, Singenden sollen in den Zyklus von Tod und Wiedergeburt eingehen. Diese heiligen Feiern heißen Corroborees.

So seltsam es klingen mag, auch wir in unserem Kulturkreis kennen Vergleichbares. Wenn die Braut ihr lichtweißes Kleid zum Hochzeitsfest anzieht, macht sie sich dafür bereit, das alte Leben sterben zu lassen und die Geburt eines neuen Lebens zu ermöglichen. So will es alte, leider vergessene Tradition. In allen Kulturkreisen der Erde ist die weiße Farbe Symbol von Tod und Wiedergeburt, Farbe der Trauer und der Freude zugleich. Offensichtlich sind Tod und Wiedergeburt dasselbe.

Die schwarzen Männer im Märchen lassen sich ihre Körper mit vergorenem, weißem Pilzbrei einschreiben. Von der Farbe her vereinigt er symbolisch Tod und Wiedergeburt. Der alkoholhaltige Pilzbrei schenkt aber an sich, davon sind die Erzählerinnen und Erzähler des Märchens offensichtlich überzeugt, verjüngende Kraft.

Auch dieser Verjüngungsritus ist nicht so weit von uns entfernt, wie wir meinen könnten. Cremen wir uns nicht gerne nach dem Bad oder nach dem Duschen mit wohlriechenden Salben und Ölen ein? Und erhoffen wir uns nicht davon eine Verjüngung unserer Haut? Sicher erlangen wir so ein Gefühl des Wohlseins, der Gesundheit also. Vielleicht müssen wir uns auch die Symbolbedeutung des Eincremens besser bewußtmachen. Sind nicht manche Schönheitsmasken, wenn sie auf der Gesichtshaut aufgetragen sind, weiß?

Gewiß, wir werden unsere Körper nicht einfach mit weißer Farbe anmalen, einreiben! Aber mit der Symbolik wollen wir uns doch nachvollziehend auseinandersetzen.

Die Aborigines beachten drei Stufen. Sie bemalen die Körper mit weißer Farbe; dann suchen sie durch Gesänge und Tänze Verbindung zu ihren Ahnen; und schließlich kehren sie als neue Menschen in das »Leben« zurück.

Nimm jetzt einen großen weißen Bogen. Seine weiße Farbe entspricht dem Weiß, mit dem die Urvölker ihre Körper bemalen, wenn sie sich symbolisch auf ihre Neugeburt vorbereiten. Deine Farben sind gebrauchsbereit vor dir. Und jetzt wagen wir eine tiefe, meditative Übung. Sie braucht Zeit, Geduld, Stille, Alleinsein.

Betrachte jetzt das weiße Blatt, bis du nichts mehr denkst, bis zu quasi selber ganz »weiß« wirst. Du siehst nur noch diese weiße Blattfläche. Bleib lange so! Geduldig! Langsam spürst du in dir das Bedürfnis, die weiße Fläche mit Farben zu füllen – nicht wild, geduldig und sorgfältig. Du mußt alles geschehen lassen. Die Wahl der Farben muß sich wie von selbst ergeben.

Später, wenn du wieder Zeit hast und das bemalte Blatt wieder vor dir liegt, fragst du dich, was jede der gewählten Farben für dich bedeutet. Schreibe es ganz spontan und sehr ausführlich auf – ohne Symbollexikon! Später unterstreichst du in deinem Text das, worin du zu wenig Geübtes, Gelebtes erkennst. Dort liegen deine neuen Möglichkeiten! Stell dir deshalb Tätigkeiten vor, die diesen Möglichkeiten entsprechen. Schreibe auch das wieder auf!

Du bist jetzt in den Prozeß der Erneuerung hineingegangen. Die Farbmeditation hat dich geführt.

Der König ist in die Erdspalte hinabgestiegen. Symbolisch hat er die Einkehr in eigene Tiefenbereiche vollzogen. Denkst du daran, wenn du in den Keller hinabsteigst, dort eine gute Speise oder ein Getränk holst? Mach dir bewußt, daß das eine tiefe Symbolhandlung ist.

Die Schätze in deinem Keller kennst du. Du hast sie selbst eingelagert. Die Schätze in deiner Tiefe kannst du nicht kennen,
sonst wären sie dir ja nicht unbewußt. Aber du kennst jetzt das
Symbol der Pilze. Sie nähren sich vom Abgelebten, geben ihm
neue Gestalt, neue Lebensform. Ich stelle dir jetzt eine ganz
ernsthafte Frage. Suche geduldig nach ehrlichen Antworten. Be-
trüge dich nicht.

Was, das du gelebt hast, was, das dich erfüllt hat, ist gestorben?
Schreibe es auf – ausführlich! Was davon möchtest du wieder lebendig haben? In welcher Art könnte es wieder lebendig sein,
jetzt, hier? Schreibe auch das auf!

Wenn es dir gelingt, hast du den Weg des afrikanischen Königs
beschritten und auch den Weg der Aborigines, die an ihren Corroborees in Vergangenes einkehren, mit Liedern und Tänzen,
über eine Woche lang. Vielleicht summst, singst du jetzt im
Nachhinein eine spontan erfundene Vergangenheitsmelodie?
Vielleicht stärkst du jetzt, da du dir dies alles bewußtgemacht
hast, das Vertrauen in Erneuerung. Du mußt es als neuer Mensch
leisten, als reifer Mensch die Form finden, in der scheinbar Verlo-
renes, Entgangenes neu leben kann. Leicht ist es nicht. Aber es ist
möglich, wenn du die neue lebendige Form findest. Das wäre die
»hohe Schule«, zu der dich das Märchen verpflichten möchte!

Die Suche der Mos-Frau

Welches Kleid paßt zu mir?

Die Mos-Frau sucht das Fell – das Kleid –, das die Mutter ihr genäht hat. In einem langen Prozeß lernt sie, daß sie ihr eigenes, ganz persönliches Kleid braucht und ihre eigene, ihr angemessene Lebensgestaltung. Wer sich selbst finden und leben will, muß auch sein eigenes Kleid finden – nicht nur symbolisch, sondern real. Mein Kleid prägt mich. Durch mein Kleid teile ich mich anderen mit. Ich will mich von der Mode befreien, suchen und wählen, was zu mir gehört, mich »ausdrückt«.

Du bist allein in einem Zimmer, in dem ein großer Spiegel hängt. Du hast drei Kleider bereitgelegt: eines, das du schon lange nicht mehr getragen hast, ein Arbeitskleid mit Spuren deiner Tätigkeiten und ein festliches Kleid.

Du ziehst die drei Kleider nacheinander an. Jedesmal nimmst du dir viel Zeit. Du betrachtest dich im Spiegel und sprichst mit deinem Spiegelbild, redest dich mit »du«, ja mit deinem Namen an. Später denkst du über die Erfahrungen nach. In welchem Kleid hast du dich am wohlsten gefühlt? Suche nach Gründen dafür. – Du lernst viel über dich selber.

Du bist eine Blume

Die nächste und die übernächste Übung sind nicht dazu gedacht, dich zu verwirren. Es sind keine Sprachübungen. Es geht auch keineswegs darum, daß du dich auf Daseinsstufen einübst, die nach diesem Leben auf dich warten könnten. Im Gegenteil, dein einmaliges, kostbares Leben in dieser Welt soll so reich wie möglich werden. Diese Übungen wollen dich weiten, dir zeigen, was du noch nicht gelebt hast, welche Möglichkeiten sich dir eröffnen. Ziel ist, daß du neue Erfahrungen mit dir selber machen kannst. Wenn du dir Zeit nimmst und immer wieder über das Erfahrene nachdenkst, wenn du in dich hineinhorchst, erspürst, was in dir anklingt, kannst du Spuren zu neuen Wegen finden. Wehre dich nicht, laß dich in unbekannte Seelenbezirke leiten!

Lies die folgenden Abschnitte langsam und sorgfältig, vielleicht sogar laut. Sie beschreiben das Wesen der Rose, ebenso das des Braunbären und des Eisbären. Wenn du diese Schilderungen beim zweiten Durchlesen in die erste Person, die Ichform, überträgst, beziehst du das Blumen- und Bärenleben, welches das Märchen fordert, auf dich. Das ist wichtig. Auch die Blumen- und Tieraspekte deiner Seele wollen und müssen leben.

Die Rose übertrifft viele andere Blumen, was die Anzahl der Blüten, die Dauer der Blütezeit und die Langlebigkeit anbelangt. Mit ihren seidigen Blütenblättern und wehrhaften Stacheln stellt die Rose eine Mischung aus Eleganz, Zartheit und Kraft dar, die einen unwiderstehlichen Zauber ausübt. Ihre Blüten weisen in Farbe, Form, Größe und Duft eine wunderbare Vielfalt aus. Es ist die besonders starke Wirkung auf die Sinne, die die Rose zur beliebtesten und bekanntesten Pflanze gemacht hat. Zwar will die Rose etwas gehätschelt werden, aber häufig wächst sie auch unter schwierigsten Bedingungen. Sie gedeiht sogar auf Sanddünen, an Stellen, an denen sie Regen und Hitze ungeschützt ausgesetzt ist. Die Rose reagiert empfindlich darauf, wenn andere Pflanzen ihr den Platz streitig machen. Damit sie hervorragend blühen kann, muß man die Rose in gut vorbereitete Blumenerde pflanzen. Ein Standort in voller Sonne ist am besten ... so jedenfalls meint JAMES UNDERWOOD CROCKETT (1).

Beginne also: Ich übertreffe fast alle ... Mit meinen seidigen Blütenblättern ...

Bin ich ein Bär?

Diese Übung ist der vorangegangenen analog:
Der Braunbär ist ein Einzelgänger. Außer während der Paarungszeit geht jeder dem anderen aus dem Weg. Wenn ein Bär einem anderen begegnet, kann es zu Kämpfen kommen. Der Bär überwintert in einer Höhle, einem hohlen Baum oder einem Tunnel, den er selber gegraben hat. Wenn ein Bär im Frühjahr sein Lager verläßt, kann es noch eine, ja zwei Wochen dauern, bis er seine Schläfrigkeit überwunden hat. Der freßlustige Bär wird von den Menschen verfolgt. Ein Braunbär stellt jedoch keine besondere Gefahr für den Menschen dar. Er greift nur an, wenn er erschreckt wird oder Junge führt. Der Braunbär braucht einen großen, wilden Lebensraum. (2)
Sprich nun: Ich bin ein …

Ein ruhig dahinziehender Eisbär bewegt sich in weit ausgreifenden Schritten fort. Dabei hebt er die Beine nur ganz wenig, schwingt die Vorderfüße nach innen und die Hinterfüße in einem Bogen nach außen. Bei längerer Fortbewegung spart er so zweifellos erheblich Kraft. Er ermüdet jedoch verhältnismäßig schnell, wenn er gezwungen wird, seine Gangart zu beschleunigen. Im Klettern kann der Eisbär im Verhältnis zu seiner Größe und Schwere Erstaunliches leisten. Ebenso ist er ein guter Schwimmer. Beim Tauchen kann er sich etwa zwei Minuten unter Wasser halten, geht aber selten tiefer als ein bis zwei Meter. In der Natur hat der Eisbär so gut wie keine Feinde. Der Mensch ist dem Eisbären im allgemeinen ziemlich gleichgültig. Sehr neugierig ist er allerdings …

Blume, Tier und Stern

Wir wollen die drei Daseinsstufen, die das Märchen in Symbol-bildern zeigt, aus uns selbst sichtbar machen. Das wird möglich, wenn wir die Symbolbilder selbst gestalten und uns ihnen dann geduldig widmen. Nimm also drei recht große Zeichenblätter! Auf das erste zeichnest du eine Phantasieblume, auf das zweite ein Phantasietier, auf das dritte einen Phantasiestern. Laß dir Zeit dazu. Du mußt die drei Zeichnungen nicht am selben Tag anfertigen. Wähle die Farben, die dir am besten gefallen – ohne Rücksicht auf die Wirklichkeit.

Wenn du mit den drei Bildern fertig bist, erfindest du für jedes einen Namen, am besten ganz spontan. Verbinde jeden Namen mit deinem Vornamen und schreibe die Kombination jeweils unter das betreffende Bild. – Welcher Name gefällt dir am besten? Welches Bild ist dir besonders lieb?

Nimm jetzt ein Blatt Papier. Schreibe zu jedem Bild drei Sätze auf. Sie sollten ungefähr folgendermaßen beginnen: Wäre ich … (jetzt die betreffende Namenkombination schreiben), würde ich …

Licht

Wir können nicht Bärenklauen nehmen und über einen Glasberg in den Himmel steigen. Aber wir können uns vorstellen, was damit gemeint ist, wenn die Bärin im Märchen zusammen mit ihren Jungen Sternbild wird. Vielleicht geht es unter anderem darum, Licht zu werden und die Räume der eigenen Seele auszuleuchten. Wenn uns das gelingt, wird auch unser Leben streckenweise hell werden wie das Licht eines fernen Sterns. Wir müssen da allerdings vorsichtig sein. Viele Märchen vergleichen zwar Menschen mit Sternen, mit der Sonne und dem Mond, das ist aber wohl eher als Zielsetzung gemeint. Wir können uns auf den Weg begeben, uns an diesen Lichtgestirnen orientieren. Leben ist Nichterreichen, Leben ist Unterwegssein – so wie die Mos-Frau und die Bärin im Märchen unterwegs sind.

Die folgende Übung ist mit anderen, die wir bereits gemacht haben, verwandt. Trotzdem wollen wir auch diese ausführen. Sie setzt die anderen fort. Lichtübungen sind wichtig. Sie bilden Gegengewichte zu all dem Dunklen, das uns fast Stunde um Stunde überfällt.

Auf dem Tisch vor dir steht eine hübsche Kerze. Auch Streichhölzer oder ein Feuerzeug liegen bereit. Du merkst dir gut, wo diese Gegenstände sich befinden. Du hast eine CD oder eine Kassette vorbereitet, so daß du nur noch einen Knopf zu bedienen brauchst, damit die Musik, die du ausgewählt hast, erklingen kann. Es soll eine leise Musik sein, die dir viel Freiheit gewährt.

Jetzt läßt du es im Zimmer ganz dunkel sein und ganz still. Alles hängt davon ab, daß du Dunkelheit und Stille möglichst lange erträgst – bis in dir Friede einkehrt – und noch ein wenig länger. Dann zündest du geduldig die Kerze an. Du schaust lange in die Flamme. Später sprichst du laut in die Stille hinein: »Ich bin dieses Licht. Es füllt mich ganz aus, innen … (Du sagst, was du in deiner Seele siehst. Das geht lange, mit vielen Stockungen und Pausen.) Wenn du nichts mehr weißt, läßt du die Musik erklingen. Du lauschst in die Musik hinein.

Später, vielleicht ein, zwei, drei Tage danach, schreibst du auf, was dir an dieser Begegnung mit dem Licht in deiner Seele wichtig gewesen ist.

Diese Übung ist auch gut gemeinsam mit einem vertrauten Menschen oder in einer aufeinander abgestimmten Gruppe durchführbar.

Menschlichkeit

Auch die grausamen Stellen eines Märchens dürfen wir nicht einfach überlesen. Sie sind wichtig. Die Märchenerfinderin, der Märchenerfinder hat viel Sorgfalt darauf verwendet, die grausame Bärenjagd darzustellen. Wir erleben sie aus der Perspektive der Gejagten, sehen dem Geschehen aus dem Innenraum der Bärenhöhle zu. Diese Perspektive sollten auch wir uns zu eigen machen. Immer, wo gejagt, gestritten, gequält, gefoltert wird, müßten wir weniger den Handelnden zuschauen, als vielmehr den zu Passivität verurteilten Opfern. Von ihnen aus müssen wir das Geschaute auch weitergeben. So stellen wir uns in den Dienst der Menschlichkeit, der echten, nicht der Sensation. Menschlichkeit beginnt mit der Fähigkeit des Mitleidens. Sie endet nicht dort. Sie beginnt dort. – Wo endet sie?

Während die erfolgreiche Jagd mit Spielen, mit Gesängen, Zaubereien und Tänzen gefeiert wird, bleibt die Chanti-Jungfrau aufmerksam. Sie achtet darauf, wo die Zirbelzapfen-Nägel der Hände und Füße verstreut werden. Sie sammelt sie ein und gibt sie den Seelen der Bärenbrüder und der Bärenmutter. Eine seltsame Stelle! Wir haben sie zu verstehen versucht. Der Sinn des Todes ist gemäß diesem Märchen die Wiedergeburt, symbolisiert als Stern eines kosmischen Systems. Es geht darum, solche Wiedergeburten zu ermöglichen.

Nehmen wir das Bild in unsere Seele hinein! Das Bärenhafte in uns, das Tierhafte, Ursprüngliche, aus Urzeiten Vererbte ist das Gejagte. Unsere Tiernatur wird von anderen, von den »feinen Leuten«, als Gefahr empfunden. Sie können unsere Spontanität, unsere vielleicht ungepflegt erscheinende Natürlichkeit nicht ertragen. Sie ist immer mit der Sehnsucht nach Freiheit verbunden. Unsere Tiernatur ist aus dem freien Steppendasein des frühen Menschen weiter vererbt worden. Da gibt es keine Konventionen. Da spricht das Rauhe, das Unmittelbare. Alle Macht ist ihm feind.

Wie hat deine Umgebung reagiert, wie reagiert sie noch, wenn du einfach so natürlich und aus vollem Hals heraus gelacht hast, herauslachst? Was für Blicke hast du dir eingehandelt, als du in der Bahnhofunterführung gejauchzt hast? Das Echo war doch so schön! Die anderen haben das nicht gehört. Sie wollten das brave, sittsame Kind.

Ich erinnere mich, wie mein Zwillingsbruder und ich auf dem Heimweg von der Schule über die aufgeschütteten Schneehaufen kletterten. Wir fühlten uns auf einer Antarktis-Expedition. Als wir aber nach Hause kamen, mit nassen Kleidern, nassen Füßen, durchnäßten Schuhen, da war es aus mit unserem Hochgefühl. Da waren wir einfach noch unartige Kinder. Wunderbar aber war es, daß uns schon früh das Herumstreifen im Wald erlaubt war. Mit Kameraden haben wir Baumhütten gebaut, am Feuer gesessen, uns im Dickicht verirrt und doch immer wieder nach Hause gefunden. Wertvoll war es, daß mich mein Großvater schon früh mit Pferden umgehen lehrte. Das Striegeln der Pferde am Morgen, das Einspannen, das Hinausfahren aufs Feld – unvergessliche unmittelbare Naturnähe! Am Sonntag führte uns der Großvater vor den Fuchsbau im Wald, zeigte er uns Vogelnester, durften wir süße Kerne aus den Ähren herausreiben. – Ich bin ein Naturbursche geblieben, das ganze Leben lang. Naturburschen aber sind gefährlich. Sie sind freiheitsdurstig und naturdurstig. Sie wollen, daß Wildnis erhalten bleibt. Nicht Park – Wildnis!

Wir wollen sorgfältig darüber nachdenken, was in unserem Leben anderen so gefährlich schien, daß sie es jagten, hetzten, töteten, damit sie ihre albernen Festlichkeiten abhalten konnten! Wir machen eine Liste, schreiben die Stichworte links auf einem Blatt untereinander. In die leerstehenden Bereiche rechts daneben schreiben wir wieder in Stichworten, wie und von wem wir »gehetzt« worden sind.

Jetzt wissen wir mehr von unserem Lebensweg, ein gefährliches, schweres Kapitel mehr. Aber das darf erst der Anfang sein.

Die Aufgabe heißt, mit unseren Tieraspekten, Naturaspekten, Instinkten schöpferisch umgehen lernen. Sie sollen sternhaft leuchten dürfen. – Ja, da haben wir nun reiches Material für lange Abend- und Morgenmeditationen!

Wir meiden den Fehler, alles Verlorene auf einmal wieder haben, alles nun zu Beginnende sofort vollenden zu wollen. Die Reise auf die symbolisch gezeichnete Kristallpyramide wird lang sein, eine Lebensaufgabe. Immer wieder werden wir an den scharfen Kanten abgleiten. Wir brauchen, wie das Märchen es so eindrücklich bildhaft malt, Bären-Zirbelzapfen-Nägel. Was für Tierhaftes hilft uns in die Einsamkeit jenes Sternbildes, dem wir bestimmt sind? – Die Ausdauer, Unbeirrheit und Verwandlungsfähigkeit des großen, bei uns leider ausgerotteten so symbolstarken Bären gehört sicher dazu, die List des Fuchses, der Fleiß der Bienen, der instinktsichere Wolf, die Kraft der Löwen… Die Liste ist lang. Es sind die hilfreichen Tiere, denen wir immer wieder in Märchen begegnen. Die Tierbereiche unserer Seele machen uns menschlich.

Thomas der Reimer
und die Königin der Feen

Aufbrechen

»An einem Sommertag verschloß Thomas die Tür seiner Hütte und machte sich mit seiner Laute … auf den Weg …« Dieser Satz am Anfang des keltisch-schottischen Märchens weckt in uns die Lust, uns auch so zu verhalten: alles stehen lassen, den Schlüssel drehen und fortgehen. Irgendwohin gehen genügt, nicht besonders weit, nicht besonders lang – einfach wieder einmal so wie damals sein, als wir die Schule schwänzten. Schnell hatte sich das schlechte Gewissen im Nacken verflüchtigt. Vor uns lagen ein paar Stunden Freiheit und Seligkeit: Sonnenflecken am Weg, Steine, Kräuter und der Duft nach Harz und Moos. Weißt du die Stelle noch, wo die Erdbeeren blühten? Erinnerst du dich an die Schreie des Hähers? Hast du damals nicht eine neue Eigenart in dir entdeckt – deinen Eigensinn und deine Freiheit?

Dir einmal von dir ein Stück Freiheit erbetteln, warum nicht? Einmal für einen Tag – und, wenn es nicht anders geht, einmal für eine Nacht Freiheit genießen! Aber du müßtest zu Fuß gehen. Du mußt dich im rechten Augenblick niedersetzen können. Eine Stimme in dir sagt dir, wann das sein soll. Du wirst der Reiterin auf dem weißen Roß nicht begegnen; aber es kann sein, daß der Schatten im Dickicht jenseits der Lichtung dir ein Lied singt. Hörst du Glocken? Es ist dein Herz, das singt, dein frei gewordenes Herz. Schließ Freundschaft mit ihm, wieder einmal. Sprich mit ihm. Es ist ein guter Zuhörer und ein guter Erzähler.

In der Abgeschiedenheit werden wir andere Menschen. Die

Stimmen der Natur, die Farben des Horizonts wecken vergessene Instinkte. Und im Weitergehen wachsen Ahnungen, Gefühle – erwacht das, was wir sind.

Die Geographie des Märchens

Thomas Learmont lernt ein unbekanntes, weites Land kennen. Wir haben verstanden, daß es die Landschaft der eigenen Seele ist. Irgendwo wird sie auch der Landschaft unserer Seele gleichen. Wir wollen prüfen, inwiefern das stimmen könnte. Wir nehmen ein großes Blatt Papier und zeichnen mit Farbstiften einen Plan von dieser Landschaft. Zuerst widmen wir uns der groben, allgemeinen Struktur. Dann tragen wir Einzelheiten ein. Vielleicht müssen wir da und dort den Text zu Rate ziehen.

Wenn der Plan fertig ist, widmen wir uns ganz besonders jenem Gebiet, in dem Thomas Learmont sieben erfüllte, fraglose Jahre gelebt hat. Es ist das Reich der Feen. Das Märchen erzählt uns kaum davon. Desto mehr Freiheit haben wir, es für uns zu gestalten. Vielleicht haben wir im Plan noch genug Platz frei, einige Einzelheiten hineinzuzeichnen. Vielleicht lockt es uns, einen Text zu verfassen, in dem wir dieses geheimnisvolle Land beschreiben. Es wird das Land unserer eigenen Mitte sein. Wir zeichnen, wir beschreiben es, ohne viel nachzudenken, ganz spontan. Es sind Symbole, die da entstehen. Wir erschaffen eine kleine Welt – die Welt unseres »Herzens«. Kinder können das gut. Aber wir können es auch. Wenn wir auf jede Kontrolle verzichten, wird eine Art Mandala, eine Art Meditationshilfe, entstehen. Wir brauchen es nicht zu interpretieren, nur von Zeit zu Zeit anzuschauen.

Der Turm

»Mit seinem Geld baute er sich einen schönen Turm, in dem lebte er viele Jahre ...« Wir haben erfahren, was der Turm symbolisch bedeutet. Er beschäftigte die Maler und Dichter aller Zeiten, und beschäftigt sie noch. Hören wir ein Gedicht unserer Zeit, Gedanken dazu von MAX BOLLIGER. Wir finden es in seiner Sammlung »Schweigen, vermehrt um den Schnee« (3).

Dieser Turm,
Zuflucht für den Regen
und für den Wind,
für hundert
wilde und zärtliche Vögel,
die sich einnisten,
die auffliegen
und wiederkehren,
die ihn nähren
und mit Kot bedecken,
die sich an ihn drängen
mit ausgespannten Flügeln.

Dieser Turm
trägt deinen Namen.

Wir wollen das Gedicht aufmerksam lesen, mehr als einmal – bis es sich uns eingeprägt hat. Dann wollen wir das Bild, das hier angedeutet wird, vor uns entstehen lassen. Wir schließen die Augen und betrachten den Turm mit den wilden und zärtlichen Vögeln. Wir gehen um den Turm herum, schauen, wo er steht, wie er aussieht. Dann gehen wir hinein. Wir lernen ihn genau kennen, vom Keller bis zum obersten Geschoß, die Gemächer, die Zimmer, die Einrichtungen ... – Geduldig meditieren wir, bis wir al-

les mit diesem Turm Verbundene erfahren haben. Bitte lies jetzt
erst weiter, wenn du die Meditation geduldig durchgeführt hast.

Erst dann wagen wir eine vorsichtige Interpretation. Die Hütte, das Haus, der Turm, die Burg, das Schloß – das sind ebensol-
che Ursymbole wie der Baum, der Fluß, der See, das Meer, der
Stern. Mein Turm, so wie ich ihn meditierend erfahren habe,
kann Sinnbild für die Wohnung meiner Seele sein, also für den
Bereich, in dem ich meine Seele leben lasse, für die Art von Geborgenheit, die ich ihr schenke, für die »Räume«, in denen ich sie
leben lasse. Das Meditationsbild hat mir gezeigt, welche mir besonders wichtig und deshalb groß und gepflegt sind und welche
ich vernachlässige.

Die Kellerräumlichkeiten stehen für das kaum Bewußte. Wie
hat es dort »unten« ausgesehen? War es dunkel, ungepflegt,
herrschte ein heilloses Durcheinander? Welchen Gegenständen
bin ich dort unten begegnet?

Die Treppe symbolisiert die Verbindung zwischen den verschiedenen Bewußtseinsebenen. Symbolisch entspricht sie der Säule
der Schamanen. Wir haben ausführlich darüber gesprochen. Wie
hat die Treppe in deinem Turm ausgesehen? Sichert sie eine starke,
gute und bequeme oder gewährt sie eine eher mühsame, schwan-
kende und wacklige Verbindung zwischen den einzelnen Bereichen?

Die Küche entspricht dem Ort, wo dein inneres Feuer brennt,
dem Ofen, der dich wärmt, der Lebensglut. Es ist ein sehr wichtiger Raum. Hast du ihn überhaupt beachtet? Denke darüber
nach, was du gesehen hast. Es lohnt sich, eine weitere kurze Meditation zu wagen und die Küche noch einmal in allen Einzelheiten »innerlich« zu betrachten.

Auch die Stube ist sehr wichtig. Sie symbolisiert den Ort, an
dem du deiner Seele am liebsten begegnest. Welche Möbel stehen
dort? Welche Bilder hängen an den Wänden? Alles das gehört zu
dir. Du kannst dir gut selber ausmalen, was das alles für dich bedeutet. Gleicht die Stube, die du in deiner Meditation gesehen

hast, deiner eigenen Stube? Verlockt es dich jetzt, deine Stube etwas anders einzurichten, anders auszustatten? Es ist nicht gleichgültig, in welchen Räumen du lebst. Das ist ähnlich wie mit dem Kleid, das du trägst. Du prägst deine Wohnung, deine Wohnung prägt dich. Das ist eine Wechselwirkung. Gehorche im Wohnbereich ebenfalls nicht irgendeiner Mode.

Wie haben die obersten Turmräume ausgesehen? Sie symbolisieren dein waches, helles Bewußtsein, die »Region« deines Verstandes. Gib dir durch das Meditationsbild Rechenschaft über diesen Bereich!

Wir erinnern uns: Zuerst ist Thomas Learmont ein Eingeweihter geworden. Auf einer »Initiationsreise« – einer Reise zu sich selbst, zu seinem Ganzen – hat er nicht nur eine neue, reichere, intensivere Beziehung zu sich und seinem Leben erhalten, er ist an die Grenze des Lebens und bis ins Absolute gelangt. Erst nachher konnte er sich einen Turm bauen. Vorher wohnte er in einer Hütte. Solange wir leben, bauen wir symbolisch an unserem Haus, an unserem Turm. Das ist eine unserer Aufgaben, die wir mit der Geburt erhalten: die Lebensbereiche der Seele zu erweitern und ihr gleichzeitig Geborgenheit zu sichern.

Der letzte Weg

Ich würde es nicht wagen, den letzten Weg zu üben. Ich möchte, im Gegenteil, ernsthaft davor warnen. Sich auf das Sterben vorbereiten heißt, sich auf das Leben einlassen. Jede Lebensstufe ist um ihrer selbst willen da. Das Kind ist nicht Kind, um Erwachsener zu werden. Das Kind ist Kind, um Kind zu sein. Je intensiver, echter es Kind gewesen ist, desto natürlicher, folgerichtiger wird es in die nächste Lebensstufe hinüberwachsen. Auch noch im Alter will die Seele lebendig sein. Sie sperrt sich dagegen, zu sterben. Sie muß sich dagegen sperren. Wenn ich sie zu Übungen zwinge, die diesem Willen widersprechen, mache ich sie unsicher und traurig. Das Alter will dem Alter entsprechendes Lebendigsein. Wenn ich so lebe, ergibt sich daraus die nächste Stufe ganz natürlich. Darauf darf ich vertrauen. Das Märchenbild ist – wir haben das deutlich vermerkt – geradezu wunderbar: Wir erhalten die Boten, die uns begleiten.

Die letzten Begleiter

Eine milchweiße Hirschkuh und ein milchweißes Rehkitz sind die letzten Begleiter von THOMAS LEARMONT. Er weiß, es sind die Boten der Feenkönigin. Wir haben sie als Verkörperung der Großen Mutter verstanden. Welches werden unsere letzten Begleiterinnen und Begleiter sein?

Das Thema beschäftigte besonders auch die Dichter immer und immer wieder. HUGO VON HOFMANNSTHAL hat seine Überlegungen dazu in seinem weltberühmten und auch heute noch immer wieder aufgeführten Bühnen- und Freilichtspiel ausführlich gestaltet: im *»Jedermann«*. Da erhält ein reicher Mann, der zwar viel genossen, aber noch kaum über das Leben nachgedacht hat, vom Tod eine kurze Stunde Frist, damit er jemanden finden könne, der ihn auf seinem letzten Weg begleitet. Seine Freunde und Festgenossen verweigern ihm diesen Dienst. Schließlich findet er in den allegorischen Gestalten »Gute Werke« und »Glaube«, in den geleisteten guten Taten und in seinem Glauben, zwar – entsprechend seinem Lebenslauf – gebrechlichen aber doch trotz allem hilfreiche letzte Begleiter. Das Stück von Hofmannsthal steht in der christlichen Tradition des mittelalterlichen Mysterienspiels.

Das Märchen von Thomas dem Reimer weist noch weiter zurück. Es versichert uns, daß uns das Mütterliche in uns durch den Zyklus von Leben, Tod und Wiedergeburt freundlich geleitet, wenn wir bereits im Leben zu unserem eigenen Mütterlichen und damit auch zum Urmütterlichen überhaupt gefunden haben. – Teilst du dieses Vertrauen? Dann mußt du immer wieder darüber meditieren, was das Mütterliche in dir ist? Was schenkt es dir? Wie schaffst du Verbindung zu ihm?

Das Symbol der Großen Mutter ist aus dem Urvertrauen entstanden, daß wir in das zyklisch sich vollziehende, in spiraligen Kreisen endlos vollendende All-Leben einbezogen sind. Das Symbol der Großen Mutter steht aber auch für die Gewißheit, daß auch wir schöpferisch an diesen großen Lebenszyklen beteiligt sind. Wir haben eine Kraft in uns, so will es das Symbol, die uns zu diesem schöpferischen Leben befähigt. – Hast du diese Kraft schon gespürt? Wann ist dein Leben in diesem Sinne schöpferisch gewesen? Denk doch darüber nach, meditierend, nicht einfach in logischer Folge! Und halte schriftlich fest, was sich dabei ergibt! Du begegnest den großen Stunden deines Lebens, wenn du in diesem Sinne meditierst.

Eine weiße Hirschkuh und ein weißes Rehkitz sendet die Große Mutter im Märchen aus. Wir durften erfahren, was die weiße Farbe und was die beiden Tiere symbolisieren. – Welches sind die Boten der Großen Mutter in unserem »Herzen«? Da kann ja symbolisch nichts anderes gemeint sein als das, was schöpferisch geworden ist in unserer Seele. Das muß das Bleibende sein, das uns durch unsere Lebenszyklen begleitet! Wir wollen darüber nachsinnen, unser Erinnern intensivieren.

Ich stelle dir fünf Fragen. Die Antworten schreibst du auf, zunächst auf einem Notizblatt:

o Welches waren ganz entscheidende Gedanken, die du selbst »erarbeitet« hast in deinem bisherigen Leben?

o Erinnerst du dich noch an ganz tiefe Gefühle, die dich in deinem Leben ausgefüllt haben? – Am besten du fragst dich nach deinen Gefühlen in den verschiedenen Lebensaltern, dann kommst du am sichersten auf Antworten, also nach Kindheit,

Schulalter, erstem Erwachsenenalter, späterem Erwachsenenalter, Alter.

o Welches waren entscheidende Empfindungen, Sinneswahrnehmungen also, die dein damit verbundenes Erleben steigerten?

o Welches waren deine großartigsten Visionen, inneren Phantasiebilder und Zukunftssichten?

o Was von dem, was du in deinem bisherigen Leben getan hast, ist dir so gelungen, daß du davon sagen kannst: Das war nun wirklich meine ganz persönliche Leistung, und es war für den Aufbau meiner Persönlichkeit und gleichzeitig für das Leben anderer Menschen wichtig.

Später verarbeitest du deine Notizen. Du wählst unter deinen Antworten nur noch ganz wenige aus, das wirklich besonders Bedeutsame, und schreibst es dann ausführlich, in deiner persönlichen aber doch schön gestalteten Schrift auf hübsche Blätter auf. Da und dort machst du auch eine Zeichnung dazu. Sie darf auch abstrakt sein, je nach dem, was dir entspricht.

Du fügst die Blätter nun so zusammen, daß du in einem oder zwei Jahren neue dazu fügen kannst. So entsteht ein Buch, das du nirgends kaufen kannst und das doch weit wertvoller ist als alle Bücher in deiner Bibliothek: dein Lebensbuch. Dieses Buch enthält das, was dich ausmacht, dich also begleitet, wo du auch bist. Es kann nie von dir getrennt werden.

Vielleicht waren meine fünf Fragen unvollständig. Vielleicht würde es deiner Person entsprechen, wenn du dir noch andere Fragen stelltest. Dann tu es! Es geht ja um dich, nicht um mich. Ich gebe dir Anstöße. Je mehr Eigenes du einbringst, umso besser wird das Ergebnis.

Häuptling Kairé und der Totenkopf

Mein Schatten

Den eigenen Schatten kennenlernen, das ist eines der großen Abenteuer der Lebensreise. Der Häuptling im Indianermärchen muß das plötzlich lernen. Das Märchen zeigt aber auch, daß die Auseinandersetzung mit dem eigenen Schatten eine Lebensaufgabe ist. Das gilt für uns ebenso. Es ist schwierig, diese Aufgabe immer alleine zu leisten. Und sie läßt sich nicht durch zwei, drei kurze Übungen erfüllen. Einige Einblicke in die eigene Schattenwelt können aber doch durch einfache Übungen und durch Aufmerksamkeit uns selbst gegenüber ermöglicht werden.

Wenn du über dich selber stolperst, stolperst du über deinen Schatten. Erinnerst du dich noch an deine letzte große Wut? Was war der Anlaß dazu? Weißt du das noch? Der Anlaß ist meist nebensächlich; aber wenn du darüber nachdenkst, kommst du deiner inneren Schattenwelt vielleicht auf die Spur. Was hast du dann in deiner Wut getan? Stelle den äußeren Anlaß den durch ihn ausgelösten Worten und Handlungen gegenüber. Erinnerst du dich noch an frühere Wutausbrüche? – Gibt es Entsprechungen? Wenn du wütend wirst, stellt dir dein Schatten das Bein.

Vielleicht wirst du nie oder doch nur ganz selten wütend. Irgend etwas hindert dich daran. Versuche den Grund für deine Wuthemmung zu erfahren. Etwas in deinem Schattenbereich hindert dich an Wutausbrüchen. Deshalb bist du vielleicht so oft traurig. Versuche diesem Schattenaspekt auf die Spur zu kommen.

Was gestattest du dir nicht? Wut und Angst, Ausgelassenheit in bestimmten Bereichen, Tränen, Wanderungen in weglosem Ge-

biet ... Fertige eine Liste davon an. Du darfst ihr vertrauen. Die
Fragestellung ist so, daß deine Antworten Schattenbereiche auf-
hellen. – Was gestattest du dir nicht?

In welchen Bereichen deines Wohnortes (oder deiner Unter-
kunft) hältst du dich nie oder nur selten auf? Gib dir Rechenschaft
darüber, wie diese Örtlichkeiten aussehen. Welche Gedanken und
Bilder werden in dir wach, wenn du an diese Örtlichkeiten denkst?
Kneife nicht bei den Antworten. Sie haben etwas mit deinem
Schatten zu tun. Das, was du meidest, ist deinem Schatten verwandt.

Schreibe sechs Namen von Personen auf, die du gut kennst.
Schreibe hinter jeden Namen, was du an dem betreffenden Menschen schätzt. Üben diese Personen Tätigkeiten aus, von denen
du aber kaum mit ihnen sprichst, obwohl du weißt, daß gerade
diese Tätigkeiten für sie wichtig sind? Schreibe die Beschäftigun-
gen gewissenhaft auf. Es werden nicht viele sein, nur eine oder
zwei. – Ja, jetzt bist du ganz nah bei deinem Schatten. Wir entwickeln nämlich die Neigung, an Freundinnen und Freunden das
zu verleugnen oder sogar herabzusetzen, was wir selber gern tun
oder verkörpern möchten. Wahrscheinlich ist es nicht genau das
gleiche, aber doch etwas, das schließlich für uns zu ähnlichen Er-
gebnissen führen müßte, zu Ansehen in der Gesellschaft zum
Beispiel oder zur Bestätigung gewisser Eigenschaften. Es bestehen
noch andere Möglichkeiten – denke darüber nach.

Ließ nicht letzthin ein Freund eine Bemerkung fallen, auf die
du nicht eingegangen bist, die du nur beiläufig wahrgenommen
und dann von dir weggeschoben hast – eine Klage vielleicht oder
eine Mitteilung über den Stand einer Arbeit oder sonst etwas
ganz Persönliches? Warum hast du das zwar gehört, aber eigentlich nicht hören wollen? Das führt zu diesem halben Überhören.
Warum mußtest du die Bemerkung geradezu als Angriff gegen
dich wahrnehmen – obschon es keineswegs ein solcher war?

Irgendwo sitzt ein »Zwerg« im Schatten, ein Zwerg, der eigentlich ein Riese ist. Oder ist es ein Tier – oder ein Mensch? Mach

ihn dir zum Freund. Nimm ihn »nach Hause«. Der Schatten wird hell werden, die Jagdbeute reich.

Gegenwart des Todes

Für die frühen Völker muß der Tod selbstverständlich gewesen sein. Immer wieder sind wir überrascht, wie unkompliziert uralte Märchen mit der Gegenwart des Todes umgehen. In unserem Märchen spricht der Tote wie ein lebendiger Mensch. Er lebt ja auch weiter, und er hat dann seinen neuen Tod und mit diesem Tod sein neues Wirken auf der Welt, in der Gemeinschaft, zu der er noch immer gehört.

Wir müssen den natürlichen, selbstverständlichen Umgang mit dem Tod wieder lernen. Das wird ein langer Weg sein. Die folgenden Übungen zeigen einige Möglichkeiten dazu. Es gibt auch andere. Vielleicht kennst du einige. Weiche ihnen nicht aus!

Du weißt, der Tod kann dich überraschend, plötzlich, im nächsten Augenblick treffen. Du weißt, irgendwo wartet der Tod, wartet eine heimtückische Krankheit vielleicht. Du weißt es. Mach ernst mit diesem Wissen. Nimm den Tod als Wirklichkeit, anwesend mit dir in dieser Welt.

Verfasse ein Testament. Erkundige dich bewußt selber, wie ein Testament geschrieben werden muß. Schwierig ist es nicht. Du kannst das selbst, ohne Fachmann – es sei denn, du stehst in komplizierten finanziellen Verhältnissen. Lies dann das Testament spätestens nach einem Jahr wieder durch. Korrigiere es, wenn nötig, und schreibe es dann neu. Halte auch darin fest, wie du beerdigt werden willst und was bei der Abschiedsfeier geschehen soll, vielleicht auch, durch wen es geschehen soll.

Überlege dir, was an deinem bisherigen Leben wesentlich ist. Kaufe dir ein unbedrucktes (leeres) Buch und erkläre es durch den Titel zu deinem Lebensbuch. Es soll nicht wie ein Tagebuch geführt werden, sondern nach Themen gegliedert. Schreibe Themen, die das Buch enthalten soll, auf ein Blatt und lege es in das Buch. Ergänze, korrigiere dieses Themenverzeichnis von Zeit zu Zeit. Mögliche Themen sind zum Beispiel:

o Das Entscheidende, was mich das Leben gelehrt hat
o Schlüsselerlebnisse
o Wichtige Menschen
o Briefe an nahe Menschen (du schickst diese Briefe nicht ab;
  sie gehören in dieses Buch, sind gültige Zeugnisse deiner tiefsten Beziehungen)
o Meine Freude
o Meine Trauer
o ...

Schreibe deine Buchkapitel ausführlich, nicht einfach stichwortartig. Widme diesem deinem Buch jede Woche eine Stunde – am besten immer am gleichen Wochentag und zur gleichen Zeit, sonst bist du in Gefahr, das Ganze wieder aufzugeben. Das Schreiben und Lesen in diesem Buch wird dir aber bald Bedürfnis sein.

Lies die drei folgenden Gedichte – langsam, mehrmals, nachdenkend. Was entspricht dir an diesen Gedichten, was genau? Was stört dich? – Versuche später selbst, einige kurze Zeilen über den Tod und das Sterben zu verfassen. – Wenn es dir nicht spontan gelingen will, schaffst du dir eine »Brücke«, indem du Sätze schreibst, die mit der folgenden Wendung beginnen: Wenn ich sterbe ...

Manchmal stirbt einer,
stirbt an der Liebe,
auserwählt
wie eine Muschel
in der Hand eines Kindes.

Manchmal stirbt einer,
stirbt an der Liebe,
und auf seinem Grab
blüht nichts
als ein Lächeln des Mitleids.

Die Zeit ist gegen die Liebe.
Liebe will Ewigkeit.
Und wir fürchten uns.

MAX BOLLIGER

Der Tod ist groß,
Wir sind die Seinen
lachenden Munds.
Wenn wir uns mitten im Leben meinen,
wagt er zu weinen,
mitten in uns.

RAINER MARIA RILKE

Das Mädchen:
Vorüber! Ach, vorüber!
Geh, wilder Knochenmann!
Ich bin noch jung, geh, Lieber!
Und rühre mich nicht an.

Der Tod:
Gib deine Hand, du schön und zart Gebild!
Bin Freund und komme nicht, zu strafen,
Sei gutes Muts! Ich bin nicht wild,
Sollst sanft in meinen Armen schlafen!

MATTHIAS CLAUDIUS

Am verglühenden Feuer

»Nimm mich und verbrenne mich! Verbrenne mich so lange, bis alles zu Asche geworden ist! Dann fülle die Asche in einen Beutel. Du wirst dabei einen blauen Stein finden. Den nimm heraus und hänge ihn deiner Tochter als Amulett um! Die Asche aber vergrabe im Walde, wo du mich gefunden hast!« – Diese Stelle führte uns zu einer langen Meditation und zu einer Gedankenkette, an der wir wohl weiterspinnen werden. Das Feuer ist ein uraltes, großes Symbol. Im Feuer opfern wir das Abgelebte. Indem es neue Verbindungen eingeht (mit dem Sauerstoff der Luft), entstehen Licht und Wärme. Die Asche, so haben wir formuliert, ist das, was nicht brennbar ist, was bleibt. Wir geben sie der Urne und mit der Urne der Erde. Im Märchen ist ein blauer Stein in der Asche. Er wird zum leuchtenden Auge. Ein tiefes Symbolgeschehen vermittelt dieses Bild.

Wenn wir mit dem Sterben und Wiedergeborenwerden vertraut werden möchten, sollten wir uns dem Feuer widmen. Seine Symbolkraft kann sich auf uns übertragen. Es ist viel Abgelebtes in uns. Aber auch manches, das wir geschaffen haben, müßte eigentlich mutig dem Vergänglichkeitskreis, dem Auferstehungskreis übergeben werden.

Nacheinander habe ich jetzt sechs Bilder gemalt, alle aus der gleichen inneren Vorstellung heraus. Keines ist mir gelungen. Aus langer Erfahrung weiß ich: Selbst wenn ich es nochmals und nochmals versuche, es wird mir wieder nicht gelingen. Ich nehme die sechs Bilder also und trage sie an einen abgelegenen Ort. Dort entfache ich ein Feuer, lege die Bilder hinein. Ich schaue den Flammen zu, den verglühenden Bildern, dem verglühenden Feuer. Am nächsten Tag beginne ich ein neues Bild, ein ganz anderes Bild. Das Bild, das mir nicht gelungen ist, wollte das andere Bild, das neue. Das Bild, das nicht gelungen ist, wollte geopfert werden.

Was mußt du ins Feuer tragen? Du sagst, das ließe sich nicht verbrennen. Dann male es doch, oder schreib es auf! Und dann verbrenne das, was du aufgeschrieben oder gemalt hast – so wie ich die sechs Bilder verbrannt habe. Du darfst am Feuer weinen. Du darfst nah bei den Flammen sehr müde werden. Wenn dann nur noch Glut da ist, halte deine Hände so darüber, daß sie nicht brennen, aber warm werden. Bleibe, bis die letzte Flamme erlischt. Verstreue die Asche, bevor du weggehst. Und bewahre deinem Herzen die Stille, während du heimwärts gehst. Frage nichts. Schreite mit deiner Stille langsam nach Hause.

Entfache ohne bestimmte Absichten hier und da ein Feuer, laß dich von der verglimmenden Glut wärmen, verstreue die erkaltete Asche. Entzünde kleine »Katzenfeuer« im herbstlichen Garten, auf felsiger, baumfreier Anhöhe, in Nächten auf abgeernteten Feldern.

Lach nicht! Kritisiere das nicht! Schenk dir dieses Erleben vorurteilslos. Mein Großvater wußte, was er tat, wenn er die dürren Kartoffelstauden in den Schollen des abgeernteten Ackers zu kleinen Häufchen anordnete und den Rauch treiben ließ. HERMANN HESSE erzählt in seiner kleinen, kostbaren literarischen Arbeit »Stunden im Garten« von solchen Katzenfeuern.

Das blaue Licht, der helle Stern

Der blaue, augenhafte Stein in der Asche – dieses Märchenbild läßt uns nicht los. Vielleicht verbinden wir es mit dem Sternbild, zu dem die Bären im sibirischen Märchen unterwegs sind.

Schau in den Nachthimmel hinaus, dorthin, wo keine fremden Lichter die Sterne stören. Siehst du die Millionen Feuer am Himmel, diese unendliche Glut der Schöpfung?

Morgen für Morgen rufen die Sterne die Sonne. Wandere der steigenden Sonne entgegen, der scheidenden nach. Wärme dich

in ihrem Feuer, in ihrer Glut. Denke nichts, spüre nur die Sonne,
deine Sonne.

Du hast diese Wärme auch in dir. Es ist gut, wenn du das weißt,
wenn du das spürst. Du selbst hast Wärme und Lebensenergie, Er-
neuerungsenergie. Leg deine Hand auf deine Haut, irgendwohin
auf deinen Körper. Merkst du, wie schnell die Stelle warm wird?
Wärme in der gleichen geduldigen Art eine handgroße Stelle auf
dem Körper des Menschen, den du liebst. Es ist die Wärme des Lebens, die zugleich Wärme des Todes und neuer Geburt ist.

Die anderen Augen

Wir haben nicht vom Einäugigen gesprochen und auch nicht
davon, daß er den Stein aus der Asche des Verstorbenen in die
Augenhöhle einsetzt und dann damit sehen kann. Von den alten
Propheten und Dichtern wird oft überliefert, daß sie blind waren. ODIN, der große Gott der Germanen, hat vom Zwergen
MIMIR um den Preis der Augen die Fähigkeit erworben, das Geheimnis, die (absolute) Wahrheit, zu sehen. HOMER soll blind
gewesen sein.

In den Mythen und Märchen zeichnet Blindheit oft Menschen
aus, welche nach innen schauen, das Geheimnis in den verborgensten Kammern ihrer Seele wahrnehmen. Einäugige Menschen, die – besonders etwa auch als Schicksalsgottheiten – in
Märchen auftreten und der Heldin, dem Helden die Fähigkeit
sich zu verwandeln oder wichtige Zauberdinge schenken, haben
oft nur ein einziges Auge. Mit einem Auge schauen sie in die
Außenwelt, mit dem anderen, dem fehlenden oder blinden,
schauen sie nach innen, in die Wahrheit der Seele. Meist zeigen
sich diese Schicksalsgottheiten den Menschen als verkrüppelte
Wesen. Offensichtlich sind wir seelisch nicht selten so beschä-
digt, daß wir Göttliches, wenn es sichtbar wird, nicht in seiner

großen, einmaligen Schönheit wahrnehmen können. Das Eigentliche ist uns nicht selten wie etwas Deformiertes. Es entspricht nicht der Norm.

Wir müssen uns eine vorurteilslose Sehweise, Wahrnehmungsweise angewöhnen. Das ist eine Frage des Entschlusses. Wir wollen es uns nicht mehr gestatten, Ungewohntes einfach abzulehnen, – nicht überraschend ungewohnte Bilder in einer Ausstellung, nicht der gängigen »Mode« widersprechende Gedichte, Erzählungen, Romane, nicht ungewohnt gekämmte, ungewohnt gekleidete, in neuer Art sich ausdrückende Menschen. Wir wollen in sie hineinschauen, nicht einfach an sie heran, so wie ja auch wir erwarten, daß die Menschen, auf die wir zugehen, die auf uns zukommen, nicht einfach an uns heran, sondern auch in uns hineinschauen. Das braucht Geduld und Zeit. Vielleicht helfen uns die »Augen der Toten« dabei. Ihre Sichtweise muß anders sein als unsere, unabhängig von der Zeit!

Was würde der Mensch, der mir einst so nahestand, zu den Ereignissen des Tages und zu meinen Entscheidungen sagen – jetzt, da er tot ist? Was würde ihn interessieren? Woran würde er vorübergehen? Gewiß, das ist eine gewagte Fragestellung, unphilosophisch vielleicht, unreal. Es geht um die Perspektive! Was erschaut das Auge, das nach innen schaute, wenn es nach außen blickt?

Was brauchen wir, damit wir die neue Perspektive behalten könen? Der nun zweiäugige Schwiegersohn im Märchen geht jeden Monat einmal zu den Seinen. So wie der Mond Monat für Monat dunkel, nicht mehr wahrnehmbar wird, so entzieht sich der wahrhaft Sehende Monat für Monat seinen Verwandten. Dann können sie fischen gehen, und sie werden immer viele Fische fangen.

Der Fischer symbolisiert einen Menschen, welcher sich seinen eigenen verborgenen Bereichen widmet, der eigenen Tiefe. Und die Fische symbolisieren die Schätze, die aus diesen seelischen Tiefenbereichen gehoben werden. In diesem Sinne ist nicht nur das gleichnishafte Evangelium vom reichen Fischfang zu verstehen – auch das Schlußbild in unserem Märchen.

Die »dunkle Zeit« will, daß wir meditierend in unsere Tiefenbereiche »hinabsteigen«. Dann werden wir Schätze finden. Wie können wir solches Meditieren leisten? Ganz einfach, indem wir ganz still werden, ganz ohne Gedanken, und uns den Bildern widmen, die kommen und gehen. Am besten legen wir uns in der Stille unseres Zimmers möglichst entspannt aufs Bett, auf die Couch. Oder wir nehmen ein weißes Blatt und zeichnen, malen, ohne zu kontrollieren, ohne etwas zu wollen, einfach so. Oder wir gehen in wegloses Gebiet und flanieren einfach so vor uns hin, irgendwohin, ohne Gedanken. Alles andere vollzieht sich von selbst. Das Auge, das nach innen schaut, erwacht.

Märchentherapie

Zuhören und Erzählen

Die Märchentherapie ist in ihrer Grundform vielleicht die älteste Therapieart, die wir haben. Und noch heute wird sie überall auf der Welt eingesetzt. Meistens wissen jene, die sie praktizieren, nicht einmal, daß es sich um eine Therapie handelt. Vielleicht liegt es daran, daß die Anwendung so einfach ist. Man braucht weder Hilfsmittel dazu, noch sind besondere Vorkenntnisse notwendig. Auch eine spezielle Ausbildung ist kaum erforderlich. Die Rede ist vom Märchenlesen und davon, Märchenerzählerinnen oder Märchenerzählern zuzuhören, Märchen selbst zu erzählen und auch Märchen zu erfinden.

Mit jedem Märchen, dem wir uns widmen, begeben wir uns auf eine abenteuerliche Reise. Sie führt in unser »Herz«, in ganz verschiedene, oft uns selbst verborgene Bereiche der eigenen Seele, ebenso in die Landschaft der Vergangenheit seelischer Entwicklung oder doch der eigenen Vergangenheit und in verschwiegene, allzuoft verdrängte Landschaften unserer Sehnsucht und Wünsche. Jedes Märchen schenkt uns außerdem neue Möglichkeiten des Umgangs mit uns selbst und mit den Menschen, die auf uns zukommen, auf die wir zugehen.

Schöpferisch verhalten wir uns, wenn wir Märchenmotive, die uns aus geduldiger Lektüre vertraut geworden sind, selbst spielerisch variieren, aus ihnen neue Kombinationen bilden, neue »Geschichten« erfinden. Das macht nicht nur froh, es zeigt uns auch, in welche Richtungen wir mit unserer Seele unterwegs sind. Wir dürfen uns nur nicht kontrollieren, während wir erfinden, sondern unserer Phantasie freien Lauf lassen.

Märchen, das haben wir erfahren, entwickeln sich in Bildern.

Wenn wir uns im Nacherzählen und im freien Gestalten üben, werden wir von Mal zu Mal mutiger und lassen immer phantastischere Bilder zu. So kommen wir bald ungefähr an jene Stelle, aus welcher Kinder ihre staunenswert unbekümmerten Zeichnungen und Bilder gestalten. Oft sind diese Bilder ein Schlüssel zur kindlichen Seele – aber auch zur Seele der Welt.

Wir brauchen nicht zu meinen, wir müßten unsere Erzählweise oder unsere Erfindungen dann interpretieren – ebensowenig wie die Zeichnungen unserer Kinder oder ihre und unsere Träume. Nur verweilen müssen wir bei ihnen, gewissermaßen eine gute Weile in ihnen »wohnen«. Es ist eine Welt, die völlig uns gehört, ganz intim uns – die Märchenbilderwelt unserer Seele. Deshalb müssen wir gut überlegen, wem wir Einblicke in diese Welt gönnen wollen. Nicht jeder Beliebige soll Zutritt dazu erhalten.

So verstanden, ist Märchentherapie ganz und gar angstfreie Therapie. Sie löst seelische und dadurch auch körperliche Spannungen und macht uns offen für uns selbst. Erst wenn wir jene offene Haltung erreicht haben, die Märchen uns schenken, können wir anderen ebenfalls vorurteilsfrei begegnen, unser Leben von innen her gestalten und so die Welt mitgestalten.

Die Übungen, die wir mit unseren Märchen verbunden haben, schaffen einen Ausgleich zum intensiven Bemühen um verstandesgemäßes Begreifen der in Bilder gekleideten Mitteilung. Sie ermöglichen es, die Symbolsprache auch über die Sinne, die Gefühle und – meditierend – geistig aufzunehmen. Damit kommt zwar keine systematische Therapie zustande, wohl aber ein so intensives und breites Wahrnehmen und Aneignen, daß sich daraus viel Heilendes und Pflegendes ableitet. Je ganzheitlicher ein Märchen aufgenommen wird, desto therapeutischer wirkt es auf Seele und Gemüt.

Eine gezielte Märchentherapie setzt, wie jede Psychotherapie, umfassendes psychologisches Grundwissen, eine breite Kenntnis des Märchenschatzes der Welt und Sicherheit im Umgang mit den Grundformen der Märchentherapie voraus. Außerdem müssen Therapeuten sich selbst einer sorgfältigen Analyse unterzogen und ein Praktikum in einer psychiatrischen Klinik absolviert haben. Dadurch ist gewährleistet, daß die Grenzen einer reinen Psychotherapie gleichfalls bewußt werden. Praktische Erfahrung und theoretisches Wissen gehören zur selbstverständlichen »Ausrüstung« derer, die Psychotherapie betreiben.

In den folgenden Abschnitten werden – systematisch geordnet – Übungsreihen entwickelt, die sich ohne therapeutische Betreuung, ohne Therapeut durchführen lassen. Sie gehen über das einfache aktive Hören und Weitergeben hinaus, doch lassen sie sich in Kombination mit der Lektüre fast jedes Märchens anwenden. Vor allem eignen sie sich in Verbindung mit Volksmärchen. Erforderlich sind allerdings eine gewisse Unbefangenheit und das Vertrauen in die eigenen schöpferischen Kräfte. Beides ist jedem Menschen in die Seele gelegt.

Es handelt sich fast durchwegs um lockernde, befreiende Übungen. Sie sollen uns froh und dadurch selbstverständlich machen. Das ist das, was wir brauchen, wenn wir immer wieder neu ins Leben »hineingehen« wollen.

Aktive Imagination

Wenn wir einen abgebrochenen Traum, eine plötzlich gestoppte oder aus irgendeinem Grund abgeblockte Handlung in der Phantasie weiterspinnen, lernen wir, das wahrzunehmen, was uns Angst einflößt. Indem wir es kennenlernen, verflüchtigt sich die Angst. Wir werden frei. Die blockierende Angst kann verschiedene Ursachen haben. Meist widerspricht der uneingestandene Tatwunsch dem »Man«, den geläufigen Konventionen, den Verboten, die wir – beeinflußt durch Erziehung und Autoritäten – in uns aufgebaut haben. Oder es sind die Lebensumstände, die uns daran hindern, eine Erfüllung zu suchen und zu finden, die uns mehr entspricht als das, was wir vermeintlich tun müssen oder

tatsächlich zu tun gezwungen sind. Auch schwaches Selbstvertrauen kann beteiligt sein. Wir glauben, nicht genug Talent, Kraft
und Vorbildung zu besitzen, um auf einem einmal begonnenen
Weg mutig weiterzuschreiten.

Unsere Entwicklung verläuft stufenweise. Jede neue Lebensstufe
will uns weiten. Dann kann auch unser Beitrag an das Leben weiter, größer sein. Wenn eine Lebensstufe ihre Erfüllung gefunden
hat, gerät das seelische Gleichgewicht ins Wanken. Wir werden unruhig, unsicher, vielleicht sogar depressiv. Das muß dann aber nicht
unbedingt heißen, daß Vergangenes ungenügend oder gar falsch gewesen wäre. Das bedeutet, im Gegenteil, daß Neues, noch nie Ge-
wagtes ruft. Das Unbekannte ängstigt uns. Wir müssen uns aus
Konventionen befreien. Gebahnte Wege erweisen sich nicht mehr
als tauglich. Viele Märchen erzählen von diesen Notwendigkeiten.
Immer wieder müssen Heldinnen und Helden Gebote übertreten,
damit sie – durch Erschütterungen, das ist nicht anders möglich –
in Größeres hineinwachsen, hinausschreiten, zunehmend reifer
werden können. Andere werden an Scheidewege geführt und müssen schaudernd erfahren, daß jeder Weg, den sie gehen werden, le-
bensgefährlich sein kann. Sie müssen sich dann für das Weglose, für
die Steppe oder die Wildnis entscheiden – oder zumindest für den
unbequemeren, beschwerlicheren, den gefährlichsten Weg.

Je länger wir auf einer Lebensstufe verharrt haben, desto höher
wird die Schwelle, die wir übersteigen müssen und desto größer
wird die Angst. Die neue Stufe kann so zur Hemmschwelle werden. Wir müssen dann fast Übermenschliches leisten, wenn wir
weiter reifen, uns erneut weiten und uns selber noch näher kommen wollen.

Wir können dieses »Lebensstufen-Steigen« einüben. Die Phantasie hilft uns dabei. Aktive Imaginationsreihen bereiten uns vor, zeigen Richtungen, Wege. Auf den ersten Blick scheinen es einfache,
ja nicht selten banale Übungen zu sein. Bald aber lernen wir, wieviel Sorgfalt, Hingabe, Geduld und Zeit sie erfordern. Gleichzeitig
erfahren wir aber auch, wieviel Beglückendes dies schenken kann.

Wir lesen ein Märchen, das wir noch nicht kennen. An irgendeiner Stelle werden wir eine kleine Pause einlegen. Es ist ja immer
so, daß wir Atempausen brauchen. Vielleicht sind sie nicht so zu-
fällig, wie es den Anschein haben mag. Diesmal jedenfalls lesen
wir nicht weiter. Wir schließen unser Buch und suchen eine eigene Fortsetzung. Vielleicht überlassen wir uns einfach den Bildern,
die in uns entstehen, oder wir sprechen den sich wie von selbst
ergebenden Verlauf vor uns hin. Oder wir malen die neu sich er-
schließenden Szenen in einer eigenen Bilderfolge, Bildergeschichte – jedoch ohne Eile! Es geht nicht darum, möglichst schnell ein
Ziel zu erreichen.

Vielleicht taucht eine neue Person, eine neue Örtlichkeit auf.
Wenn wir von der neuen Eingebung fasziniert sind, verweilen wir
dabei. Vielleicht zeichnen wir die Person, malen wir die Örtlichkeit
oder Landschaft. Besonders wichtig kann es sein, wenn sich dann
nochmals eine neue Bilderreihe ergibt, ein neuer Handlungsablauf.

Sehr oft sind wir mit dem Märchenschluß nicht ganz zufrieden. Manchmal denken wir, daß das Schwierige jetzt erst so recht
beginne. Wir haben häufig genug selbst erfahren müssen, daß die
Sache mit dem »glücklichen Leben bis ans Ende aller Tage« nicht
ihre Richtigkeit haben kann. Das ist dann ein Zeichen, daß nun
unsere eigene Phantasie gefordert ist. Wir erfinden einen zweiten
Märchenteil.

Ebensowenig wie unsere Träume werden wir unsere Erzäh-
lungs- und Bilderreihen interpretieren. Es handelt sich, ich will
das wiederholen, in erster Linie darum, sie kennenzulernen.
Wir interpretieren es ja auch nicht, wenn wir einige Schritte
durch den Garten gehen, einige Züge im See oder Bassin
schwimmen oder ein wenig durch die Stadt flanieren. Wir wollen lernen, auf das hinzuschauen, was in uns geschieht und
durch unsere Phantasie mitgeteilt wird!

Die gleichen Erzählreihen und Bilderreihen können wir entstehen lassen, wenn wir uns mit einem Märchen befassen, das uns bereits vertraut ist. Wir unterbrechen dann an einer Stelle, die uns be-

sonders beeindruckt oder befremdet. Von dort aus suchen wir erzählend oder malend einen anderen, individuellen Märchenverlauf. Wenn wir später die eigene Version oder gar die eigenen Versionen mit der überlieferten Märchenhandlung vergleichen, verdeutlichen wir uns die Abweichungen. Wir werten aber keineswegs! Aufmerksam stellen wir sachlich fest, was anders ist – in so vielen Einzelheiten wie möglich. Das ist wichtiger als alles spekulative Hinterfragen. Wir wissen dann: Die Märchenhandlung verläuft auf diese, die eigene Phantasie arbeitet auf jene Weise. Und dann werden wir neugierig auf unser Leben, die nächsten Schritte in unserem Leben. So werden wir zugleich Beobachter und Regisseur auf unserer Lebensbühne.

Solche aktiven Imaginationen stehen mit freien Meditationen in enger Beziehung. Die handlungsbetonte Ausgangslage ermöglicht aber meistens ein schnelleres »Einsteigen« und einen ungehemmteren Fluß der Imaginationsreihe. Wenn sich dabei allerdings Angstauslösendes ergeben sollte, dann wären Gespräche mit einer erfahrenen Therapeutin oder einem bewährten Therapeuten angezeigt. Ängste müssen wir ernst nehmen und verarbeiten. Dabei brauchen wir verantwortungsbewußte Begleiter. In der Regel aber werden wir bei solchen Übungen feststellen, in welch wunderbare Bereiche die Phantasie uns führt, wenn wir sie walten lassen.

Tanz und Jeux Dramatiques

Beim dramatisierenden Spiel geht es nicht um Schauspielkunst, wie sie zum Beispiel von BERTOLT BRECHT so eindrücklich und klar formuliert und weitgehend praktiziert worden ist. Sondern Ziel ist hier, sich so tief in eine Situation zu versenken, daß sich daraus wie von selbst ein »jeu«, eine Spielhandlung, entwickelt.

Das ist ebenfalls nicht so neu, wie es vielleicht scheinen möchte. Das haben Schamanen und Medizinmänner der frühesten Völker bereits so geübt. Sie wußten auch, was solches Versenken erleichtert. Wollten die Schamanen mit ihrer Seele in entfernte Höhen »reisen«, beziehungsweise entfernte »Höhenbereiche« der eigenen Seele kennenlernen, nähten sie sich Federn ins Kleid und vollführten den Tanz der Wildgans. Wollten sich die Medizinmänner symbolisch dem Instinktbereich der eigenen Seele nähern, stülpten sie Tierklauen über Hände und Füße, Tiermasken über den Kopf und tanzten den Bärentanz. Die rhythmischen, dunklen Klänge ihrer großen Trommeln halfen ihnen dabei.

Warum sollen nicht auch wir für eine Weile das Tier sein, welches in einem Märchen auftritt, das wir lieben? Warum sollen nicht auch wir Tanzschritte entwickeln, die dem Märchentier und seinem Verhalten entsprechen? Dieser Urtanz soll uns weiterführen, in die Handlung hinein, ins Jeu. Dabei dürfen wir uns mehr und mehr vom Märchen entfernen und schließlich spontan unseren eigenen Tieraspekt ausdrücken. Die Wildheit unserer Seele, der Flug unserer Seele, ihr Schwebendes, ihr majestätisches Schreiten, das Schwimmen der Fische, die durch unsere Seele wie Wellen durchdringen …

Wenn wir in solchem Tun selbst Symbol werden – Wildganssymbol, Bärensymbol, Fischsymbol, symbolischer Wolf und Hase, Tapir, Frosch, symbolische Schildkröte, Schlange –, vollziehen wir es mit unserem Körper nach. Wir identifizieren uns mit ihm. Es nährt uns. Tiertänze, selbsterfundene – immer ohne Musik, ganz unseren Intuitionen folgend –, lassen uns in ungewohnter Art lebendig werden. Dabei können Seiten von uns erwachen, die wir bis jetzt gar nicht gekannt haben.

Nein, wir brauchen kein Federkleid dazu. Aber zwei oder drei Vogelfedern im Haar oder an unsere Kleidung angeheftet helfen uns bei der Verwandlung. Ein alter Fuchsschwanz oder ein Stück Fell und vor allem das geduldige Schminken des eigenen Gesichts – oder, wenn wir uns in einer Gruppe befinden, des Gesichts einer Spielpartnerin beziehungsweise eines Spielpartners – öffnet uns so, daß wir symbolisch in die andere Haut hineinschlüpfen können. Wir spüren, wenn das geschieht. Das kann wie ein leichter Schlag sein, der unsere Seele vibrieren läßt.

In eine Quelle oder einen Fluß, in einen Baum, eine Blume oder einen Berg können wir uns ebenfalls verwandeln. Wir müssen dabei aber ganz ernsthaft vorgehen, Schritt für Schritt. Wir sollten schon spüren, wie sich unsere Füße mit der Erde verbinden und Wurzeln schlagen. Kraft oder Biegsamkeit des Stammes wollen eins mit unserem Körper werden. Unsere Arme werden Äste, unsere Finger Blätter. Plötzlich spüren wir dann den Wind. Wir wiegen uns darin, summen darin.

Wir wollen uns nicht nur in die schönen und guten Gestalten versenken, wollen nicht nur König sein oder Prinzessin, nicht nur Falke oder Pferd. Das Hexenhafte in uns will ebenso gelernt sein, das Verwunschene, Dunkle. Es ist auch wesentlich, unser Schattenhaftes, unsere bis jetzt von uns unterdrückten, verstoßenen Seiten kennenzulernen, sie leben zu lassen. Im Jeu können wir das spielerisch üben.

Wie aber sollen wir es dann auswerten, wenn wir – ausgehend von einem Märchen – Pflanze, Tier, Stein, Stern, Mond, Sonne, Fee, Abenteuer und Räuber gewesen sind? Am besten gelingt dies wieder über eine Zeichnung oder mehrere Zeichnungen. Wir wählen jeweils eine einzige Farbe oder doch ganz wenige Farben, mit der oder denen sich unser inneres Befinden ausdrücken läßt. Dann spielen wir so mit diesen Farben, daß unsere inneren Rhythmen und die Rhythmen der Linien und Figuren einander entsprechen – so gut das möglich ist. Wir müssen dabei nicht unbedingt Gegenständliches und Figürliches abbilden, sondern dürfen ganz abstrakt gestalten, unsere Seele spiegeln. Es handelt sich nämlich auch jetzt nicht um verstandesgemäße Interpretation, sondern nach wie vor darum, der eigenen Seelenlage sich möglichst weit anzunähern, uns so tief und vollständig wie möglich wahrzunehmen – ebenso in jenen Bereichen unserer Seele, die tierischem und pflanzlichem, königlichem und verworfenem Leben entsprechen.

Ich kann jede beliebige Stelle eines Märchens auswählen, in ganz spontanem Entscheiden – und mich so tief darin versenken, daß daraus Gebärden, Tänze und sogar kurze Handlungsabläufe entstehen. Vielleicht geschieht das wie in Trance. Und doch werde ich später alles nochmals rekonstruieren, es noch einmal vor mir ablaufen lassen, so wie ich mir die Bilder eines Traumes in Erinnerung rufe und zum Zuschauer werde.

Andere Zuschauer aber darf es nicht geben! Wenn wir in der Gruppe arbeiten, müssen Mitglieder, die nicht aktiv teilnehmen wollen oder können, sich entfernen. Spontanes, aus innerem Versenken sich entwickelndes Jeu Dramatique verträgt keine Zuschauenden. Es dient der Selbsterfahrung, nicht der Unterhaltung anderer, keinen Fremderfahrungen. Wenn sich Mitglieder von Jeux-Dramatiques-Gruppen plötzlich als Schauspielerinnen und Schauspieler fühlen und gebärden, ist etwas mißglückt. Denn Spieler von Jeux Dramatiques – ob sie nun allein oder in Gemeinschaft mit anderen agieren, dringen mit jeder Spielphase tiefer in ihr Inneres vor. Dieses Selbst – das eigene Seelenganze – ist gemeint, seine unauslotbare Tiefe, seine unausmeßbare Weite. Jeu Dramatique, das ist eine Möglichkeit, seinem Seelenganzen nahe zu kommen und es zu leben. Die Identifikation mit meinem Ganzen wird durch das Jeu erstrebt.

Umfeldgestaltung

Gewiß ist es hübsch, unser Wohnzimmer wie einen orientalischen Salon einzurichten, wenn wir uns einem Märchen des Orients widmen. Wir schaffen dann eine Kulisse, die unserer Märchenwelt, die ja immer bald auch zur inneren Welt wird, entspricht. So können wir die Bedingungen für Jeux Dramatiques ermöglichen. Wir finden uns dann leichter in die Stimmung hinein.

Ich meine hier jedoch etwas anderes. Unser Anliegen ist nun, die Mitteilungen eines Märchens ernsthaft auf uns zu beziehen. Um die in unserem Leben vollzogene Konsequenz handelt es sich jetzt – nicht mehr um ein Spiel.

Es ist schwierig, Ratschläge zu geben. Wenn ich mir vorstelle, mit dem scharzen Häuptling des Märchens zusammen wieder jung geworden zu sein, dann muß ich das auch leben. Das heißt gerade nicht, daß ich mich wie ein junges Mädchen oder wie ein Pubertierender kleide und frisiere. Vielmehr bedeutet dieses Jungsein einen erneuerten Seelenzustand, neue seelische Aktivität und zugleich Gelassenheit, Neugierde auf das Leben, Bereitschaft zu neuer Freundschaft.

Ich will das Märchen, dem ich soviel verdanke, nicht außer acht lassen. Ich will mir seine Handlung wieder ins Gedächtnis zurückrufen. Und von Zeit zu Zeit möchte ich mich hinterfragen. Habe ich diese neue Sicht noch, die ich gewonnen meinte?

Sicher wird es gut sein, einzelne Übungen, die ich in Verbindung mit dem betreffenden Märchen durchgeführt habe, zu wiederholen. Manchmal vergesse ich selbst, was ich gelernt habe. Ich verliere das Zutrauen dazu, falle wieder Konventionen und alten »Gesellschaftsspielen« zum Opfer, lasse mich auch dann auf Konversation ein, wenn ich es eigentlich nicht möchte.

Mein Leben darf nicht wieder »billig« werden!

Oft bleibt uns nichts anderes übrig als auszusteigen, nicht mehr mitzuspielen. Aussteigen und neu einsteigen, das freilich können wir eine Strecke weit üben. Wir können zum Beispiel für einige Tage dort Hindernisse einrichten, wo Türen und Engen in unserer Wohnung sind, so daß wir immer wieder merken: Ich muß Gewesenes verlassen können und Neues wagen. Das ist nicht ohne Hindernisse möglich.

Ich kann mit Kreide oder mit Papierschnitzeln Labyrinthe markieren – in großen Zimmern, im Garten oder im Wald. Und ich kann mich in die Mitte des von mir selbst angelegten Labyrinths setzen. Dort meditiere ich darüber, in welchem Labyrinth ich jetzt selbst gefangen bin, wie ich hineingeraten bin. So werde ich aufmerksamer für »Labyrinthfallen«. Die Helden in Legenden und Märchen gebrauchen jeweils eine List, wenn sie aus ihrem Labyrinth hinausfinden wollen. – Welcher Trick könnte mir in der Wirklichkeit helfen?

Mit immergrünen Zweigen markiere ich eine riesengroße, langgezogene Spirale. Diesmal setze ich mich nicht selbst hinein. Eine große Kerze stelle ich in die Mitte und lasse sie brennen. Dann schreite ich mit kurzen, langsamen, geduldigen Schritten auf dieses Licht zu. Wenn ich angekommen bin, lege ich einen Gegenstand, der mir sehr lieb und vertraut ist, bei der Kerze nieder. Es kann auch ein Stück Papier sein, auf das ich ein mir wichtiges Gedicht oder einen für mich entscheidenden Gedanken niedergeschrieben habe. Ich werde mich wieder von dieser Mitte verabschieden und auf dem Spiralweg zurückschreiten. Aber es wird mir guttun, um diese Mitte zu wissen und darum, daß etwas von mir dort geblieben ist – im Licht geblieben ist.

Meine Frau und ich haben jene Spirale und dieses Abschreiten der Spirale als uns liebe Sonnenwendgepflogenheit eingeführt. Immer am 21. Dezember schmückt ein solches Gebilde das größte Zimmer in unserem Haus. Und stets schreiten wir dann die Spirale ab, lassen wir etwas beim Licht zurück. So üben wir Erneuerung. So gehen wir in Erneuerungsgeschehen hinein. Wir denken nicht gering von solchem Tun. Wir haben erfahren, wie heilend es wirkt. Auch Freunde haben es von uns gelernt. Sie stellen schon auf dem Weg in das Zentrum der Spirale kleinere Kerzen zu den Zweigen. Es könnten ebenso Äpfel sein oder Kugeln – Boten der Ganzheit.

Anmerkungen und Literatur

Eigene Studien wagen

Alt bist du, jung wirst du werden

Dieses der afrikanischen Tradition entstammende Märchen aus Brasilien findet sich in dem Band von KARLINGER, FELIX und FREITAS, GERALDO DE (Hg.): Märchen aus Brasilien. Rowohlt, Reinbek 1993, sowie in: KARLINGER, FELIX und PÖGL, JOHANNES (Hg.): Märchen aus der Karibik. Rowohlt, Reinbek 1995 (Diederichs, München 1983), S. 117ff.

1 Nicht selten tritt eine Frau in der gleichen Funktion aus dem dunklen Dickicht. Das schwedische Märchen *Das fliegende Schiff* erzählt von drei Brüdern, von denen jeder ein Schiff bauen will, um eine Prinzessin zu erlösen. Nacheinander begegnen sie einer Frau, die sie über ihre Absichten befragt. Der erste junge Mann behauptet, er wolle Schweinetröge bauen. Der zweite sagt, er wolle Backtröge herstellen. Der dritte aber teilt seine klare Absicht mit. Und so gelingt dann auch jedem das, was er der Frau gesagt hat. – In: HUBE, HANS-JÜRGEN (Hg.): Schwedische Märchen. Insel, Frankfurt am Main 1992, S. 12ff.
Eine Parallele dazu bildet das russische Märchen *Das fliegende Schiff.* – In: OLETSCH, REINHOLD (Hg.): Russische Volksmärchen. Diederichs, München 1992 (1959), S. 12ff.

2 SABINE DOMBROWSKI zeigt, wie innere Figuren entstehen können. – DOMBROWSKI, SABINE: Elternfiguren im Märchen. Walter, Solothurn 1994, besonders S. 31ff.

3 Waldbilder malt fast jedes Märchen. Ich gebe hier eine Auswahl von Märchen, in denen der Wald jeweils wieder ganz anders dargestellt wird:
Die beiden Wanderer. – In: Brüder GRIMM: Kinder- und Hausmärchen. 3 Bde. Reclam, Stuttgart 1984; Band 2, S. 106ff.
Von den Burschen, die im Hedalswald die Trolle trafen. – In:

HUBE, HANS-JÜRGEN (Hg.): Norwegische Märchen, Insel, Frankfurt am Main 1992, S. 203ff.

Wattuman und Wattusin. – In: HUBE, siehe Anmerkung 1, S. 45ff.

Die Goldspinnerinnen. – In: FRÜH, SIGRID (Hg.): Märchen von Hexen und weisen Frauen. S. Fischer, Frankfurt am Main 1993 (1986), S. 9ff.

Die Hexe, die Menschen in Steine verwandelt. – In: SCHMÖL-DERS, CLAUDIA (Hg.): Die wilde Frau, Mythische Geschichten zum Staunen, Fürchten und Begehren. Heyne, München 1993, S. 139ff.

Die Geschichte von Kapmakwatembe. – In: SCHMÖLDERS, siehe oben, S. 54ff.

4 Die Wendung stammt von MAX FRISCH. In seinem Bühnenspiel »Die chinesische Mauer« beklagt sich ein junger Mann darüber, daß es keine neuen Landgebiete mehr zu entdecken gebe. Kolumbus sagt darauf, es gebe noch immer die Kontinente der eigenen Seele, das Abenteuer der Wahrhaftigkeit.

5 Zum Teil nach BAUER, WOLFGANG et al: Lexikon der Symbole. Heyne, 4. Aufl., München 1987, S. 87ff.

6 Nach MAGNUSSON, MAGNUS: Der Hammer des Nordens. Herder, Freiburg 1978, S. 61f.

7 *Der Mond.* – In: GRIMM, siehe Anmerkung 3; Bd. 2, S. 328.

8 In: ZAUNERT, PAUL (Hg.): Deutsche Märchen seit Grimm. Diederichs, Jena 1912, S. 1ff.

9 GRIMM, siehe Anmerkung 3; Bd. 1, S. 36.

10 Sprechende Bäume und sprechende Baumtiere sind in den Märchen nicht selten, wie die beiden folgenden Beispiele, ein finnisches und ein norwegisches Märchen, zeigen.

Der sprechende Baum. – In: LÖWIS OF MENAR, AUGUST VON (Hg.): Finnische und estnische Märchen, Rowohlt, Reinbek 1994, S. 83ff.

Treu und Ungetreu. – In: HUBE, siehe Anmerkung 1, S.130 ff.

11 Die Literatur über Baumsymbolik und Baumtests ist unab-

sehbar. Kurz und sachlich ist HARK, HELMUT: Traumbild Baum. Vom Wurzelgrund der Seele. Walter, Olten 1987, 2. Aufl.

12 Einzelheiten siehe BROSSE, JACQUES: Mythologie der Bäume. Walter, Olten 1990, S. 41ff. Das Buch ist auch im Zusammenhang mit Anmerkung 11 aufschlußreich. – Sogar das chinesische Märchen kennt den Pilz als Speise, die unsterblich macht. Das belegt das folgende Zitat aus dem wunderbaren Märchen *Morgenhimmel:* »Im Nordosten wächst der Lebenspilz. Die dreibeinige Krähe in der Sonne möchte immer herunter und davon fressen. Der Sonnengott aber hält ihr die Augen zu und läßt sie nicht weg. Wenn Menschen davon essen, werden sie unsterblich, wenn Tiere davon essen, werden sie betäubt.« In: RICHARD, WILHELM (Hg. u. Übersetzer): Chinesische Märchen. Rowohlt, Reinbek 1994 (Diederichs, München, 1958), S. 97ff.

13 *Frau Holle.* – In: GRIMM, siehe Anmerkung 3, Bd. 1, S. 150.

14 Vergleiche FRÜH, SIGRID (Hg.): Märchen von Leben und Tod. S. Fischer, Frankfurt am Main 1994 (1990). Im Nachwort prägt die Herausgeberin die schöne Wendung vom »Tod als Freund, mit dem wir ein neues Leben beginnen« (S. 145).

15 Ausführliches zur Grabkreuz-Symbolik siehe in WILLIMANN, JOSEPH: Die Grabkreuze von Lantsch/Lenz. Der Symbolwert der schmiedeisernen Grabkreuze. Zürich 1979.

Abdruckgenehmigung: Eugen Diederichs Verlag, München. Aus: »Brasilianische Märchen«, herausgegeben und übersetzt von Felix Karlinger und Geraldo de Freitas, erschienen in der Reihe »Märchen der Weltliteratur« im Eugen Diederichs Verlag, München.

Die Suche der Mos-Frau

1 GULYA, JANÒS: Sibirische Märchen. I: Wogulen und Ostjaken. Düsseldorf 1968.
SCHMÖLDERS, CLAUDIA (Hg.): Die Wilde Frau. Mythische Geschichten zum Staunen, Fürchten und Begehren. (Diederichs, München 1983) Heyne, München 1993, S. 109ff.

2 *Marienkind.* – In: GRIMM, Brüder: Kinder- und Hausmärchen. 3 Bde. Reclam, Stuttgart 1984, Bd. 1, S. 36ff.

3 *Alecko und seine drei Schwestern.* – In: FRÜH, SIGRID (Hg.): Märchen von Leben und Tod. S. Fischer, Frankfurt am Main 1990, S. 128. – Ein Mädchen erhält von der Großen Mutter einen Spiegel. Es wird erst erlöst, wenn es ihn so gereinigt hat, daß die strahlenden Augen der Großen Mutter hineinfallen können. So bildet dann der Strahl die Achse der Welt.

4 Vergleiche *Indianische Symbole.* – In: BAUER, WOLFGANG, et al.: Lexikon der Symbole. Mythen, Symbole und Zeichen in Kultur, Religion und Alltag. Heyne, München 1988 (1987), S. 87ff.

5 Die Sammlung vereint nordische Sagendichtungen aus dem neunten bis zwölften Jahrhundert. Erstmals wurden sie im 13. Jahrhundert in Island in einer Handschrift festgehalten.

6 Die »Magnusson-Edda« aus dem 18. Jahrhundert ist reich illustriert. Dort findet sich die unvergleichliche Lebensbaum-Darstellung, auf die sich die Schilderung stützt. – In: KÖNIG, FRANZ (Hg.): Der Glaube des Menschen. Christus und die Religionen der Erde. Herder und Ex Libris, Wien und Zürich 1985, S. 136.

7 Die letztere Bezeichnung stammt von mir.

8 In: HUBE, HANS-JÜRGEN (Hg.): Norwegische Märchen. Insel, Frankfurt am Main 1992, S. 51ff.

9 *Der Froschkönig oder der eiserne Heinrich.* – In: GRIMM, siehe Anmerkung 2, Bd. 1, S. 29ff.

10 *Die Schöne und das Tier.* – In: DIEDERICHS, ULF (Hg.): Märchen aus Frankreich. Rowohlt, Reinbek 1992, S. 309ff.

11 In: OLESCH, REINHOLD (Hg.): Russische Volksmärchen. Diederichs, München 1992 (1959), S. 93ff.

12 In: SASLAWSKAJA, MARINA (Hg.): Das Bärenohr. Im Märchenland Rußland. Herder, Freiburg 1992, S. 47ff.

13 DELISLE-KUPFER, IMOGEN (Hg.): Russische Volksmärchen. Insel, Frankfurt am Main 1991 (1990), S. 107ff. – Die Herausgeberin setzt das alte Märchen unter den nicht ganz passenden Titel *Iwan der Bär*.

14 JUNG, CARL GUSTAV, et al.: Der Mensch und seine Symbole. Walter, Olten 1968. – Die beiden Bilder finden sich auf S. 295 und S. 199.

15 Im brasilianischen Indianermärchen *Die erste Paschiuba-Palme* wird ein Knabe, der aus der Heimat der Sonne stammt, verbrannt. Aus seiner Asche wachsen die Waldfrüchte und wächst auch die erste Paschiuba-Palme. Aus ihrem Holz werden später wunderbare Flöten angefertigt. Immer wenn die Früchte reif sind, blasen nun die Männer auf diesen Flöten. (Auch heute noch werden in Brasilien solche sehr großen Flöten hergestellt. Sie haben einen dunklen, geheimnisvollen, tragenden Ton.) – In: KARLINGER, FELIX, und FREITAS, GERALDO DE (Hg.): Märchen aus Brasilien. Rowohlt, Reinbek 1993, S. 24f.

16 Manche Märchen malen solche Glasberge oder Kristallpaläste als Räume des Todes. Beispiele:
Wie eine Königstochter sieben Jahre geschlafen. – In: FRÜH, SIGRID (Hg.): Märchen von Leben und Tod. S. Fischer, Frankfurt am Main 1994 (1990), S. 111ff.
Das Kristallschloß. – In: FRÜH, siehe oben, S. 9ff.

17 Auch die Pyramiden der Pharaonen deuten diesen Weg an, der von der Seele bewältigt werden muß: auf die Spitze der Pyramide und in den Himmel.

18 Besonders schön wird die Rolle der inneren Königsautorität im Märchen *Die Gänsemagd* gezeichnet. Eine Prinzessin ist zu einem entfernten Schloß unterwegs, denn sie ist dem Königssohn dort versprochen. Unterwegs zwingt die Magd die Prinzessin zu Kleider- und Pferdetausch. Am Hof nun halten alle die Magd für die Prinzessin. Die rechte Prinzessin muß deshalb als Gänsemagd dienen. Aber der König weiß von Anfang an, daß da etwas nicht stimmen kann. Er wird zum väterlichen Weisen, welcher die echte Prinzessin zu Selbstvertrauen und Selbstverwirklichung führt. – In: GRIMM, siehe Anmerkung 2; Bd. 2, S. 89ff.

19 Im russischen Märchen ist das Motiv recht häufig, daß der Weg sich vor dem Helden plötzlich in drei Abzweigungen teilt. Das Märchen erwähnt dazu, daß jede Wahl, wie immer der Held sie trifft, leidvoll sein wird. Beispiele:
Drei Jäger. – In: OLESCH, siehe Anmerkung 11; S. 73ff.
Die Jungfrau Zar. – In: OLESCH, siehe Anmerkung 11; S. 216ff. Hier löst der Held das Problem, indem er über das freie Feld reitet. Eine ebenso überraschende wie treffliche Lösung!

20 *Oletschka.* – In: OLESCH, siehe Anmerkung 11, Varianten dieses Sprüchleins finden sich zum Beispiel auch in *Sturmheld Iwan Kuhsohn* – In: OLESCH, siehe Anmerkung 11, S. 98ff. – oder im *Märchen vom herrlichen Falken.* – In: BORCHERS, ELISABETH: Russische Märchen. Mit Bildern von Iwan Bilibin. Insel, Frankfurt am Main 1991 (1974), S. 40ff.

21 Einen umfassenden Überblick über die Symbolik von Bäumen gibt BROSSE, JACQUES: Mythologie der Bäume. Walter, Olten 1990.
Im Märchen *Die Prinzessin auf dem Baum* ist der Lebensbaum zentrales Motiv. Zum erstenmal nimmt ein Bauernjunge seinen Baum, den Lebensbaum, wahr. Er klettert hinauf. Dabei erweist sich die Krone als überraschend hoch. Endlich findet er im Geäst ein Bauerndorf. Aber er bleibt nicht. Er

will den ganzen Baum erklimmen. So kommt er schließlich zu einem Schloß. Darin wohnt eine Königstochter: das innere Bild der Frau. – In: ZAUNERT, PAUL (Hg.): Deutsche Märchen seit Grimm. Diederichs, Jena 1912, S. 1ff.

22 Das ist das Thema des Buches von ESTÉS, CLARISSA PINKOLA: Die Wolfsfrau. Die Kraft der weiblichen Urinstinkte. Heyne, München 1993.

23 Das ist das Leitthema in meiner von BRUNO BLUM illustrierten lyrischen Novelle – MÜLLER, PAUL EMANUEL: Samen in seiner Hand. Fischer, Bern 1987.

24 Gemeint ist allerdings nicht unsere Hyazinthe, sondern eine Iris-Art.

25 HESSE, HERMANN: Gesammelte Schriften. 7 Bde., Suhrkamp, Frankfurt am Main 1957, Bd. 5, S. 786.
Eine Stelle in diesem Gedicht wirkt allerdings gefährlich. Trauer darf nicht verdrängt werden. Jede neue Lebensstufe ist nur durch Opfer erreichbar. Auch wenn wir das wissen, bleiben Verluste traurig. Wir dürfen unserer Traurigkeit nicht ausweichen. Im Gegenteil, wir müssen sie verarbeiten, bestehen. Verdrängte Trauer begünstigt, ja ruft Depressionen hervor.

26 Vergleiche POESCHEL, ERWIN: Die Kunstdenkmäler des Kantons Graubünden. Bd. VII: Chur und Kreis der fünf Dörfer. Birkhäuser, Basel 1948, Abbildung 89, S. 93.

27 JAFFÉ, ANIELA: Bildende Kunst als Symbol. In: JUNG et al., siehe Anmerkung 14, S. 239; vergleiche auch S. 232–273.

28 *Lotterkäppchen.* – In: HUBE, siehe Anmerkung 8, S. 206ff.

29 *Die Herkunft von Tabak, Mais und Baumwolle.* – In: KARLINGER und DE FREITAS, siehe Anmerkung 15; S. 23f.

30 Vergleiche Anmerkung 15.

31 GOLOWIN, SERGIUS: Indische Symbole. In: BAUER et al., siehe Anmerkung 4, S. 49–86.

32 Teilweise nach COOPER, J. C.: Illustriertes Lexikon der traditionellen Symbole. Drei Lilien, Wiesbaden 1986, S. 112ff.

33 *Das Mädchen im Mond.* – In: HAMBRUCH, PAUL (Hg.): Märchen aus der Südsee. Rowohlt, Reinbek 1992, S. 180ff.

34 *Alecko und seine drei Schwestern.* – In: FRÜH, siehe Anmerkung 3, S. 128ff.

35 *Die Gänsemagd.* – In: GRIMM, Anmerkung 2; Bd. 2, S. 89ff. (Vergleiche auch Anmerkung 18.)

36 ZAUNERT, PAUL, siehe Anmerkung 21; S. 268ff.

37 *Wie eine Königstochter sieben Jahre geschlafen.* – In: ZAUNERT, siehe Anmerkung 21; S. 111ff.

38 *Das Kristallschloß.* – In: ZAUNERT, siehe Anmerkung 21; S. 9ff.

39 Zitiert nach FRANZ, MARIE-LOUISE VON: Zeit. Strömen und Stille. Insel, Frankfurt am Main 1981, S. 32.

Abdruckgenehmigung: Eugen Diederichs Verlag, München. Aus: »Die wilde Frau. Geschichten zum Staunen, Fürchten und Begehren«, gesammelt und herausgegeben von Claudia Schmölders, erschienen in der »Allgemeinen Reihe« im Eugen Diederichs Verlag, München.

Thomas der Reimer
und die Königin der Feen

Das Märchen ist in zwei Sammlungen erschienen, nämlich in
HETMANN, FREDERIK (Hg.): Keltische Märchen. S. Fischer,
Frankfurt am Main 1981, S. 57ff. und in SCHMÖLDERS, CLAUDIA
(Hg.): Die Wilde Frau. Mythische Geschichten zum Staunen,
Fürchten und Begehren. Heyne, München 1993, S. 158ff.

Der Titel des Märchens lautet ursprünglich nur *Thomas der
Reimer.* Ich folge der Formulierung von Claudia Schmölders,
denn sie trifft den Charakter des Märchens besser.

In der Fassung von Frederik Hetmann wird im Anschluß an
den eigentlichen Märchentext noch auf Prophezeiungen von
Thomas Learmont für das ausgehende 13. Jahrhundert verwie-
sen.

1 Vergleiche WETZEL, CHRISTOPH, und WALTHER, WOLF: Früh-
  geschichte und frühe Hochkulturen. Belser, Stuttgart 1990,
  S. 158.

2 Nach CUNLIFFE, BARRY: Die Kelten und ihre Geschichte.
  Lübbe, Bergisch Gladbach 1992 (1980), S. 72. Ein reich illustriertes Buch.

3 CUNLIFFE, siehe Anmerkung 2; Abbildung S. 101f.

4 Im russischen Märchen *Wassilissa die Wunderschöne* erhält
  Wassilissa von der Baba-Jaga einen Totenschädel mit bren-
  nenden Augen. So kommt sie zum Feuer, das sie zu ihrer Er-
  lösung braucht. Das Bild der brennenden Augen im Toten-
  schädel verbindet symbolisch Tod und neues Leben. – In:
  DELISLE-KUPFER, IMOGEN (Hg.): Russische Volksmärchen.
  Insel, Frankfurt am Main 1990, S. 50ff. (Vergleiche auch das
  Kapitel *Die Reise zu den Schwestern im Wald.*)

5 In dieser Tiefe wurzelt ja nach der Vorstellung der Germanen

und ebenso nach orientalischen Symbolbildern der Lebensbaum – unmittelbar bei der Quelle des Lebens, wo auch die drei Schicksalsgottheiten den Lebensfaden spinnen.

6 Ich habe diese Interpretation nirgends gefunden. Aber für mich ist sie ebenso einfach wie einleuchtend. Wir können ja nur darstellen, was in uns selbst ist.

7 CUNLIFFE, siehe Anmerkung 2, S. 107. Die Kalksteinplastik wird im Museum Calvet in Avignon gezeigt. Der Name »Tarasque« kommt von dem südfranzösischen Ort Tarascon: »Das Fratzenbild von Tarascon«.

8 Abbildung in WETZEL und WALTHER, siehe Anmerkung 1, S. 164.

9 Der Märchenforscher MAX LÜTHY hat die Unterschiede zwischen Sage und Märchen sorgfältig systematisiert. – In: LÜTHY, MAX: Volksmärchen und Volkssage. Francke, 3. Aufl., Bern 1975.

10 Im norwegischen Märchen *Weißbär König Valemon* muß die Heldin, die ihren Tierbräutigam erlösen will, eine steile Felswand überklettern, um ans Ziel zu gelangen. Das gelingt ihr erst, nachdem ihr ein Schmied scharfe, stählerne Krallen für Hände und Füße verfertigt hat. – In: HUBE, HANS-JÜRGEN (Hg.): Norwegische Märchen. Insel, Frankfurt am Main 1992, S. 51 ff.

In derselben Sammlung finden wir auch das Märchen *Das goldene Schloß, das in der Luft hing* (S. 60 ff.). Da muß der Held auf seiner langen Reise einen gewaltigen Berg überwinden. Im rechten Augenblick kommt ihm ein Einhorn zu Hilfe. Mit seinem Horn bohrt das Tier ein Loch durch den Berg. Das geht so schnell, daß er kaum folgen kann.

11 LOWEN, ALEXANDER: Der Verrat am Körper. Rowohlt, Reinbek 1985 (1982). – Ders.: Bioenergetik. Der Körper als Retter der Seele. Scherz, Bern 1976.

12 SCHELLENBAUM, PETER: Abschied von der Selbstzerstörung. Befreiung als Lebensprozeß. dtv, München 1993 (1990).

13 Das wohl bekannteste Beispiel für solches Erleben gibt das Märchen *Marienkind.* Das Mädchen, das sich der golden glühenden Dreifaltigkeit gegenüber gefunden hat, verliert die Sprache, wird stumm. – In: GRIMM, Brüder: Kinder- und Hausmärchen. 3 Bde. Reclam, Stuttgart 1984; Bd. 1, S. 36ff.

14 *Kagenas Tochter* ist ein Märchen der ostsibirischen Lamuten. Sie wohnen an der Küste des Nördlichen Eismeers. – In: DOERFER, GERHARD (Hg.): Sibirische Märchen. 2 Bde. Diederichs, Düsseldorf 1983; Bd. 2, S. 15ff.

Auch heute läßt sich beobachten, wie die Erzählweise ganz naiver Menschen im Eifer des unmittelbaren Gestaltens Versform annehmen kann. So berichtete LEZA UFFER, der unermüdliche Sammler von Graubündner Märchen, wie die Sprache einer seiner Gewährsleute manchmal in den Rhythmus der klassischen Hexameter überging – obwohl der betreffende Mann während seiner sehr bescheidenen Schulzeit kaum Hexameterepen kennengelernt haben dürfte. – Vergleiche: WILDHABER, ROBERT, und UFFER, LEZA (Hg.): Schweizer Volksmärchen. Rowohlt, Reinbek 1993, S. 290. – Ebenso UFFER, LEZA: Rätoromanische Märchen und ihre Erzähler. Krebs, Basel 1945, besonders S. 62ff.

15 In: HUBE, siehe Anmerkung 11; S. 60ff.

Im GRIMM-Märchen *Das Wasser des Lebens* müssen sogar zwei Löwen gefüttert werden, welche den Brunnen mit dem Lebenswasser bewachen. – In: GRIMM, siehe Anmerkung 14; Bd. 2, S. 69ff.

Eine überraschend parallele Fassung wird auf Kauai, einer der Hawaii-Inseln, erzählt: *Das Wasser des Kane.* – In: HAMBRUCH, PAUL: Märchen aus der Südsee. Rowohlt, Reinbek 1992, S. 249ff.

16 Märchen, in welchen die »Traumzone« ebenso reich dargestellt wird, sind zum Beispiel:
Alecko und seine drei Schwestern. – In: FRÜH, SIGRID (Hg.):

Märchen von Leben und Tod. S. Fischer, Frankfurt am Main
1990, S. 128ff.
Der Riese mit der Warze. – In: KARLINGER, FELIX, und PÖGL,
JOHANNES (Hg.): Katalanische Märchen. Diederichs, München 1989, S. 52ff.
Die großen Wüstenritte, welche orientalische Märchenhelden
bestehen müssen, und die wunderbar reichen Bazare, die sie
besuchen, meinen dieses Traumland ebenfalls. In den sibiri-
schen, russischen und norwegischen Märchen ist es ein Wäl-
der- und Steppenland, in den Märchen aus dem alpinen
Raum das Gebirge, nicht selten auch eine eindrucksvolle
Gletscherlandschaft, in der sogar herrliche Kirchen und Kapellen stehen können.
Die Bestattungsbräuche der Naturvölker drücken nicht nur
Jenseitsvorstellungen aus, oft sind es nach außen projizierte
Bilder der eigenen Seelenwelt. In dieser Hinsicht gibt das folgende »Märchen« ausführliche Hinweise: *Der Ruf der Eule.* –
In: BOLTZ, HERBERT (Hg.): Märchen der australischen Urein-
wohner. S. Fischer, Frankfurt am Main 1994 (1982), S. 110ff.

17 *Der Froschkönig oder der eiserne Heinrich.* – In: GRIMM, siehe
Anmerkung 14; Bd. 1, S. 29ff.

18 In: GRIMM, siehe Anmerkung 14; Bd. 1, S. 150ff.

19 IONS, VERONICA: Die Götter und Mythen Ägyptens. Buch
und Welt, Klagenfurt 1988, S. 133.

20 *Das tapfere Schneiderlein.* – In: GRIMM, siehe Anmerkung 14;
Bd. 1, S. 127.

21 In: HUBE, siehe Anmerkung 11; S. 60ff.

22 In: MODE, HEINZ (Hg.): Zigeunermärchen aus aller Welt. Insel, Leipzig 1991 (1983), S. 338ff.

23 CLEMENS BRENTANO beschreibt in seinem launigen *Märchen
von dem Schulmeister Klopfstock und seinen fünf Söhnen,* wie
der riesenhafte Nachtwächterkönig Knarrasper oder Knar-
ratschki im Reich des Königs Pumpan die Hofglocke stiehlt
und dadurch die Harmonie der Märchenwelt und den Frie-

den der Prinzessin Pimperlein stört. Nach vielen Zwischen-
fällen gelingt es den fünf Schulmeistersöhnen, die Glocke
zurückzugewinnen. – Vergleiche MÜLLER, PAUL EMANUEL:
Prinzessin Pimperlein. Märchenspiel (nach Brentano). Sauer-
länder, Aarau 1961. In: WILDHABER und UFFER, vergleiche
Anmerkung 15; S. 190ff.

24 In: FRÜH, siehe Anmerkung 17; S. 69ff.
25 Im Märchen *Die Flucht ins Feenland* trifft der Held im Inneren eines Berges eine schöne Dame. Nach einer erfüllten Lie-
besnacht kehrt er nach Hause zurück. Er erfährt, daß inzwischen tausend Jahre vergangen sind. Später heiratet er dann
die schöne Dame. – Die knappe Inhaltsangabe kann die an-
mutige Poesie dieses Märchens leider nicht wiedergeben. –
In: KARLINGER und PÖGL, siehe Anmerkung 17; S. 40ff.
26 In: MARKS, STEPHAN: Märchen von Männern. S. Fischer,
Frankfurt am Main 1993, S. 39ff.
27 Vergleiche in diesem Zusammenhang SCHELLENBAUM, PETER:
Abschied von der Selbstzerstörung. Befreiung der Lebensenergie. dtv, München 1993 (1990), besonders S. 85.
28 Vergleiche das zum Thema »schöpferischer Mensch« noch
immer grundlegende Buch von NEUMANN, ERICH: Der schöpferische Mensch. Rhein, Zürich 1959, S. 77.
29 EICH, GÜNTER: Nachts. – In: Ders.: Botschaften des Regens.
Suhrkamp, Frankfurt am Main 1955.
30 Begriff von ERICH NEUMANN; siehe Anmerkung 30, S. 233.
31 COOPER, J. C.: Illustriertes Lexikon der traditionellen Symbole. Drei Lilien, Wiesbaden 1986, S. 78. Das Buch ist ein
unentbehrlicher Helfer auf der abenteuerlichen Reise durch
die Welt der Märchen.

Abdruckgenehmigung: Eugen Diederichs Verlag, München. Aus:
»Die wilde Frau. Geschichten zum Staunen, Fürchten und Begehren«, gesammelt und herausgegeben von Claudia Schmölders, erschienen in der »Allgemeinen Reihe« im Eugen Diederichs Verlag,
München.

Häuptling Kairè und der Totenkopf

Der Romanist FELIX KARLINGER hat dieses Märchen für den deutschen Sprachraum erschlossen. Veröffentlicht ist es in dem von ihm herausgegebenen Band »Märchen aus Südamerika«, erschienen bei S. Fischer, Frankfurt am Main 1992 (1973), S. 7ff.

Eine mögliche Erläuterung zum seltsamen Verhalten des Totenkopfes findet sich in KARLINGER, FELIX, und PÖGL, JOHANNES (Hg.): Märchen aus der Karibik. Rowohlt, Reinbek 1995 (Diederichs, München 1983). In der Anmerkung S. 252 machen die Herausgeber darauf aufmerksam, daß in den Indianermärchen der Mond nicht selten als rollender Totenkopf verstanden werde. Das würde das monatliche »Weggehen« des Totenkopfes erklären (bei Neumond).

Übungen

1 CROCKETT, JAMES UNDERWOOD: Rosen. Time-Life, Amsterdam 1977.
2 Nach BURTON, ROBERT (Hg.): Das Tierreich. Time-Life, Amsterdam 1992.
3 BOLLIGER, MAX: Schweigen, vermehrt um den Schnee. Magica, Meilen 1969.

Adresseninformation

Wenn Sie mit dem *Autor* Verbindung aufnehmen möchten, wenden Sie sich bitte an den *Ariston Verlag* in Kreuzlingen oder München (Adressen auf der folgenden Seite unten).

Märchentherapeutische Seminare, Tagungen, Arbeitsgruppen (zum Beispiel: »Was Märchen in uns zum Klingen bringen«) werden auch von folgenden Institutionen veranstaltet (Informationen und Anmeldung über die nachstehenden Adressen):

Fritz Perls Institut
Wefelsen 5 (Beverseee)
D-42499 Hückeswagen
Tel. (02192) 8580

Deutsche Gesellschaft für
Poesie- und Bibliotherapie
Kühlwetterstraße 49
D-40239 Düsseldorf
Tel. (0211) 632711
Fax: (0211) 614851

Europäische Akademie für
psychosoziale Gesundheit
Wefelsen 5 (Beverseee)
D-42499 Hückeswagen
Tel. (02192) 8580

SACHBÜCHER ANGEWANDTER PSYCHOLOGIE

KRAFTQUELLE MENTALTRAINING – EINE UMFASSENDE METHODE, DAS LEBEN ZU GESTALTEN
Von Kurt Tepperwein

Prof. Kurt Tepperwein versteht es, Uraltwissen mit neuesten Erkenntnissen der Wissenschaft in eine erfolgssichere Methode der Persönlichkeitsentfaltung und Lebensmeisterung einzubinden. Die Schritt für Schritt erklärten Techniken seiner Methode sind einfach, aber wirksam. Sein Buch begeistert und motiviert den Leser, die Leserin, umzudenken, zu handeln und sein Leben nach seinen Wünschen zu gestalten. 250 Seiten, 10 Abb., geb., ISBN 3-7205-1341-6.

Zu diesem Buch gibt es zur Umsetzung der Kernlehren dieses Buches ins praktische Leben auch ein Kassettenprogramm »Kraftquelle Mentaltraining«: 2 Audio-Suggestionskassetten in Box, Spieldauer 1 Stunde 40 Minuten, ISBN 3-7205-1342-4.

DAS BILDERBUCH DER TRÄUME
NEUE MÖGLICHKEITEN DES VERSTEHENS
Von Hildegard Schwarz und Norbert Teupert

Im Traum kommen wir in Verbindung mit unserer Seele, mit dem individuellen inneren Reichtum wie auch mit dem kollektiven Erfahrungsschatz unserer Kultur. Träume können uns inspirieren, ermutigen, trösten oder warnen, und sie können uns helfen, richtige Entscheidungen zu treffen. Oft sind die verschlüsselten Botschaften der Träume Hilferufe, oft auch wichtige Impulse für unsere Lebensgestaltung. Dieses Buch einer Traumtherapeutin und eines Sozialpädagogen bietet Ihnen neue Methoden, um Träume zu deuten und fürs Leben zu nutzen. 260 Seiten, geb., ISBN 3-7205-1715-2.

LEXIKON DER TRAUMSYMBOLE – DIE SYMBOLSPRACHE DER TRÄUME IN STICHWÖRTERN VON A BIS Z
Von Hanns Kurth

Mit 2300 Begriffen und den Deutungen von mehr als 6250 Symbolen hat der Publizist Hanns Kurth dieses unentbehrliche Nachschlagewerk für Psychologen, Mediziner, Pädagogen und vor allem für die interessierten Laien geschaffen. Dieses Sachbuch, das in seinem einführenden Teil über die physiologischen Vorgänge während des Schlafens und Träumens berichtet und an zahlreichen Beispielen die einzelnen Traumgruppen unterscheidet, ist eine Hilfe für alle, die mehr über sich und ihre Träume wissen wollen. 324 Seiten, 24 Abb., geb., ISBN 3-7205-1141-5.

DIESE BÜCHER UND KASSETTEN ERHALTEN SIE IM BUCHHANDEL

Ein umfangreiches, farbiges Bücher-Magazin mit sämtlichen Titeln unseres auf Medizin, angewandte Psychologie und Esoterik spezialisierten Verlagsprogramms können Sie gratis anfordern bei

ARISTON VERLAG · KREUZLINGEN/MÜNCHEN

CH-8280 KREUZLINGEN · HAUPTSTRASSE 14 · TEL. 072/72 72 18 · FAX 072/72 72 19
D-81379 MÜNCHEN · BOSCHETSRIEDER STRASSE 12 · TEL. 089/724 10 34